D1673959

Russische Stücke
1913-1933

Russische Stücke 1913-1933

Wladimir Majakowski
Wladimir Majakowski Tragödie

Sergej Jessenin
Pugatschow

Anatoli Marienhof
Die Verschwörung der Narren

Lew Lunz
Die Stadt der Gerechtigkeit

Jewgeni Samjatin
Der Floh

Daniil Charms
Jelisaweta Bam

Michail Bulgakow
Adam und Eva

Andrej Platonow
Leierkasten

*Herausgegeben und
mit einem Nachwort versehen
von Fritz Mierau*

Henschelverlag Berlin 1988

Die Aufführungsrechte für Bühne, Funk und Fernsehen
aller Stücke sind durch henschel-SCHAUSPIEL
zu erwerben.

ISBN 3-362-00246-3

© dieser Ausgabe Henschelverlag Kunst und Gesellschaft,
DDR – Berlin 1988
1. Auflage
Lizenz-Nr. 414.235/9/88
LSV-Nr. 7206
Lektor: Hildegard Zander
Umschlagbild: Falk von Wangelin
Gestaltung: Monika Böhmert
Printed in the German Democratic Republic
Gesamtherstellung: Offizin Andersen Nexö Leipzig,
Betriebsteil Hildburghausen
625 848 8
01500

Wladimir Majakowski
Wladimir Majakowski Tragödie

Deutsche Fassung von Heiner Müller

nach einer Übersetzung von
Ginka Tscholakowa

Personen

Wladimir Wladimirowitsch Majakowski
Poet 20–25 Jahre

Seine Bekannte von zweibisdrei Klaftern redet nicht

Katzenmann
Einaugenbein
Einohr
Mannohnekopf
Kleinträne
Tränenfrau
Großträne
Mannmitzweiküssen
Langgesicht
Gewöhnlicherjungermann
Zeitungsverkäufer, Kinderküsse u. a.

Prolog

Wladimir Majakowski
  Wie sollt ihr begreifen
  Warum der Ruhige ich
  Ein Gewitter aus Hohn meine Seele
  Präsentiere auf dem Tablett
  Die Mahlzeit der kommenden Jahre
  Von der Wange der Plätze
  Schlecht rasiert
  Ablaufend als nutzlose Träne
  Bin vielleicht ich
  Der letzte Poet
  Habt ihr gesehn
  Mit schraffiertem Gesicht
  Schaukelt die Trübsal am Strick
  Im Takt der Betonalleen
  Die Brücken nehmen das Genick
  Der Ströme in ihren
  Eisernen Würgegriff
  Der Himmel heult
  Rotz und Wasser
  Eine Wolke
  Schneidet Grimassen
  Wie eine Schwangre
  Von Gott beschert
  Mit einem schiefen Idioten
  Mit Wurstfingern rosa behaart
  Hat wie ein Fliegenschwarm euch
  Zärtlich die Sonne punktiert
  Wachgeküßt in euren
  Seelen ist der Sklave
  Ich ohne Angst
  Meinen Haß auf das tägliche Licht

Schleppe ich durch die Zeiten
Wie die Nerven des Telegrafendrahts
Gespannt meine Seele
Ich Zar der Glühbirnen
Kommt alle zu mir
Wer das Schweigen brach
Und gewürgt von den Schlingen
Der Mittage heult
Aufschlagen werde ich euch
Mit Worten einfach wie ein Gemuh
Unsre neuen Seelen
Surrend wie die Elektrizität
Ich brauche nur
An eure Schädel zu tippen
Und euch wachsen Lippen
Für Küsse und Zungen
Von allen Völkern geliebt
Aber ich hinkende Seele
Begebe mich auf meinen Thron
Unter der schäbigen Wölbung
Von Sternen gesiebt
Ich werde mich hinlegen leuchtend
In Kleidern aus Trägheit
Auf mein Lotterbett aus Stallmist
Und sanft
Und küssend das Knie der Eisenbahnschwelle
Umschmiegt meinen Hals das Lokomotivenrad

I

Fröhliche Szene Stadt im Spinnenstraßennetz
Bettlerfeiertag W Majakowski allein
Vorübergehende bringen Essen Eisernen Hering
von einem Ladenschild Goldene Riesenbrezel
Falten von gelbem Samt

Wladimir Majakowski
    Genossen Herrschaften
    Wer stopft mir die Seele
    Meine Leere tropft
    Wenn sie mich anspein wer
    Spuckt auf wen
    Ich stehe trocken
    Versteintes Idol
    Die Kuh ist gemolken
    Genossen Herrschaften
    Mit Ihrer Erlaubnis
    Tanzt jetzt vor Ihnen
    Auftritt Katzenmann Streichelt Ganz Bart
    Der bemerkenswerte Poet
    Kitzelt die Satten aus ihrer Verschalung
    Intoniert auf den Bäuchen euren Krawall
    Greift an den Beinen die Tauben und Blöden
    Macht ihre Ohren zu Blasinstrumenten
    Schlagt den Fässern der Bosheit die Böden aus
    Ich schlucke den heißen Stein der Gedanken
    Und heute zu eurem schreienden Trinkspruch
    Vermähle mich mit meinem Wahnsinn
    Szene füllt sich allmählich
    Einohr Mannohnekopf u a Stumpfsinnige
    Stehen ordentlich chaotisch Essen weiter
    Ich Zeilenschinder barfüßiger Juwelier

Betten aufschlitzend in fremdem Quartier
Lege das Feuer für den Weltfeiertag
Der bunten Clochards und der edlen Lumpen

Katzenmann
Braucht der Weise die Kinderklapper
Ich tausendjähriger Greis
Ich weiß es du bist
Ans Kreuz des Gelächters geschlagen
Ein fünffach gefolterter Schrei
Ein Schmerz liegt riesig über der Stadt
Und zahllose hundert Wehwehchen
Und Kerzen und Lampen im Wettbewerb
Ersticken das Flüstern des Abendrots
Aber die weichen Monde haben
Keine Macht über uns
Den kälteren Chic
Hat der Glanz der Laternen
Aus dem Grund der Städte kriecht an die Macht
Uns auszurotten das tote Gewimmel der Dinge
Und vom Himmel herab
Auf das Heulen der menschlichen Horde
Glotzt ein Idiot
Rauft sich den lumpigen Bart
Vom Staub der Straßen zerfressen
Und schreit nach Vergeltung
Und in eurer Seele
Nimmt ein verblichener Seufzer Platz
Vergeßt ihn streichelt die Katzen
Prahlt mit euren weitläufigen Bäuchen
Blast eure schimmernden Backen auf
Nur mit den Katzen
Im rabenschwarz glänzenden Fell
Fangt ihr den Augenblick der Blitze
In das Muskelnetz der Energie
Springen werden die Straßenbahnen
Das Feuer der Lampen wird glühn in der Nacht
Wie siegreiche Banner
Die Welt wird erwachen
Mit Freude geschminkt
Die Blumen schlagen ein Pfauenrad

In allen Fenstern
Die Menschheit rollt auf den Schienen
Gefolgt von dem schwarzen
Geleitzug der Katzen
Wir heften die Sonne
Unsern Geliebten ans Kleid
Aus den Sternen schmieden wir
Silberne Broschen
Heraus aus den Häusern
Geht streichelt die Katzen
Die dürren die schwarzen

Einohr   •

Das ist die Wahrheit
Über der Stadt
Im Reich der Wetterfahnen
Tanzt eine Frau
Schwarz ist die Welt ihrer Augenbrauen
Spuckt auf den Bürgersteig ihren Geifer
Und der Geifer schwillt zu riesen Krüppeln
Rache kommt über die Stadt
Für die Schuld eines Jemand
Die Menschen gerinnen zur Herde und fliehn
Aber unten zwischen Tapeten
Im Schatten des Weins
Weint ein runzliger Greis
Auf das Piano
Wird umzingelt Redet weiter
Über der Stadt macht sich breit
Die Legende der Folter
Du schlägst einen Ton an
Deine Finger bluten
Der Pianist kann die Hand nicht befrein
Aus dem weißen Gebiß
Der tobenden Klaviatur
Szene in Aufruhr Weiter
Und heute seit früh
Hat in meine Seele sich
Der Machiche-Tanz verbissen
Ich hopste herum meine Arme gespreizt
Überall auf den Dächern

Tanzten die Schornsteine mit
Und ihre Knie schrieben zweimal die 4
Genossen Herrschaften
Haltet die Luft an
Ist es die Möglichkeit
Selbst die Gassen krempeln die Ärmel auf
Zur Straßenschlacht
Doch meine Trübsal vermehrt sich
Ohne Sinn und Verstand
Wie auf der Hundenase eine Träne
Aufruhr steigert sich

Katzenmann
Da sehen Sie selbst
Die Dinge müssen zerschlagen werden
Immer habe ich den Feind gewittert
In ihren Vertraulichkeiten

Langgesicht
Vielleicht muß man die Dinge lieben
Vielleicht hat das Ding eine andere Seele

Einohr
Viele Dinge sind linksgestrickt
Ihre Herzen kennen keinen Zorn
Taub sind sie für das Böse

Langgesicht
Stimmt freudig ein
Und wo der Mund in den Menschen geschnitten ist
Haben viele Dinge ein Ohr

Wladimir Majakowski
Geht zur Mitte der Stadt
Schmiert nicht eure Herzen mit Bosheit
Euch meine Kinder lehre ich
Unbeugsam und streng ihr alle seid nur
Die Schellen an Niemands Narrenkappe
Ich mit geschwollenem Fuß
Habe durchquert euer Festland
Und andre irgend welche Länder

In Mantel und Maske der Finsternis
Ich habe sie gesucht
Sie die von niemand gefundene Seele
Um ihr Heilkraut zu pflanzen
In die Wunde der Münder
Pause
Und wieder
Ein Sklave
In blutigem Schweiß
Schaukle ich meinen Wahnsinn
a propos
Einmal habe ich sie gefunden die Seele
Sie kam heraus im blauen Morgenmantel
Nehmen Sie Platz Ich habe Sie lange erwartet Tee
Pause
Ich ein Poet
Habe den Unterschied aufgegeben
Zwischen Gesichtern mir nah und mir fremd
Im Eiter der Leichenschauhäuser
Habe ich meine Schwestern gesucht
Geküßt die Pockenkranken und heute
Im Brand der gelben Scheiterhaufen
Tiefer verbergend die Tränen der Meere
Will ich aufbahren die Schande der Schwestern
Und die Runzeln der schlohweißen Mütter
Dann von den Tellern der glatten Salons
Werden wir essen das Fleisch des Jahrhunderts
Reißt Hülle herunter Riesenfrau furchtsam daneben
Herbeirennt Gewöhnlicherjungermann
Hektisch Majakowski redet weiter
Damen und Herren
Man sagt
Irgendwo
In Brasilien wahrscheinlich
Lebt ein glücklicher Mensch

Gewöhnlicherjungermann rennt herum und
packt jeden an den Kleidern
Gewöhnlicherjungermann
Damen und Herrn
Warten Sie

Damen und Herrn
Sir Sir
Sagen Sie schnell
Ist das der Platz wo man verbrennt
Die Mütter
Herrschaften Gentlemen Messieurs
Der Mensch hat Verstand
Aber vor den Mysterien der Welt
Versagt er
Euer Scheiterhaufen verbrennt
Die Schätze der Wissenschaft und der Bücher
Ich habe eine Maschine erfunden
Sie hackt Koteletts
Ich bin nicht der Dümmste
Ein Bekannter von mir
Arbeitet seit fünfundzwanzig Jahren
An einem Fangeisen für Flöhe
Ich habe eine Frau
Bald wird sie niederkommen
Mit einem Sohn oder mit einer Tochter
Und ihr redet von Monstern
Das ist die Intelligenz
Wirklich es ist eine Schande

Einohr

    Junger Mann
    Begeben Sie sich auf die Kiste

Stimmen

    Auf das Faß

Einohr

    Man sieht Sie nicht

Gewöhnlicherjungermann

    Was gibts da zu lachen
    Ich habe einen Bruder
    So klein und ihr
    Kommt und nagt an seinen Knochen
    Wollt ihr euch alles einverleiben

Alarm Autohupe
Stimmen
    Die Hosen Die Hosen

Wladimir Majakowski
    Schluß damit
    Umringen Gewöhnlichenjungenmann
    von allen Seiten
    Hätten Sie Hunger und Hunger wie ich
    Sie kauten die Weiten des Ostens und Westens
    Wie die geräucherte Fratze der Fabrik
    Den Knochen des Firmaments benagt

Gewöhnlicherjungermann
    Was denn
    Die Liebe ist ohne Bedeutung
    Kein Blutvergießen liebe Leute
    Auf die Knie
    Kein Scheiterhaufen meine Lieben

    Tumult steigert sich Schuß
    Stimmt langgezogenen Ton an
    Wasserrohr Dacheisen
Langgesicht
    Hätten Sie geliebt wie ich
    Töten würden Sie die Liebe
    Oder auf einem hohen Schafott
    Schänden den rauhen schweißtriefenden Himmel
    Und die milchig unschuldigen Sterne

Einohr
    Eure Frauen sie sind nicht begabt für die Liebe
    Aufgequollen wie Schwämme von Küssen

    Einfallen Tritte Tausender Füße auf den
    prallen Bauch des Platzes
Langgesicht
    Aber aus meiner Seele kann man schneidern
    Kleider à la mode

Tumult platzt aus allen Nähten
Leute umringen die Riesenfrau Heben sie
auf die Schultern Schleppen sie zum Ausgang
Schreien

Alle

Gehn wir dorthin wo gekreuzigt wurde
Wegen Heiligkeit ein Prophet
Dort ergeben wir unsere Körper
Einem nackten Tanz
Und auf dem schwarzen Granit
Der Sünde und des Lasters
Errichten wir ein Denkmal
Dem roten Fleisch

Schleppen sie bis zum Tor aber der Wahnsinn
ist gebrochen Schritte Einaugenbein im Blute
freudig Leute werfen Riesenfrau in die Ecke

Einaugenbein

Halt
Auf den Straßen
Wo jeder des andern Gesicht trägt
Wie eine Last
Hat soeben die Alte die Zeit
Geworfen einen enormen
Schiefmäuligen Aufstand
Was für ein Gelächter
Was da herauskroch die Schnauzen der Jahre
Verschlugen die Sprache den Rentnern der Welt
Und auf den Stirnen der Städte
Schwoll die Wut an zum Stromnetz
Von Adern tausend Meilen lang
Langsam
Im Schrecken
Aufstanden die Zeiger der Haare
Am kahlen Scheitel der Zeit
Und im Nu
Setzten sich in Bewegung die Dinge zerrissen
Das Maul sich
Und warfen die Lumpen ihrer verschlissenen Namen ab
Die Fenster der Weinläden gossen auf eigene Faust
Wie auf Satans Kommando

Splitternd sich in die Flaschen ein
Dem erschrocknen Schneider liefen die Hosen weg
Und spazierten allein ohne menschliche Schenkel
Betrunken und aufreißend den schwarzen Rachen
Brach die Kommode aus dem Schlafzimmer hervor
Vorsichtig stiegen die Mieder hernieder
Von den Ladenschildern ROBEN UND MODEN
Die Galoschen bleiben streng und zugeknöpft
Mit den Augen flirten
Strümpfe wie Kokotten
Ich flog wie ein Fluch
Mein zweites Bein ist noch hinter mir her
In der Nebenstraße
Wer schreit hier
Daß ich ein Krüppel bin
Ihr Feinde
Verfettet
Vertrottelt
Vergreist
In der ganzen Welt
Heute
Werdet ihr nicht einen Menschen finden
Der zwei identische Beine hat

Vorhang

II

Eintönig Platz in neuer Stadt
Majakowski jetzt in Toga Lorbeerkranz
Einaugenbein beflissen Hinter Tür viele Füße

Einaugenbein
    Poet
    Poet
    Man hat Sie zum Fürsten ernannt
    Ihre Schranzen
    Stauen sich hinter der Tür
    Lutschen am Daumen
    Und vor jeder Schranze auf dem Boden steht
    Ein drolliges Gefäß

Wladimir Majakowski
    Von mir aus
    Laßt sie herein

    Schüchtern Frauen mit Bündeln
    Verneigen sich vielmals
Kleinträne
    Hier meine Träne
    Für Sie
    Ich brauche sie nicht mehr
    Bitte schön
    Das ist sie
    Weiß und am seidenen Faden
    Aus Augen die ganz Trübsal sind

Wladimir Majakowski
Majakowski beunruhigt
Sie nützt nichts
Was soll das
Zur zweiten
Haben Sie auch geschwollene Augen

Tränenfrau
leichthin
Larifari
Mein Sohn stirbt
Es macht nichts
Hier noch eine Träne
Eine hübsche Schnalle
Für Ihren Schuh
Majakowski entsetzt

Großträne
Tun Sie als ob Sie nicht merken
Daß ich ein Dreckhaufen bin
Ich werde mich waschen
Und beinahe sauber sein
Hier auch von mir eine Träne
Diesmal eine ganz enorme
Sie ist gratis

Wladimir Majakowski
Es reicht
Das ist ja schon ein Berg
Und die Zeit drängt
Wer ist der charmante Brunette

Zeitungsverkäufer
FIGARO FIGARO GAZETTE

Zeitungsverkäufer im Gänsemarsch
Alle
Seht euch den an
Ein Wilder
Machen Sie ein wenig Platz
Es ist finster

Lassen Sie mich durch
Junger Mann
Hören Sie auf zu rülpsen

Mannohnekopf
 I i i i i i i i i
 Ä ä ä ä ä ä ä ä ä

Mannmitzweiküssen
  Die Wolken geben sich dem Himmel hin
  Sie sind alt und ausgelaugt
  Der Tag ist gestorben
  Auch die Mädchen der Luft
  Sind auf Gold scharf

Wladimir Majakowski
 Was

Mannmitzweiküssen
  Geld wollen sie Geld

Stimmen
  Leiser Leiser

  (Lochballtanz)
Mannmitzweiküssen
  Einem großen und schmutzigen Menschen
  Hat man zwei Küsse geschenkt
  Der Mensch war ungeschickt
  Er wußte nichts damit anzufangen
  Oder wohin damit
  Die Stadt war in Feiertagslaune
  Sang Halleluja in den Kirchen
  Die Leute flanierten im Sonntagsstaat
  Aber unser Mensch
  Stand in der Kälte
  Seine Schuhsohlen waren
  Mit ovalen Löchern dekoriert
  Er wählte den größeren Kuß
  Und zog ihn an wie eine Galosche
  Aber der Frost ließ sich nicht lumpen biß

In seine Finger
Wenn das so ist
Sagte wütend der Mensch
Werde ich diese nutzlosen Küsse wegwerfen
Und er warf sie weg
Aber plötzlich
Wuchsen Ohren einem der Küsse
Und er begann sich zu drehn und mit dünnem Stimmchen
Rief MAMA
Da erschrak unser Mensch
Wickelte in die Lumpen seiner Seele
Den kleinen zitternden Körper
Trug ihn nach Hause um ihn einzurahmen
Hell blau
Lange kramte er im Staub seines Koffers
Als er sich umsah lag der Kuß auf dem Diwan
Riesig feist und erwachsen
Lachte und tobte
Mein Gott weinte unser Mensch
Nie hätte ich gedacht daß ich so müde werden könnte
Man wird sich aufhängen müssen
Und als er da hing abscheulich und trist
Apportierten die Frauen
Fabriken ohne Schornstein und Rauch
Küsse am Fließband
Alle Sorten groß oder klein
Mit dem Fleischhebel der Lippen

Kinderküsse
Wir sind Massenware
Nehmt nehmt
Gleich kommt der erste Ausstoß
Jetzt sind wir acht
Ich bin
Mitja
Tränen vor dem Poet Majakowski
Bitte schön

Wladimir Majakowski
    Hören Sie Herrschaften
    Ich kann nicht mehr
    Ihr habt gut reden aber wer
    Küßt mich

Drohende Stimmen
    Reden Sie nur so weiter
    Wir machen Sie zu Gulasch
    Wie ein Kaninchen

MannmitgerupfterKatze
    Du allein kannst singen
    Zeigt auf Tränenberg
    Bring das deinem gut aussehenden Gott

Wladimir Majakowski
    Laßt mich sitzen
    Auch gut
    Platz da
    Ich dachte mein Los
    Wird die Freude sein
    Mit strahlenden Augen
    Mein Platz auf dem Thron
    Als feingliedriger Grieche
    Nein
    Niemals
    Geliebte Straßen
    Werde ich vergessen
    Eure dürren Beine
    Und das Grauhaar der nördlichen Flüsse
    Und heute werde ich die Stadt durchqueren
    Mit dem Skalp meiner Seele
    Dekorierend die Blitzableiter
    Locke um Locke
    Neben mir wird der Mond gehn
    Dorthin wo das Firmament
    Aus den Nähten platzt
    Im Gleichschritt und meinen Hut
    Aufsetzen einen Augenblick lang
    Ich mit meiner Last

Gehe stolpre krieche
Weiter in den Norden
Wo im Schraubstock unendlicher Trauer
Mit den Fingern der Wellen der fanatische Ozean
Ewig seine Brust zerreißt
Dahin werde ich mich schleppen
Ausgepumpt
Im letzten Fieber
Werde ich eine Träne opfern
Dem dunklen Gott der Stürme
Für die Religion der Tiere

Vorhang

Epilog

Wladimir Majakowski
    Ich schrieb all das
    Über euch
    Arme Ratten
    Ich habe keine Brüste sonst
    Hätte ich euch genährt
    Wie eine Amme
    Ich bin eine Wüste
    Ein seliger Leichnam
    Aber wer hat vor mir
    Den Menschen geschenkt
    Die Gedanken des Ozeans
    Ich wars der den Himmel ins Schwarze traf
    Mit dem Zeigefinger
    Schreiend Das ist der Dieb
    Manchmal kommt es mir vor
    Als wär ich ein Hahn aus der Tiefsee
    Oder der Schneemensch von Pskow
    Aber manchmal gefällt mir am besten
    Im Osten und Westen
    Mein eigner Name
    WLADIMIR MAJAKOWSKI

1913

Sergej Jessenin
Pugatschow

Dramatisches Poem

Aus dem Russischen
von Elke Erb

Für Anatoli Marienhof

Personen

Pugatschow
Wächter
Kirpitschnikow
Tambowzew
Traubenberg
Karawajew
Oboljajew
Sarubin
Chlopuscha
Podurow
Schigajew
Tornow
Tschumakow
Burnow
Tworogow
Krjamin

Kosaken, Stimmen

I

Pugatschow kommt in ein Städtchen am Jaik

Pugatschow

      Ach, bin ich matt, und der Schmerz im Fuß.
      Hin wiehert der Weg in die grause Weite.
      Räuber-Fluß, Tschagan, bist du, bist du
      Der Wilden und Abgerissenen Freistatt?
      Mir gefällt deiner Steppen kupfernes Meer
      Und dein Boden, durchdrungen von Salzduft.
      Dein Mond, deine Kugel, dein gelber Bär,
      Wälzt sich in dem feuchten Gras um.

      Endlich jetzt bin ich hier, bin hier!
      Verebbt ist der feindlichen Wogen Kette,
      Daraus wurde nichts, auf den Espenspieß
      Meinen Kopf als Segel zu setzen.

      Jaik, Jaik, wie du nach mir riefst,
      Im Gestöhn der Geknechteten hörbar.
      In das Herz hinein glotzten die Krötenaugen
      Der ins Abendrot trauernden Dörfer.
      Nur weiß ich, daß diese Bauernhütten
      Holzglocken sind, deren Zungenlaut
      Abfraß der Wind, das Nachttier.

      Oh, hilf mir, du Steppendunkelheit,
      Entsetzend tun das Erdachte!

Wächter

      Wandrer, wer bist du? Was streichst über Land du?
      Was verstörst du die glatte Nacht?
      Und wovon hängt wie ein schwerer Apfel
      Am Hals der Kopf dir herab?

Pugatschow

In eure versalzenen Auen
Kam ich her von weit,
Das Slawen-Gold anzuschauen,
Der Verwandten goldenen Leib.
Hör, Vater, sage mir gütig,
Wie lebt unser weiser Mushik?
Ob auf der Flur unermüdlich
Er noch seiht des Roggenstrohs Milch?
Ob, den Kerker des Morgenrots niederreißend,
Der Hafer zur Tränke noch sprengt,
Und der Garten im schäumenden Weißkohl
Die Gurkenbootflotte versenkt?
Ist noch immer so friedlich die Hausfrauenarbeit,
Vernehmbar des Spinnrads ruhiges Geschwätz?

Wächter

Nein, Fremder. Dieses Leben und der Jaik
Sind entzweit, geschieden, verschiedene längst.
Vom ersten Tag an, als die Zügel rissen,
Vom ersten Tag, Peters des Dritten Tod,
Über dem Roggen, dem Kohl, dem Hafer schwitzend
Schinden wir uns, ohne daß es sich lohnt.

Unser Salz, den Fisch, die Güter,
Eifer dieses Lands und Pfand,
Hat gegeben Katherina
Ihren Schranzen in die Hand.

Alles Volk des Russenreiches
Jammert in der Schinder Klauen.
Mit dem Wachs der Klagen – Kains Herz!
Tropfend, bringst dus nicht zum Tauen.

Alle Sklaven, angekettete!
Eisen friß vor Hunger, Bruder!
Und der Morgen fließt auf die Steppe rot,
Aus durchschnittener Kehle blutend.

Pugatschow

> Ihr werdet des Lebens nicht froh!
> Aber das sag mir, sag,
> Wohnt denn bloß nicht im Volk der harte Handgriff
> Zu dem Messer im Stiefel, Stahl
> Zwischen Herrenrippen zu pflanzen?

Wächter

> Sahst du mal,
> Wie die Sense, in die Wiese schlagend,
> Dem Gras die Beine, das Eisenmaul, wegbeißt?
> Daher kommts, daß der Halm in dem Rasen
> Seine Wurzeln an sich reißt.
> Keinen Weg hats, das Gras, um zu flüchten
> Vor dem schleifenden Säbelton,
> Denn es kann ja nicht in die Lüfte
> Wie ein Vogel fliegen davon.
> Und so wir. Verwachsen mit Blutsbeinen ein in die Hütten.
> Uns traf es nicht, liegt um die erste Reihe schon.
> Wenn sie nur uns nicht auf den Leib rücken,
> Nur nicht unsern,
> Nur nicht uns den
> Kopf abhaun wie einem Mohn.
> Aber jetzt ist es, als seien sie erwacht.
> Den verweinten – von den Birken – unsern Trakt
> Umkreist, wie aus Nässe der Nebel weht,
> Des toten Peters Name.

Pugatschow

> Peters? Wie? War das dein Wort jetzt, Greis?
> ·
> Oder heulten die Wolken am Himmel laut?

Wächter

> Daß bald, sage ich, entsetzlich ein Schrei,
> Der die Hütten, als wärns Kröten, aufgeleckt hat,
> Uns überrollt, der Donner wird vor ihm kleinlaut.
> Schon hält Aufruhr die Segel gestrafft.
> Der eine fehlt uns, der den ersten Stein wirft.

Pugatschow

Das zu denken!

Wächter

Was hast du?

Pugatschow

Ich gab mir das Gebot, zu schweigen bis zum Zeitpunkt.
. . . .
Der Dämmerung Zangen himmelhoch
Dem Maul der Dunkelheit
Als wärns Zähne, die Sterne reißen sie aus,
Und ich fand noch zum Schlafen keinen Ort.

Wächter

Was ich zu bieten hätte, wär
Mein armer Strohsack,
Doch steht bei mir zu Haus ein einziges Bett,
Und Kinder hab ich vier, die darauf schlafen.

Pugatschow

Danke! Ich bin ein Gast der Stadt.
Sie gibt mir Obdach unter jedem Dache.
Alter, leb wohl!

Wächter

Der Herr bewahre dich!
. . . .

. . . .
Rußland, Rußland, wie viele sinds, die so
Wie durch ein Sieb gesät das Fleisch, versiebt,
Von Land zu Land in deinen Weiten streunen?
Wer ist es, der sie rief,
Wer stieß in die Hand den Stock ihnen als Leuchte?
Gehen und Gehn. Das Grüngetöse preisend,
Den Leib im Staub badend und in dem Wehn,
Als schickte wer sie alle zwangsarbeiten,
Die Erde drehn
Mit ihren Füßen.

Jedoch, was sehe ich?
Herabgerollt die Mondesglocke schweben,
Er ist ja wie ein welker Apfel klein.
Und abgeläutet seiner Strahlen Messe fahl.

Von der Stange lauthals kräht sich ein
In die Huhnharmonika der Hahn . . .

2

Die Flucht der Kalmücken

Erste Stimme
>   Hört mal zu, hört zu, hört mal zu!
>   Hat euch nicht geträumt ein Wagengequietsch?
>   Heute nacht bei dem ersten Frührotflitter
>   Von Samara 30 000 Kalmückenkibitkas
>   Krochen hier durch zum Irgis,
>   Wegen der russischen Amtskandare,
>   Weil man sie wie die Rebhühner gerupft hat
>   In unserem Gras,
>   Nach ihrer Mongolei heimzufahren.
>   Eine Herde hölzerner Schildkröten wars.

Zweite Stimme
>   Wir aber, wir aber, wir aber hocken,
>   Als ob die Bö, die uns klatscht, uns erschreckt.
>   Das also wars, warum Woche für Woche
>   Moskau Befehle schickt.
>   Das also wars, daß du, wo immer,
>   Die Kosakenköpfe im Heer
>   Siehst wie gelbe Katzen abspringen
>   Unter dem bändigenden Schwert.

Kirpitschnikow
>   Achtung! Achtung! Achtung!
>   Jetzt kommen Tambowzew und Traubenberg!
>   Daß ihr nicht lammfromm und schafsdumm
>   Ins Messer lauft diesen Herrn.

Kosaken
>   Fort, fort die Verräter, Schufte!
>   . . . .

Tambowzew

> Still-ges-stann!
> Kosakenhundertschaften!
> Es gibt einen Kampf!
> Heute nacht sind wie die wilden Tiere
> Die Kalmücken insgesamt
> Auf und davon dem Imperium Rossija
> Und treiben uns all das Vieh aus dem Land.
> Den versunkenen Kahn des Mondes
> Spuckt der Tschagan ans Ufer dem Licht.
> Wer seines Vaterlands Sohn ist,
> Höre auf mich!
> Nein, wir müssen, wir müssen, wir müssen und werden
> Diesen Schaden ersparen dem Reich.
> Rußland büßt ein Rußlands beste Pferde,
> Rußland büßt ein an Leder und Fleisch.
> Darum auf! gestoppt und gebändigt
> Diese mongolische Pest,
> Eh sie mit allen Händen
> China ergeben ist!

Kirpitschnikow

> Halt, Ataman, es reicht nun,
> Daß du deine Zunge am Wind schrubbst.
> Für Rußland freilich möchts einem leid tun,
> Darum, weil es die Mutter ist uns.
> Doch macht uns noch lange nicht rasend,
> Daß da wer unsere Felder verließ.
> Der Kalmück ist uns kein gelber Hase,
> Auf den man wie was zum Essen schießt.
> Er ging, dieser dunkle Mongole,
> Und sein Weg soll gesegnet sein.
> Gut, daß sie ungeschoren
> Fortkamen aus unserem Gezäun.

Traubenberg

> Was bedeutet das?

Kirpitschnikow

> Es bedeutet das,
> Daß, wenn nur
> Unsere Hütten auf Rädern stünden,
> Wir die Gäule vorspannten den Karrn,
> Und ab aus den Salzflußgründen
> In die goldenen Steppen gefahrn!
> Daß die Pferde, lang die Hälse biegend,
> Eine Schwarzschwäneschar
> Auf dem Roggensee,
> Toll sich verschönend, uns trügen
> In neues Land, daß ein neues Leben entsteh.

Kosaken

> Blutsauger! Ratten! Teufel!

Tambowzew

> Kosaken, ihr küßtet das Kreuz!
> Ihr habt geschworen . . .

Kirpitschnikow

> Geschworen, geschworen Katherina,
> Als Grenzschutz im Steppengras
> Das Weideland vor der Linie
> Zu bewahren vor Raubvogelfraß.
> Aber antwortet, antwortet, antwortet,
> Seid diese Vögel nicht ihr?
> Unseres steinigen Ackerlands Einwohner
> Ist schutzloser als ein Tier.

Traubenberg

> Das ist Verrat! . . .
> Verhaftet, verhaftet den Mann!

Kirpitschnikow

> Kosaken, die Stunde brach an!
> Ich grüße dich, Glut der Erhebung!
> Was in Worten nicht mehr zu sagen war,
> Laßt Pistolenkugeln reden!
> *Er schießt.*

Traubenberg fällt und ist tot. Der Konvoi läuft auseinander. Die Kosaken ergreifen Tambowzews Pferd am Zaum und stoßen ihn auf die Erde.

Stimmen

Tod! Tod dem Tyrannen!

Tambowzew

O Gott! Was hab ich denn getan?

Erste Stimme

Geschurigelt, Teufel, drei Jahre,
Drei Jahr, wie der weiße Milan,
Uns gehn lassen nicht noch fahren.

Zweite Stimme

Koste du mal von der Schneesturm-Suppe!
Hast dich satt geprügelt, geprahlt und gepranst hier.

Dritte Stimme

Mach doch mit dem kein langes Gehudel!

Vierte Stimme

Die Schlinge um den Hals – und basta!

Kirpitschnikow

Moskau mags wissen und hören solls,
Wir sind darauf aus, seine Antwort zu holen.
Da ist nur der erste Donner gerollt,
Da kam nur die erste Kugel geflogen.
Das mag Katherina glauben,
Daß, wäre Rußland ein Teich,
Aus den schwarzen Fröschen im Faulschlamm,
Den Kanonen, schlüg stählerner Laich.
Es geh im Lande um,
Daß der Kosak nicht die Pappel an der Koppeltrift ist,
Und nicht in den Grassack des Monds
Mir nichts, dir nichts den Kopf hüpfen läßt.

3

Eine Herbstnacht

Karawajew

    Tausend Deibel, tausend Hexen, tausend Satane!
    So ein Regen, so ein Scheißregen, das!
    Scheiße, Scheiße,
    Als wenns Ochsenjauche wäre, niederflatternde,
    Wie Verwesung auf Felder und Dörfer.
    Scheißregenpest.
    So ein Scheißregen das.

    Wie die Skelette magerer Störche
    Stehn die gerupften Weiden.
    Das Kupfer der Rippen schmolz.
    Schon können des Laubs goldene Eier am Fuß
    Nicht bebrüten sie mehr mit dem Bauch aus Holz,
    Nicht aufziehn die Kücken – grünes Weidenklein,
    Denn die Kehlen durchglitt der September-Dolch.
    Und die Flügelknochen bricht zu Schotterstein
    Der Herbstregen weg.
    Dieser saukalte Dreck.

    O Herbst, Herbst! Himmel!
    Die Sträucher nackt,
    Stehn am Wege wie Bettler, die friern.
    Den Schwanz einklemmend, von Angst gepackt,
    Steckt der Hund nicht den Kopf vor die Türn.
    Und da steh extra, verschimmel,
    Aber friß mit den Augen die Nacht,
    Sonst kommt der Spion geschlichen.
    Wie das Gericht der Macht
    Hör ich die Wolkenbrüche.
    So ein Regen, verflucht!
    Nur schleunigst, schleunigst fort hier, fliehn

Dieses Land, ausgemolken bis auf das Blut.
Uns empfängt alle warm und gut
Der Sultan, mit Katherina im Krieg.
Schon sammelt sich das geschundene Volk,
mit Vorsicht, wie Feldmäuschen äugend.
Oh, du Glocke, Sonne, dein dingdingdingdong,
Vielleicht hörn wirs hier nicht mehr läuten.

Doch was ist das? So als ob wer kommt?
Kommt . . . Kommt . . .
He, wer da? Wer läuft da?

Pugatschow

    Gut Freund . . . Gut Freund . . .

Karawajew

    Welcher Freund?

Pugatschow

    Ich, Jemeljan.

Karawajew

    Ah, Jemeljan, Jemeljan, Jemeljan!
    Was gibts Neues in der Welt, Jemeljan?
    Wie gefällt dir dieser Regen?

Pugatschow

    Dieser Regen ist ein Gottessegen,
    So müßte es die ganze Nacht schütten.

Karawajew

    Ja, ja! Das denke ich auch, Jemeljan.
    Ein prächtiger Regen! Entzückend!

Pugatschow

    Ich habe den Regierungswachdienst heute abend
    Erkundet im Schutz der Dunkelheit.
    Alle Posten sind untergeschlüpft wie die Hasen,
    Aus Angst, daß der Mantel durchweicht.

Weißt du, diese Nacht, wir brauchten nur vorzutreten,
Färbte die Messer mit Frührot uns und nicht Blut.
Ohne einen Schuß legten wir die Soldaten
Alle dem verschlafenen Jaik ins Bett.

Gegen Morgen verschwinden die Wolken,
Ein grau-blaues Rudel Pferde, das vorübersprengt.
Hör, ich bin aus dem einfachen Volke,
Im Herzen der gleiche Steppen-Urmensch.
Ich hör zu, keinen Tag, keine Werst mich bewegend,
Dem Tritt der Kreatur und dem laufenden Wind,
Weil mir in der Brust Bärenhöhle
Warm die Seele kugelt, das Raubtierkind.

Mir gefällt der Geruch, wenn das Gras in der Kälte
    rostet,
Im September des Laubflugs gedehnter Pfiff.
Weißt du denn auch, daß das Bärenjunge, wenns frostet,
Auf den Mond blickt
Wie auf ein Blatt, das der Wind ergriff?
Am Mond schlägt die Mutter ihm
Das Tierweisheitsbuch auf,
Daß er, der Kindskopf, sieht
Seinen Namen dort und die Berufung.
. . . .
Ich habe erkannt mein Gebot.

Karawajew

    Dir muß man nicht trauen.

Pugatschow

    In langen, langen Jahren der Not
    Habe ich mein Tier unterrichtet.
    Weißt du, ein Tier ist jeder in Menschengestalt,
    Der – ein Bär, der – ein Fuchs, die – eine Wölfin.
    Und das Leben, das ist – ein großer Wald,
    Wo die Frühe einem roten Reiter gleich durch das Gehölz
        fliegt.
    Man muß starke, starke Stoßzähne haben.

Karawajew

> Jawohl, ich denke wie du, Jemeljan.
> Und wenn wir solche hätten,
> Die Moskauer Truppen
> Schmissen nicht wie Fisch uns in den Tschagan.
> Sie hätten sich bedacht, uns so
> Leibhaftig zur Hölle zu schicken,
> Weil im Rausch unserer Rebellion
> Wir töteten zwei ruchlose Wichte.

Pugatschow

> Arme, arme Empörer,
> Ihr habt gerauscht wie ein Roggen, der blüht,
> Eure Köpfe, die zarten Ähren,
> Hat ein Juliregen gewiegt.
> Ihr lächeltet den Geschöpfen . . .
> . . . .
> Hör, ist denn das keine Schmach,
> Daß ihr den stinkenden Möpsen
> Noch nicht heimgezahlt habt?
> Wann wäre das zu verzeihen,
> Daß vom Thron irgendein Hurenstück,
> Mit Soldaten langfingrig greifend,
> Unfolgsames Volk zerdrückt!
> Ich sage nein! nein und nein!
> Scheiß auf den Sultan samt Türkentum.
> Den Feind kann nur freun
> Diese überstürzte Flucht.
> Hiergeblieben werden muß.
> Bleiben müssen wir, bleiben,
> Daß wir brodeln vor Rachedurst
> Wie der goldene Sturm der Weiden
> Und daß die Messer sprühn,
> Ein eisenspritzender Schrecken.
>
> Höre! Laß das Wachestehn,
> Lauf! lauf das Gehöft aufwecken.

4

Ereignis in Talovyj Umjot

Oboljajew
> Was bedeutet das? Was bedeutet das? Was bedeutet das?

Pugatschow
> Nichts Schlimmes, nichts Schlimmes, nichts Schlimmes.
> Auf der Straße diese mistgelbe Feuchtigkeit
> Treibt den Nebel wie eine Herde Lämmer.
> Nasser Reiher, der die Pfützen der Felder furcht,
> Der Wind, er zwang alles Lebende,
> In seine Krötenschlupfwinkel zu flüchten.
> Und nur gelegentlich,
> Angebunden an seine Regenschnur,
> Zuckt ein vorwitziger Vogel
> Schwarz, ein Kreuz in den Lüften.
> Das ist der Herbst, der wie in Lumpen ein alter Mönch
>   da steht
> Und den Untergang wissend irgendwem prophezeit.
> . . . .
> Hört mir zu, für unser Wohlergehn
> Habe ich gefunden, was uns Besseres bleibt.

Karawajew
> Ja, ja, wir fanden, was Besseres bleibt.

Pugatschow
> Ist euch bekannt,
> Daß ins Volk eine Nachricht taucht,
> Wie in Wellenkämme ein Boot kreuzt mit niedrigem Segel?
> Und vor diese Nachricht hin hockt sich der Bauer und
>   saugt
> Wie das Tier aus mächtigen Kuhzitzen satt die dürstende
>   Seele.

Von dem Sand der Dshigilde bis zum Sand Alatyrs
Ist die Nachricht die,
Daß ein Führer von großer Grausamkeit
Des toten Imperators Schatten führt
Durch die russischen Lande weit.

Dieser Schatten mit dem Strick am fleischlosen Nacken,
Und er zupft sich am hängenden Kinn,
Und auf tänzelnden Beinen, die knacken,
Kommt her, daß er Rache nimmt.
Rache nimmt er an Katherina,
Die Hand erhoben, seinen gelben Pfahl,
Weil sie mit ihren Liebedienern
Den weißen Krug,
Den Kopf, ihm zerschlug
Und die Krone stahl.

Oboljajew

Ein Märchen ist das, freilich lustig,
Doch war wohl nicht Grund dieser Quark,
Daß du erscheinst auf dem Plan.

Pugatschow

Du vertust dich, du vertust dich, du vertust dich,
Wenn du das meinst, Stepan.

Karawajew

Ja, ja, ich denk auch, du vertust dich.

Pugatschow

Was macht das, was macht das, was macht das,
Daß kein Toter den Gräbern entkommt.
Dennoch grub ein steintrockenes Brachland
Wie ein Pflug dieses Märchen um.
Frohe Botschaft von Aufständen hört man.
Das Brüllen der Bauern den Zenit betäubt.
Und des Buschwerks holzene Herde
Mit entblätterten Hufeisen läutet.

Was ist ihnen Peter? – Der wütenden, wilden Rotte?
Nur der Stein des willkommenen Anlasses,
Daß der Plünderer Knüppel zu Wort kommt
Über den, der geraubt und mißhandelt hat.

Milde Gabe für milde Gabe.
Die Rache jungt blutige Welpen.
Wer sagt denn, daß diese Rasenden
Abtrünnige sind und Strolche?
Es sind Russen, die toben!
Und ich lehre sie auftakeln ein Geripp,
Im Gelächter der Säbel eine knöcherne Drohung,
Segeln zu schicken auf Steppenboden
Unser Schiff.
Hinter ihm, auf blauen Hügeln kreuzend,
Ziehen wir, wogend, lebendiger Köpfe Flotte.
. . . .
. . . .
Hört mir zu: Für alle bin ich ab heute
Imperator Pjotr.

Kosaken
    Wieso der Imperator?

Oboljajew
    Übergeschnappt!

Pugatschow
    Ha, ha, ha!
    Erschrecken kann euch der Totengräber,
    Der sich zum Topf einen Schädel abbrach
    Und seinen Kohl kocht aus Kupfermoneten,
    Daß er ihn auffrißt am schwarzen Tag.
    Nicht ängstigen soll euch der Leichnam.
    Doch erhebt diese Friedhofsmär,
    Begreift es, begreift es, begreift es,
    Für uns das Mongolenheer.
    Wir haben an einfachen Leuten
    Im eigenen Land nicht genug.
    Solln Kalmück und Baschkire sich streiten
    Für die Schafhirtenfeuer zwischen Jurten.

Sarubin

Vortrefflich, vortrefflich, vortrefflich!
Welcher Teufel hat uns die Flucht eingesagt?
Besser denen hier allen die dreckigen Köpfe
Abbrechen wie vom Wagen das Rad.
Mit Messern und Flüchen erschlagt sie.
Wo kein Säbel ist, tuts ein Stock.
Es lebe der Imperator
Jemeljan Iwanowitsch Pugatschow.

Pugatschow

Nein, nein, ich bin von heute und hier
Nicht Jemeljan, sondern Peter . . .

Karawajew

Nein, nein, nicht Jemeljan, Peter . . .

Pugatschow

Brüder, Brüder, doch jedes Tier
Liebt seinen Pelz und Namen . . .
Frieren, frieren den Kopf macht es mir,
Eines anderen Rauhreif zu tragen.
Das Herz weiß nicht, wie der Rache Licht
In die knorrigen Dickichte strahlen.
Wißt, wer in das Aas eines Namens kriecht,
Dem ist, wie Grabgestank atmen.

Peter zu sein, wie halt ich es aus
Mit Jemeljans Blut und Seele.
Der Mensch, auf der Welt, ist kein Haus aus Holz
Und nicht umzubauen beliebig.
Doch zum Teufel, zum Teufel alles das!
Weg mit kalbsseliger Weichmütigkeit!

Halb vier heute nacht
Steht zum Angriff bereit!

Der Sträfling aus dem Ural

Chlopuscha

       Wahnsinniges, rasendes blutiges Schlammgewühl!
       Was bist du? Der Tod? Oder Krüppeln Genesung?
       Bringt mich hin, bringt mich hin zu ihm,
       Ich will diesen Menschen sehen.
       Drei Tage und Nächte habe ich euren Weiler gesucht.
       Die Wolken rollten von Norden zu steinernen Haufen.
       Ruhm ihm! Auch wenn er nicht Peter ist, Ruhm!
       Das Volk liebt seinen furchtlosen Aufruhr.
       Ich irrte drei Tage, drei Nächte die Pfade.
       Aus dem glasharten Boden stachen meine Augen mir Segen.
       Wie in Stroh, so packte der Wind meine Haare
       Und drusch sie mit den Ketten des Regens als Flegeln.
       Doch ein Herz, zornheiß, kann nicht fehlgehn.
       Nicht so leicht schlagt diesen Kopf ihr vom Rumpf.
       Des Orenburger Morgenrots rotwollene Kamelstute
       Ließ der Dämmerung Milch tropfen mir in den Mund.
       Wie das Brot preßte ich an die verschmachteten Lider
       Ihr kaltes und rissiges Euter, im Dunklen gehend.
       Bringt mich hin, bringt mich hin zu ihm,
       Ich will diesen Menschen sehen.

Sarubin

       Wer bist du? Wer? Wir kennen dich nicht!
       Was hast du in unserem Lager verloren?
       Weshalb, wie zwei Kettenhunde,
       Springen die Augen dir im Gesicht,
       In ihren salzigen Pfützen ruhelos?
       Was weißt du, was Peter nicht weiß?
       Scheint Böses oder Gutes her aus dem Schlund des Sturmes?
       Sind die Rebellen in Asien bereits?
       Oder fliehen sie wie die Hasen von Orenburg fort.

Chlopuscha

Wo ist er? Wo? Ist er etwa nicht da?
Eine Seele, die schwerer als Steine wog, trug ich.
Ich, längst vergessen hat dieses Land
Den gottverlassenen Halunken Chlopuscha.
Mann, lach dich krank!
In euer düsteres Heer
Schicken sie tolle Kundschafter.
Zwangsarbeiter war ich und Arrestant,
Ich war ein Mörder und Falschmünzer.

Aber immer doch, immer doch, heut oder gestern
Legt die Vergeltung die Dornenschlingen.
Sie schlossen in den Block und sie rissen die Nüstern
Dem Sohn eines Bauern der Twersker Provinz aus.
Zehn Jahre –
Verstehst du? Zehn Jahre im Dreck –
Bald Knastbruder drinnen, bald Pennbruder draußen.
Dies warme Fleisch hier trug das Skelett
Zum Ausrupfen wie ihre Federn Strauße.

Was hab ich davon, daß ich gelebt hätte gern?
Und mein Herz wollte nicht mehr von Grausamkeit brennen.
Ach, mein Lieber,
Bauern sind für Herrn
Ganz gleich was, Schafe oder Hennen.
Täglich auf den Knien vor des Morgens gelbem Sarg,
Saugte ich an den Fesseln mit dem Mund blauer Hände.
Plötzlich vor drei Nächten kam Gouverneur Reinsdorp
Wie ein abgerissenes Blatt
Geflogen zu mir in die Zelle.
»Höre, Häftling!«
So sprach er,
»Du allein hast mein Vertrauen.
In der Steppe dort geht ein Gewitter mit Brülln,
Davon das Imperium erschauert.

Ein Fuchs, Schwindler, Langfinger hat sich erdacht,
Rußland aufzubäumen mit einer Räubertruppe.
Und das Beil die adeligen Köpfe kappt
Wie im Waldasyl
Der Birken Kuppeln.
Du schaffst es und pflanzt ein Messer in ihn?
So hat er zu mir geredet.
Du erlangst die Freiheit durch diesen Dienst
Und statt Steinen die Taschen voll Moneten.«

Drei Nächte, drei Nächte ging ich wie blind,
Ich suche sein Lager, weit und breit keine Seele.
Bringt mich hin, bringt mich, daß ich ihn find,
Ich will diesen Menschen sehen.

Sarubin

    Ein seltsamer Gast.

Podurow

    Ein verdächtiger Gast.

Sarubin

    Wie wissen wir, was du vorhast?

Podurow

    Da haben nicht wenig, nicht wenig Lust,
    Für Geld sein Herz zu durchbohren.

Chlopuscha

    Hahaha!
    Nicht übel, nicht übel.
    Ein treuer und fester Schild.
    Bloß bin ich bis in den Nabel
    Von der Rachgier des Aufruhrs wild.
    Gallenbitteres Harz tropft als Eiter
    Aus den Hütten zerbrochenen Geripps.
    Ich, ein Wolf morgen nacht, such das Weite,
    Daß es mir Menschenfleisch gibt.
    Das seh ich, das seh ich, das seh ich,
    Sie fressen dich, frißt nicht du.

Bereithalten muß man ewig
Diese Hände: stehlt! schlagt zu!
Glaubt mir!
Ich kam zu euch als ein Freund.
Das Herz, froh im Schneesturm zerschellt es,
Denn ohne mich, den Chlopuscha,
Nehmt ihr Orenburg nicht ein,
Nicht mit hundert tollkühnen Feldherrn.

Sarubin

Zeig her, zeig her, zeig her
Einen Plan, mit dem wir nicht scheitern.

Podurow

Du gehst als Kommandeur
Sofort zu unseren Reitern.

Chlopuscha

Nein!
Chlopuscha wird nicht raufen.
Chlopuscha greifts anders an.
Er wünscht, mit dem Zorn eurer Augen
Blitzte zugleich der Verstand.
Grausig ist eurer Schlachten und Siege Klirrn,
Und ihr seid wie Raubtiere furchtlos.
Und ihr habt doch keine Artillerie?
Aber ihr habt doch kein Pulver?

Ach, im Schädel ist wie im Faß der klare
Sprit scharf, wie Kornsprit, zornig mein Hirn.
Ich weiß, daß Arbeiter an der Sakmara
Kanonen gießen den Herrn.
Dort gibts Kugeln und Pulver in Haufen
Und die Schützen mit ihrem Geschick.
Doch zuvor und ohne Aufschub
Putscht die Bauern ihr auf im Distrikt.
Zaudern, zaudern noch hier wäre Sünde.
Bauernwut ist keine Stute, die schnaubt ...

Also los übers Kupfer der Linden
Zu den Grenzen Ufas, daß es staubt!

6

In Sarubins Heerlager

Sarubin

He, ehrliche Zunft ihr, lustig,
Verwegene Schnickschnackschar!
In eure Dörfer verguckt sich
Schlitzäugig der Tatar.
Pferde wie Wirbel fegen feldüber.
Du siehst hin – ein spurloses Nichts.
Der Mond, knallend mit gelben Flügeln,
Zerpflückt, ein Habicht, Gebüsch.
Seh ich im glatten Nackten wirklich
Wiesen erkalten blau?
Sind das nicht schon mongolische Birken?
Die Heustadel – nicht ein Kirgisen-Aul?

Hört ihr, hört ihr, hört, meine Braven,
Euren nomadischen Spatzenpfiff!
Orenburg, von Chlopuscha belagert,
Frösche, Mäuse und Ratten frißt!
Ein Drittel des Landes in unserer Macht.
Ein Drittel haben wir erhoben als Streitmacht.
Der Feind verliert noch in heutiger Nacht
An der Wolga seine Häfen und Speicher.

Schigajew

Sarubin, stop!
Du, wahrscheinlich, weißt nicht.
Ich habe es nicht gesehen . . .
Andere . . .
Nicht wenige . . .
Bei Samara eine Erle mit verletztem Kopf,
Gelbes Hirn vertropfend,
Leicht am Wege hinkt,

Wie ein Blinder, verlassen von seinem Trupp,
Mit näselndem, heiserem Beben
Bittet sie, eine Speise
In den löcherigen Hut eines Krähenhorsts,
Die Vorüberkommenden, ihr zu geben.
Doch wirft keiner auch nur einen Stein hin.
In der Angst das Kreuz schlagend vor dem Stern,
Meinen alle, das ist ein Unglückszeichen,
Und es ist auch nicht fern.
Etwas steht bevor.
Etwas kommt gezogen!
Sie sprechen von Seuche, Hungersnot
Hundertmal picken muß fliegend der Vogel
Des eigenen Magens Silberbrot.

Tornow

Ja, ja, ja!
Etwas kriecht heran!
Allerwege
Jaulen die Gerüchte wie am Tor der Hund,
Und dem Volk bläst in die finsteren Seelen
Wind Nässe von den Sümpfen und modrigen Dunst.
Etwas steht bevor!
Es wird ein großes Verderben geben.
Nicht umsonst ists, daß wiesenweit
Des Mondes Pferdeschädel
Das Gold faulen Geifers ausspeit.

Sarubin

Faul, faule Tücke!
Ein Messer in eure Rücken!
Ich sah noch nicht, seit ich sehen kann,
Ärger als Weiber Kosaken zittern
Vor einem solchen Teufelskram.

Schigajew

Wir zittern nicht, zittern nicht, nimmermehr!
Unser Blut ist kein baschkirisches Wabern.
Du weißt doch selbst, welche Messer dir
Den Weg schlugen nach Tscheljabinsk.

Du weißt, wer Ossa genommen hat
Und kahlgeschlagen Zarapul.
Mücken saßen dir nicht soviel auf der Nas,
Wie uns Kugeln den Rücken zerstachen.
Ob es kalt oder naß ist
Und Tag und Nacht
Sind wir in Kampfbereitschaft.
Und jeder gibt auf sein Pferd besser acht,
Als auf daß ihm sein Räuberkopf heilbleibt.
Aber wenn einem Unglück droht, es droht,
Und der Kosak vernimmt nichts?
Sieh hin, dort oben sitzt der Schlot
Auf dem Dach wie ein Zureiter rittlings.
Dort ein zweiter, ein dritter,
Ihre Rüssel zählt nie
Mit seiner hitzigen Sehnsucht ein Rauhbein.
Und das gesamte Pulk von Holzstuten fliegt
Im Galopp, und wie Wolken der Staub steigt.
Und wohin denn, was will es?
Welchen Weg
Suchen die rasenden Reiter?
Über die gläsernen Augen schlägt sie, schlägt
Der Tumult mit dem Stiel der Peitsche.

Sarubin

Nein, nein, nein!
Du irrst dich . . .
Es ist der Ruf, Iwan,
Der Ruf zu den Waffen, in die Fenster eilt er.
Ich weiß, daß heute nacht nach Kasan
Jemeljan die wilde Reiterei führt.
Gestern, daß ich fast außer Atem kam,
Hinterm Berg, noch in der dunklen Früh
Sah ich fahren zum Tscheremschan
Tausende Wagen mit Artillerie.
Wie krachte mit röchelnden Rädern der Troß
Über den steinigen Weg, triumphal.
Ins Kamelgebrüll Meckern von Ziegen schoß
Und der kehlige Ton der Tatarn.

Tornow

Wie denn, wir glaubens, wir glaubens.
Vielleicht
Ist alles so, wie du meinst.
Die Stimme des Zorns, die dem Unglück gleicht,
Beruft uns zu furchtbarer Rache ein.
Gott gebs!
Gott gebe es, daß es so werde.

Sarubin

Glaubt es, glaubt es!
Ich schwöre es euch!
Unerwartetes Glück und nicht Verderben
Fällt auf der russischen Bauern Reich.
Da erklirrt ähnlich Säbeln auf Harnischen
Über der Weite der Ebenen die Dämmerung blau.
Auch die Haine,
Sogar die ganz wie Aufständische
Rolln Ebereschen-Standarten auf.
Ein lustiges Hauen reift uns, reift uns.
Ein blutiger Nebel gen Himmel heult.
Mit Kugelgrollen und Kartätschenpfeifen
Morgen deckt Jemeljan sie ein.
Und daß unentrinnbarer schrill unsere Seite,
Daß uns die Trübsal nicht vollends verzehr,
Schicke ich euch heute noch, heute
Zu Hilfe seinem Heer.

Der Wind wiegt den Roggen

Tschumakow

Was ist das? Wie denn? Wir sind geschlagen?
Die Dämmerung, hungrige Wölfin, lief, daß sie des
  Abendrots Blut aufleck.
Oh, diese Nacht! Wie mit Grabestafeln
Ist der Himmel mit steinernen Wolken bedeckt.
Du gehst auf dem Feld, du rufst Namen, du rufst
Die alte Truppe, rufst, die gefallen sind bei Sarepta.
Und starrst und siehst nicht – ist dort wogender
  Roggen bloß
Oder tanzen Heerscharen gelber Skelette.
Nein, der August ist das nicht, wo der Hafer rieselnd
  sich leert,
Wenn der Wind im Acker ihn drischt mit groben Eichen-
  knüppeln.
Tote, Tote, seht ihr das, nur Leichname hier umher.
Seht sie lachen und ihre faulen Zähne ausspucken.
Vierzigtausend waren wir, vierzigtausend,
Und alle vierzigtausend sind an der Wolga gefallen
  wie ein Mann.
Der Regen sogar könnte so nicht Gras oder Korn
  leerbrausen,
Wie mit Säbeln unsere Köpfe hinstreuten sie in den Sand.

Was ist das? Wie denn? Wohin fliegen wir?
Wie viele sind hier von uns am Leben geblieben?
Der brennenden Dörfer Rauch schlägt in den Himmel,
  ein Tatzentier,
Das über die Erde ausbreitet unsere Schmach und
  Ermüdung.

Besser zugrunde gegangen dort und aus dem Leben sein,
Wo das Rabenvolk kreist in ruhloser, unheilträchtiger
    Hochzeit,
Als aus den Fingern zu blasen hier fünfflammigen
    Kerzenschein,
Als diesen Leib wie einen Friedhof zu tragen mit allen
    Gräbern der Hoffnung.

Burnow

Nein! Du bist blind! Du bist blind! Du bist blind!
Nie zuvor hatte ich die Empfindung des Lebens so heftig.
Ich möchte einen Purzelbaum schlagen in diesem Gold von
    Gras wie als Kind
Und die auf Kreuzen azurblauer Glockentürme sitzenden
    schwarzen Dohlen treffen.
Alles, was ich für die Freiheit des Volkes gegeben habe,
Möchte ich zurück und wieder finden,
Daß hier diesen Mond
Wie eine Petroleumlampe zum Abend
Der Laternenmann aus Tambow entzündet.
Ich glaubte gern, daß diese Sterne sind nicht Sterne,
Nein, gelbe Schmetterlinge, die in die Mondflamme
    fliegen . . .
Freund! . . .
Warum wirfst du mit deinen finsteren Reden vom Sterben
In die Seele wie in die Fenster einer Kapelle mir Steine?

Tschumakow

Was hast du um deine kalte, stinkende Seele zu klagen,
Das Bärenjunge, verreckt in seiner Höhle, der engen?
Weißt du, daß in Orenburg liegt Chlopuscha erschlagen?
Weißt du, daß Sarubin einsitzt im Tabinsker Gefängnis?
Michelson hat unser Heer endgültig erledigt.
Die Kalmücken und Baschkiren sind getürmt zu Aralsk
    nach Asien.
Ob wohl davon so jämmerlich
Die Zieselmäuse auf den niedergetrampelten Feldern
    stöhnen,
Wie Ahornblätter die toten Köpfe mit Schlamm sich
    masernd?

Der Tod, Tod rührt in den Dörfern die Schellen.
Wer denn wird uns retten? Wer bei sich verstecken?
Sieh wieder dort, wieder dort am Waldrand, wie gellend
Die Vögel in die Luft zu Kreuzen die Flügel strecken.

Burnow

Nein, nein, nein! Ich will nicht sterben jetzt!
Diese Vögel kreisen über uns unnütz.
Ich will wieder als Junge aus der Pappel schütteln den
　　kupfernen Schatz
Und die Hände, weiße, glatte, kleine Teller, aufstellen
　　darunter.
Wie denn der Tod?
Kann denn diesen Gedanken das Herz auch fassen,
Wenn im Bezirk Pensa ich stehen habe ein Haus?
Von der Sonne möchte ich nicht und vom Mond nicht lassen,
Von der Pappel nicht über dem niedrigen Fenster draußen.
Nur für die Lebenden sind ja gesegnet
Gehölz, Fluß, Steppe und Saatengrün.
Höre, die Welt gilt mir keine Kopeke,
Wenn ich morgen erschlagen bin.
Leben, leben, leben will ich,
Bis es mich schaudert, bis ichs erleiden muß,
Als Latrinenräumer oder als Taschendieb,
Aber sehn auf dem Acker die Mäuse im Freudensprung,
Aber hören im Brunnen den seligen Froschgesang.
Zu Apfelblüte versprüht meine weiße Seele,
Zu blauer Flamme hat der Wind die Augen gejagt.
Um Gottes willen, belehrt mich,
Belehrt mich, ich vollführe alle Befehle.
Alles, um im Menschengarten zu tönen, mach ich, was man
　　mir sagt.

Tworogow

Wartet! Wartet!
Wenn ich wüßte, ihr seid nicht feige,
Sich zu retten wäre nicht schwer.
Zungenlos die Weiden sagten von unserer Absprache keinem,
Und Schweigen bewahrte am Himmel der einzige Stern.
Keine Angst!
Keine Angst vor dem harten Plan!

Schwerer nicht als das Geknirsch, wenn die Knochen
    im Leibe brechen,
Ich schlage vor,
Beim Morgenrot fesseln wir Jemeljan
Und liefern ihn aus an die uns mit dem Tode bedrohenden
    Mächte.

Tschumakow

Wie, Jemeljan?

Burnow

Nein! Nein! Nein!

Tworogow

Hähähä!
Ihr seid dümmer als Pferde!
Ich bin sicher, daß also morgen,
Kaum, daß das Frühlicht Gold spuckt,
Wie Schlachtfleisch auf dem Markt die Soldaten euch
    aushängen werden,
Und ein Dummkopf der, dem ihr dann noch leid tut,
Denn die Dornen habt ihr euch selbst zuzuschreiben.
Einmal nur leben wir, nur einmal doch!
Einmal nur leuchtet die Jugend gleich dem Mond in der
    Heimat.
Höre, höre, ein Haus an der Sura hast du.
Dort stößt dir ins Fenster die Pappel die purpurnen
    Blätter,
Als riefe sie ihrem Herrn aus dem düsteren Oktober zu,
Daß der Herbst sie mit kalten, genauen Schüssen zerfetze.
Da ermiß deine Macht!
Wie willst du die hölzernen Wunden ihr heilen?
So hat auch des Lebens tobende herbstliche Nacht
Jemeljan gerupft wie die Pappel sie schlug mit den
    Regenseilen.
Ich weiß, ich weiß, im April, wenn das Wasser bellt,
Wird die Pappel neu mit weicher grüner Haut sich
    bedecken.
Doch die alten Blätter werden von ihr nie wieder aufgestellt,
Die das Tier verschleppt und die der Schuh in den Dreck
    tritt.

Was hilft es mir, daß Jemeljan flüchten nach Asien kann?
Daß er Nomaden sich sammelt und erneut zum Kampf
aufbricht?
Auch die neuen Blätter werden ja fallen und sich
überschichten mit Schlamm.
Verstehst du, verstehst du, wir sind alte Blätter, du, ich.
Wozu noch schaukeln an unserem nackten, knorrigen Ast?
Besser abreißen sich und werfen sich in die Luft und
segeln,
Statt im Acker zu liegen und sich verjauchen zu golden
rinnendem Glast,
Statt daß deine Augen auspicken die schwarzen gierigen
Vögel.
Wer mit mir kommt – gut Glück!
Uns ist Jemeljans Kopf – wie ein Kahn,
Der absäuft im wilden Strom.
Wir leben nur einmal, ein einziges Mal!
Nur einmal rühmt die Jugend wie ein fernes Segel
den Mond.

8

Das Ende Pugatschows

Pugatschow
 Ihr seid nicht bei Trost! Ihr seid nicht bei Trost!
  Ihr seid nicht bei Trost!
 Wer hat euch gesagt, daß wir hin sind.
 Böse Mäuler, wie Körbe mit faulem Fraß,
 Rülpsen schamlos erstunkenen Unsinn.
 Dreimal verflucht der Schlappschwanz, Lump, der gemeine
  Sack,
 Der euch zu füttern gewagt hat mit solcher Dummheit.
 Ihr habt eure Pferde zu satteln für heute nacht
 Und, eh sie um ist, mit mir zu sein in Gurjew.
 Ich weiß, ich weiß, uns traf das Unheil schwer,
 Doch um so böser über dem nebligen Abgrund tief
 Werden mit Holzflügeln auf dem Kaspischen Meer
 Unsere Boote spritzen, wie Schwäne, nach Asien.
 O Asien, Asien! Land himmelblau,
 Mit Sand, Salz, Kalk überschüttet.
 Dort fährt der Mond so gemach über die Himmels-Au
 Wie des Kirgisen Fuhrwerk auf quietschenden Rädern und
  rüttelnd.
 Aber dafür wüßtet ihr, wie stolz, wie zornig
 Dort die schafpelzgelben Gebirgsflüsse rennen.
 Schrillt nicht daher im Pfiff der mongolischen Horden
 Alles Wilde und Böse, das drinsitzt im Menschen?
 Schon lange, lange die Sehnsucht hielt ich verborgen in mir,
 Dorthin zu kommen, zu ihren wandernden Lagern,
 Daß mit den schneidenden Wellen ihrer funkelnden
  Jochbeine ich
 Stehe vor Rußlands Toren, Tamerlans Schatten.
 Also welcher Betrüger, Windhund, gemeine Sack
 Hat euch vergiftet mit feiger, schamloser Dummheit.

Ihr habt eure Pferde zu satteln für heute nacht
Und, eh sie um ist, mit mir zu sein in Gurjew.

Krjamin

O du Hanswurst, du Hanswurst, Jemeljan, du Hanswurst,
Noch immer derselbe Querkopf, Blinde und Leuteverlocker;
Auf die Felder geschwappt ist dein Übermut,
In keinem Asien mehr kommst du zum Kochen,
Deine mongolischen Truppen kennen wir gut,
Wie sollten wir ihre Kühnheit nicht kennen?
Wer war der erste, der erste, wenn nicht diese Brut,
Bei Samara davonzurennen?
Wie immer, wie immer, die rohe Wut
Kühn gegen die Kleinsten und Schwächsten.
Nichts als plündern und brennen an den Grenzen der Rus
Und erbeutete Frauen vor den Sätteln.
Raub und Scharmützel lieben sie,
Aber nicht strenger Kriegszüge düstere Strapazen.
. . . .

Nein, wir können nicht weiter mit dir ziehn
Und nach Gurjew zum Kaspi nach Asien.

Pugatschow

Mein Gott, was höre ich?
Kosak, halt den Mund!
Sonst wird dich mein Messer, meine Kugel ersticken . . .
Sind wahrhaftig und wirklich die Schwerter verstummt?
Habe ich wirklich um diesen Lohn alles erlitten?
Nein, nein, nein, ich glaube es nicht, es ist nicht wahr!
Nicht für das sah euch wachsen eure Steppensiedlung.
Eines harten Schicksals böseste Gefahr
Darf nicht jagen euch in einen angeketteten Frieden.
Ihr müßt lauter noch entfachen jene Wut,
Wenn der Wind mit Stürmen aus unserem Land heult . . .
Mit Mut drum zum Kaspi! Mir nach, mit Mut!
He ihr, Hundertschaften, hört das Kommando!

Krjamin

Nein! Wir stehen nicht länger zu Diensten dir!
Nicht ködern wird uns dein Irrsinn.

Wir wollen nicht, daß uns der unsinnige Krieg
Wie sie alle noch wirft jedem Dorf auf den Kirchhof.
Das Herz kennt den Tod und ein heimliches Graun
Vor blutigem Streit und Stöhnen.
Es soll uns der Pappel- und Ahornbaum
Rauschen wieder in unseren Höfen.
Uns kettet an das Leben eine Kraft,
Die ist stärker als Taue und Drähte.
Ob, Jemeljan, deinen Empörerkopf
Vor die Macht hinzulegen nicht Zeit wär?

Du holst sowieso nicht zurück, was war.
Ach, nicht umsonst weinte Laub der Oktober.

Pugatschow

    Was? Verrat?

                Verrat?

    Ha-ha-ha! . . .

                Also klar!

    Da hast du, Hund, die Belohnung.

    Er schießt.

    *Krjamin fällt als Toter. Die Kosaken reißen mit Geschrei
die Säbel heraus. Pugatschow, sie sich mit dem Dolch fern-
haltend, weicht zur Wand.*

Stimmen

    Fesselt ihn! Fesseln!

Erste Stimme

    Schluß, Schluß, Schluß mit der Hetze!

Tworogow

    Den Säbel haut in die Fresse ihm!

Zweite Stimme

    Schleift ihn am Bart, den Drecksack . . .

Pugatschow

    . . . Meine Teuren . . . Ihr Guten . . .
    Was behext euch? Was behext euch? Was behext euch?
    Wer kreischt dort so schrecklich und lacht, prustet

In den Lehm am Weg, schwarz vor Nässe?
Wer kichert dort heimlich und hackt
Böse freihustend sich von der Sonne?
. . . .

. . . Ach, die Herbstzeit ist das!
Ja die Herbstzeit schlägt aus dem Sack
Vom September geprägte Tscherwonzen.
Ja! Unten bin ich.
Die Stunde naht.
Das Hirn, wie Wachs tropft es leise, leise . . .
. . . Das ist sie!
Sie wars, die euch bestach.
Die üble und böse zerlumpte Greisin.
Es ist sie, sie, sie.
Ihr Haar steht als Morgenrot-Köcher,
Sie zielt, daß das Land unterlieg
Ihrem glücklosen, kalten Lächeln.

Tworogow

Na, übergeschnappt . . . ihr gafft, gafft . . .
Fesselt ihn!
Er wird kaum mit dem Kopf die Mauer zerkeilen!
Gottlob zu Ende seine viehische Schlacht.
Zu Ende sein wütendes, wölfisches Heulen.
Reiner glüht jetzt des Herbstes kupferne Pracht.
Des Frührots Mohn suppt man nicht aus mit der Winde
    Schöpfkellen.
Beeilt euch, macht!
Es wird Zeit, daß ihr es schafft,
Ihn der Obrigkeit zuzustellen.

Pugatschow

Wo bist du? Wo bist du? Meine alte Macht?
Ich will aufstehn – und es rührt sich kein Finger mehr.
Jugend, Jugend! Wie eine Maiennacht
Verklungen bist du dem Faulbaum der Steppenprovinz gleich.
Da schwimmt, da schwimmt überm Don das Blau der Nacht
    herauf,
Ein weicher Brandgeruch zieht aus den trockenen Gehölzen.
Seine goldene Kalkwolke über das niedrige Haus
Spritzt der Mond mit dem breiten und warmen Antlitz.

Irgendwo heiser und unlustig kikerikiet ein Hahn,
In zerrissene Nüstern Staub niest die Wegeskrümmung,
Und immer weiter, weiter, verstörend das schlafende Gras,
Das Glöckchen rennt, bis daß hinterm Berg es zerschellt ist.
O mein Gott!
Ist denn wirklich die Stunde da?
Kann man wirklich fallen unter der Seele wie unter Lasten?
Aber es schien doch . . . gestern noch sah . . .
Ihr meine Teuren . . . Besten . . .

1921

Anatoli Marienhof
Die Verschwörung der Narren
Tragödie

Aus dem Russischen von Fritz Mierau

Für Sergej Jessenin

Personen

Anna Johannowna
Herzog Biron
Graf Ostermann, *Kabinettsminister*
für auswärtige Angelegenheiten
Minich, *Feldmarschall*
Uschakow, *Chef der Kanzlei*
für geheime Untersuchungsangelegenheiten
Fürst Tscherkasski
Wassili Trediakowski
1. Narr
2. Narr
3. Narr
4. Narr
5. Narr
6. Narr
1. Närrin
2. Närrin
3. Närrin

Die Suite: Offiziere der Garde, Gardekavaliere,
Zwerge, Neger, Papageien usw.

1. Akt

Saal im Palast. Ein Sarg. Im Sarg ein Pferd.

1. Narr   Ein fröhliches Begräbnis! Ein richtig fröhliches Begräbnis! Wetten! Keiner von euch Kanaillen hat so was schon gesehn. So einen riesengroßen toten Leib im Sarg. So eine ungeheure Leiche.

2. Narr   Und diese schwarzen Schleifen, schwarz wie Rabenflügel.

3. Narr   Liebste Narren, lest, was geschrieben steht. Wer hier zerknirscht ist, wie sehr und warum.

1. Närrin   Ach, kein Pferd ruht hier, hier ruht ein Traum auf schlanken Beinen.

4. Narr   Und nun verreckt . . .

5. Narr   Ein Traum verreckt!

6. Narr   Hört, hört, Träume verrecken auch.

2. Närrin   Verschieden in den Armen der Kaiserin Anna.

3. Närrin   Eine Gipsmaske nahm die Kaiserin von dem wundervollen Haupt.

1. Närrin   Mit duftendem Balsam salbte sie das tote Fleisch.

2. Narr   Sagen wird man über unsere Tage: Sachen haben die gemacht.

3. Narr   Aufgepaßt die Narren-Kamarilla! Ich lese vor, was auf der Schleife Birons steht: Peitsche und Blei der Menschenherde – Rosen und Adelsrang der Klasse der Rosse.

1. Narr   Ein Denker, was sag ich, ein Koloß.

4. Narr   Solche Eichen wachsen nur im Urwald von Murom.

5. Narr   Falsch, Herr Kollege, Biron ist ein Baum aus Kurland.

2. Narr   Pfeil in den Köcher, Schwert in die Scheide – Zunge in Zaum.

5. Narr   Das rat ich auch, verehrte Narren: schweigt. Es sei denn, ihr nehmt den Galgen gleich zur Frau.

3 Närrinnen	Kik-keriki, kik-keriki, kik-keriki!
3 andere Närrinnen	Dok-dok, dok-dok, dok-dok!
3. Narr	Marschmarsch, Schwänze an die Hosennaht, mit Wampe und Halbkugeln nicht geschlackert. Ich trage vor die Inschrift auf dem Kranz der Kaiserin: Im Sattel, wenn mich dein straffer Rücken zärtlich wiegte, saß ich lieber als auf meinem Thron, der nun das neunte Jahr in Rußland unerschüttert steht.
4. Narr	Ich glaub, dort hinter dem Sternenschleier, im blauen Land, kriecht Peter vor Schreck ein Auge aus der Höhle wie der Bär aus seinem Eisloch.
5. Narr	Trägt nicht die hochverehrte Kaiserin das Zepter schwer von Menschentränen, schwer wie Blei.
1. Närrin	Seht den großen Stern, wie er herniederfährt.
1. Narr	Ja, groß, doch kein Stern – Peters Mutterfluch.
6. Narr	Heute flattern die Zungen wie rote Läppchen, morgen winseln eure Rücken und Ärsche unter der Knute.
5. Narr	Leider ist es so auf Erden: Erst weint die Revolution Blut, dann schneiden die revolutionären Zügel die fetten Hüften blutig.
1. Narr	Der Hund spricht gut, doch ich prophezeie, besser spricht in ein paar hundert Jahren Marienhof.
2. Närrin	Woher die exakte Information?
1. Narr	Eben eingetroffen mit der letzten Jenseitspost.
3. Närrin	Ich würde ja auch gern so was loslassen, aber ich möchte nicht krepieren.
3 Närrinnen	Haho haho hao haho!
3 Narren	Wau wau wau wau waff!
Narren und Närrinnen	Ssst ssst ssst. Er kommt! Er kommt! Er kommt! *Herein Trediakowski.*
1. Narr	Das ist er: er feiert Orgien mit Gedichten, und seine Leier singt Gewitterdonner.
2. Narr	Die alleruntertänigste Reverenz dir, dem Reiter des wilden Pegasus.
Trediakowski	Freunde, ich bin unsagbar glücklich, euch zu sehen.
3. Närrin	Wie schön du heute aussiehst, Trediakowski. Deine Augen glühn im roten Gold der Zigaretten.
Trediakowski	Von meiner süßen Arbeit komm ich eben, ich schmiedete die silberne Kette einer wunderbaren

Ode – die in der Flamme des Traums geglühten Glieder verband mit schwerem Hammer die Inspiration.

5. Narr   Was mich angeht, bei Gott, ich tausch den straffen Wanst von meinem barfüßigen Küchenweib nicht gegen den dürren Leib einer strahlenden Muse.

1. Närrin   Mesdames, sperrt eure Ohren zu. Und ihr, geliebte Jungs, sagt besser nicht so unanständige Sachen, sonst habt ihr uns aber auf dem Hals.

Trediakowski   Besänftigt eure Leidenschaften. Dämpft die Glut. Heut ist der Tag der Trauerklagen. Zu Grabe tragen wir die schönste aller Stuten – das Lieblingspferd der Großen Kaiserin.

3. Narr   Man kann direkt gespannt sein: wenn der mal alle viere von sich streckt, der geniale russische Dichter, was sich dann bei Hofe tut. Auf dem Sarg auch Rosen und Tulpen, auf das Totenbett gebreitet so feines Tuch und von so tiefer Trauer ergriffen Anna, die Hofdamen und Würdenträger, die Närrinnen und Narren.

Trediakowski   Der die Ewigkeit erfuhr, mißt sich mit einem kaiserlichen Pferde nicht. O Schicksal, schmiede sie schärfer, die ehernen Schwerter der Undankbarkeit des Volkes und die goldenen Dornen am Ruhmeskranz.

4. Narr   Wenn die Poesie nicht mehr hat als die Flamme einer Groschenkerze, geht man Jahrhunderte lieber ganz im Dunkel; das Volk eine Herde geschorener Schafe? Dann soll der Treiber ruhig Biron sein.

2. Narr   Ich sage dir: Sei stumm wie ein Fisch.

5. Narr   Sie haben recht, mein Narr. Denn: Wir alle sind nur Untertanen eines Throns, auf dem eine Stummgeborene sitzt – die Deutsche.

4. Narr   Erinnert euch: Als die Kaiserin die Konditionen des Obersten und Geheimen Rates unterschrieb, als Golizyn und Dolgoruki – Habichte – ihre Kreise zogen überm Thron und schon auf die Krone stürzten wie auf ein armes goldenes Kücken, da flüsterte ich euch weise heimlich zu: Schärft die Klingen, Bürger, haltet die Waffen bereit, Republikaner – die Selbstherrschaft, wehrlos wie Abel, erwartet Kains gerechten Schlag.

1. Närrin	Keiner hat dich dran gehindert: Schärfen schärfen schärfen.
2. Närrin	Ich liebe diese Narrenreden.
4. Narr	Eher öffnet einer mit bloßer Schlinge die Kupfertore des Palasts als daß du Eichenschädel aufsprengst.
3. Närrin	Worte hat der wie nach einem Dammbruch: Spricht und spricht und spricht und spricht.
Trediakowski	Nur der erprobte Feldmarschall der Reime und der Metren bin ich. Papiergelände tränke ich mit Tintenblut.
3. Narr	Der Dichter – stets in der Schlacht.
Trediakowski	Die Feder ist kein Schwert. Messerscharf, doch schneidet nicht. Klingend wie Stahl, aber der Feind bleibt unversehrt.
5. Narr	Heller und lauter als die Fanfaren singe das Herz des Dichters.
1. Närrin	Was meint ihr: die Wände im Palast, haben sie Ohren oder nicht?
Trediakowski	Allein die Insurgentenheere der tonischen Versifikation lenke ich weise wider die syllabischen Regimenter Roms.
3. Närrin	Die reden reden reden ohne Sinn und Verstand.
2. Närrin	Ich hab gehört, die Narren kriegen demnächst ein Schlingenhalsband zum Lohn für ihre frechen Reden.
1. Närrin	Und zu Recht. In Zarensälen spielt man nicht Nowgoroder Volksversammlung.
4. Narr	Manchem hängt die Zunge im Rachen wie eine Glocke: das Kupfer schreit, grauenhaft die Worte. Bei andern: nasser Lappen oder Filz. Sie reden, und du denkst, sie lecken dir die Fersen.
1. Närrin	Schimpf nicht, Lieber, ich weiß, daß ich ein Ekel bin.
2. Narr	Sssst . . . Die Kaiserin.
4. Narr	Endlich kriegt sie ihren Spaß: Der Teppich ist schon ausgerollt – ein schwarzer Narrenflausch.
5. Narr	Majestät ihr Schritt und die Augen schaukeln wie am Joch die vollen Eimer. Es schwappt – im einen Lüsternheit, im andern Narretei.

Die Narren weichen zur Seite. Auftritt Anna mit Gefolge.

Ostermann Seht die Pracht im Kranz der Kaiserin: Eine strahlende Träne jede weiße Rose. Trauer läßt sie von den grünen Wimpern fallen.

Fürst Tscherkasski Und die Chrysanthemen des Favoriten. Blüte für Blüte Schmerz, der seine grauen Haare zaust.

Anna Laßt uns beten. Närrinnen und Narren, den Trauergottesdienst.

Der Trauergottesdienst, zelebriert von zwei Narren und dem Chor der Närrinnen und Narren.

1. Narr Lasset uns beten, mit einer Stimme beten
zu dir, der du die Seelen der Pferde frißt.
Laßt uns beten zu dir, Jungfrau Pferd, die du
ohne Samen geboren hast, um Vergebung der
Sünden und seliges Gedenken.
Vergib der Entschlafenen ihr Stampfen und
Schnauben, absichtliches und unabsichtliches.
Verbrenne sie nicht in der Flamme des himmlischen
Zorns,
jetzt und immerdar
und von Ewigkeit zu Ewigkeit, Amen.
Hebe ihre Seele empor vor den Stuhl des Gerichts,
den Stuhl der Herrlichkeit,
im Galopp.
Bereite ihr im Himmel eine friedliche Krippe und
süße Gräser.

Chor Lasset uns beten zu Gott Pferd.

2. Narr Wahrlich, ein jeder wandelt auf Erden.
Mancher schleppt schwere Last und isset bitteres
Gras,
lieblichen Hafer ein anderer,
der tummelt sich froh mit wehendem Schweif
und wird die Eitelkeit erst lassen,
wenn er in die Grube fährt,
die alle vereint: Traber und Mähre.

Chor Lasset uns beten zu Gott Pferd.

1. Narr Lasset uns beten, auf daß die Entschlafene eingehe
in den Schoß, wo das fromme Vieh weidet,
wo heilig heilig heilig sind Wallach, Stute und
Hengst.

Nimm, Pferdeliebender, die Entschlafene auf in deinen Schoß.
Und laß sie auferstehen wie du.
Wir beten auch zu dir, Mutter des Pferdes.
Vergib der Entschlafenen das Schnauben und Stampfen,
das absichtliche und das unabsichtliche.
Erhöre uns, die wir um die Tote trauern,
und gib: ewiges Gedenken.

Chor Ewiges Gedenken.

Der Leichnam wird hinausgetragen.

2. Akt

Totenmahl

4. Narr Majestät, keinen sah ich besser reiten als dich. Erlaubst du dennoch eine Frage?

Anna Frag.

4. Narr Warum gebietest du mit scharfem Brrr nicht Einhalt den hölzernen Hufen der Weiler und Dörfer, die aus Rußland nach Polen sprengen.

Anna Mein Roß ist das Russische Reich. Sein Trab und Galopp gehorcht dem kaiserlichen Zaum, der Kandare, den Sporen und der Peitsche. Du sprichst von ganz andern Gäulen, Tölpel.

Fürst Tscherkasski Wie wollen Majestät diesem Narren die aufrührerischen Reden vergeben?

3. Narr Schließt du die Narrenzungen in den Block, dann werden die großen Herren vor Mitleid weinen und nicht wiehern als würden sie gekitzelt.

5. Narr Die Kettenlieder der Sträflinge kröchen wie Schlangen aus unseren Kehlen, nicht mehr die fröhlichen Arien zum Lob der Kaiserin und Eurer Durchlaucht, der Gäste Ihrer Majestät.

Biron Ach, die schwarzen Trauerdecken, die von den Pferdeschultern hängen, der Trauerkrepp, in den der Pferdestall sich hüllte, der leere Stall, der noch die Spuren trägt von ihren goldgefaßten Hufen – alles malt die Last des Schicksalsschlags, alles spricht von unserem Verlust.

3. Narr Man kennt das weiche Herz, das Biron unterm Panzer schlägt, dem deutschen Grafen, schon bei der kleinsten Kleinigkeit erzittert es wie die Saiten der spanischen Gitarre. Als man durch Kurland fuhr, so wird erzählt, hat er statt des verdorbnen Pflasters

Senatoren legen lassen, damit die Pferde weicher träten.

Biron Dafür die Peitsche. Du denkst zu hoch von mir und weißt zuviel.

Schlägt den Narren.

4. Narr Die Meinung über Euer Durchlaucht bleibt die alte. Und ich schrie es aus auf allen Kreuzwegen und schreie noch: He, Leute sowieso und sowieso, Weise und Narren, geschlagen und nicht geschlagen (sollte es die hier wider Erwarten geben), wer wagt es, die Güte des Grafen zu bezweifeln, wo jede verhätschelte Kruppe lebendiges Zeugnis dafür ist.

1. Narr Graf Minich, brauchst du nicht paar begabte Helfer, die Türken in die Flucht zu schlagen? Ehrlich gesagt, mir reichts schon lange, mit der Narrenkappe zu klingeln und jeden Morgen die Fresse zu verschandeln.

Minich Erzähl uns doch, wie stärkst du die kaiserlichen Kräfte und was für Heldentaten möchtest du vollbringen.

1. Narr Zuallererst, Papachen, mach ich mich an die Befestigung von Moskau. Ich sprenge unverzüglich die Basilius-Kathedrale. Genau wie du. Als du bei der Befestigung von Kiew das Goldne Tor des Großfürsten Jaroslaw in die Luft jagtest.

5. Narr Ein Narr mit dem Kopf eines Feldmarschalls.

3. Narr Ich schwöre, das wäre äußerst ungerecht, wenn man dir dafür nicht einen Silberstern an die Brust anzwickte.

Minich Und dennoch wär der Lohn viel zu gering. Aber gnädig ist die Kaiserin auf Erden und barmherzig Gott im Himmel. Die Gerechtigkeit gießt heute ihren Pokal über dir aus, und der Wein des Ruhms fließt über deine Narrenstirn.

Minich übergießt den Narren mit Wein.

1. Narr So begießt der Liebende die Geliebte und die Geliebte wird Mutter. Neun Monate hütet sie im Leib die schwere, aber süße Last. Wenn der Samen aufgeht, streben die rosigen Keimlinge ans Licht, die Händchen des Kindes – dir, Minich, mein Geliebter, danke ich, den Leib des Ruhms hast du auf

meinen Narrenschädel ausgegossen. Der Kopf, ist er nicht wie der Leib, und trägt er nicht in seinem Knochenbauch das schwere Wort aus. Ob sie wollen oder nicht, mein Feldmarschall (denn gegen Gottes Wille ist man machtlos), von nun an sind sie der Vater aller meiner Narrenreden.

5. Narr Wenn es den Leib gelüstet, knirscht er in den Höhlen der Betten mit den Zähnen schlimmer als der Wolf. Von den Betten und Decken hab ichs, bei Gott, mit eignen Ohren gehört, die Liebe kennt nur einen Schrei: Fleisch und Fett. Hochzeiten haben wir erlebt, ich kann euch sagen. Pedrillo brachten wir mit einer Ziege ins Bett und tranken uns dann bei der Taufe voll. Im Eispalast die Hochzeit eines russischen Fürsten mit einer Vogelscheuche von Kalmückin, doch daß Feldmarschall Minich Vater der Geisteskinder eines Narren wird – wir hörten bisher nichts von solcher Occasion. Für den genialen Einfall neige ich mein Haupt vor Eurer Gräflichen Durchlaucht und eurer närrischen Nullität.

Anna Die Sache macht mir Spaß. Und also will ich, daß bei unserem heutigen Mahl die Närrinnen und Narren sich Bräutigam und Braut unter den hohen Herrschaften wählen. Ich befehle: nicht zimperlich zu sein mit Komplimenten, in Liebeslyrik kühn sich zu verschwenden. Liebe Gäste, ein Hoch auf unseren lustigen Ulk.

1. Närrin Musik!

Biron Euer Majestät, die närrische Trauerfeier gerät zum Wortgemetzel.

Anna Sie, Herzog, Angst vor den Krummsäbeln der Narrenzungen?

Biron Majestät, ich und meine Kabinettsminister haben sehr empfindsame Herzen.

2. Narr Ich liebe solche Hochzeiten. Hoch der Mann. Hoch die Frau. Schild gegen Schild begegnen sich die Bäuche. Lippen auf Lippen, zärtlich, wie Schwert auf Schwert zur Zeit der Schlacht.

2. Närrin Allen kund und zu wissen. Heute: Der Wein ist Werber und Kupplerin die Beredsamkeit.

1. Närrin	Majestät, eine Winzigkeit möchte dich fragen deine nichtswürdige Sklavin.
Anna	Keine Angst, Närrin, wetze die Zunge.
1. Närrin	Wird Uschakow, Herr der Geheimkanzlei, uns nicht für unsre heiße Liebe in das Gemach verschleppen, in dem als Bett die Folterbank steht. Als Kissen das Rad. Wo uns die Schlinge umarmt und die Rute küßt.
Anna	Ich beschließe und bekräftige mit kaiserlichem Reskript auf unserer heutigen Trauerfeier: Freiheit des Wortes, des Gewissens und des Glaubens.
4. Narr	Heb es auf, Majestät. Es fällt unendlich schwer, mit dem Morgenruf des Hahnenschreis »Auf Wiedersehen!«, schlimmer noch »Adieu!« zu sagen – den Freiheiten.
3. Narr	*zur 1. Närrin und zum 1. Narren* Auf Befehl Ihrer Kaiserlichen Majestät wähle ich dich, Närrin, zu Freierin!
1. Närrin	Da kannst du sicher sein, mein Lieber, ich nehm die Braut mir gründlich vor – Knöchelchen für Knöchelchen.
Anna	Wem trägst du Herz und Hand nun an?
3. Narr	Meine Appetite, Majestät, sind weiter und tiefer als Popentaschen. Ich bin scharf auf den Kabinettsminister für auswärtige Angelegenheiten, den Grafen Ostermann.
Anna	Erheben wir das Glas, verehrte Gäste, auf den glücklichen Ausgang dieser Narrenwerbung.
Ostermann	*zum Fürsten Tscherkasski* Der Spaß hat kaum begonnen, Fürst, und schon krieg ich die kaiserlichen Speisen nicht mehr runter.
Fürst Tscherkasski	Ich sprach davon, daß dieses von der Kaiserin erfundene Spiel mir sehr gefällt.
	Auch sprach der Graf davon, daß ihm die kaiserlichen Speisen noch nie so schmackhaft schienen und so angenehm der kaiserliche Wein.
1. Närrin	Ahnst du dein Glück, schöne Braut. Ich sags dir, aber das bleibt unter uns: Dein Bräutigam besitzt unermeßliche Schätze. Die Brust des Narren birgt ein rotes Kästchen, bis an den Rand gefüllt mit den Tscherwonzen der Menschenliebe. Und hier, im Oberstübchen, lagern die uralten Schriftrollen, Per-

gament und Papyrus, der Schlangenweisheit. Seine Augen dringen in das Dickicht der unzugänglichsten Seele, wohin selbst Uschakow nicht dringt, der Herr der Geheimkanzlei für Ermittlungsangelegenheiten mit seinem Galgen und seinem Rad.

4. Narr   Ich hab gehört, daß Jungfer Ostermann ohne Mitgift ist. Daß 30 000 slawische Bajonette am Rhein und das Getrappel der russischen Reiterei, die den polnischen Sejm zwang, einen uns genehmen König einzusetzen, daß das alles nichts ist als pure Maskerade. Alles dummes Zeug, vielleicht, und Jungfer Ostermann doch tapferer als ein Löwe. Ich sag nur, was ich hörte. Es wird erzählt: arabische Reiter des Schahs von Persien und der Krummsäbel des türkischen Wesirs hätten die Geliebte des Narren heimlich weinen machen, und nicht nur einmal.

Fürst Tscherkasski   Majestät, die Narren und Närrinnen erlauben sich, an der ehernen Macht deines Reichs zu zweifeln.

Biron   Sie verhöhnen das Reich, Majestät.

Ostermann   Also hört mal, Freier und Freierin. Sogar das Reich des Himmels schickt seine Boten zum erstenmal nach Sankt Petersburg, die Söhne der Aufgehenden Sonne, die hohlwangigen Chinesen, legen am Russischen Thron Geschenke nieder.
Herein Uschakow.

Uschakow   Kaiserliche Majestät, setz deinen Namen unter das Urteil.

Anna   Viel fällt dir nicht gerade ein, Uschakow: Diesen vierteilen, jenen vierteilen, teil doch mal einen in acht und ein erlesenes Exemplar in hundert Teile.

Uschakow   Dein Wille geschehe, Majestät. Schreib hundert beim ersten und beim zweiten acht.

1. Närrin   Und nachher suchst du die, die Stückchen, wenn du von den Toten auferstehst.

2. Närrin   Hauptsache auferstehn, auf die Knöchelchen pfeif ich.

3. Närrin   Uschakow, ich hab gehört, die Kaiserin verleiht dir den Titel des Ersten Lieferanten von Närrinnen für Hölle und Himmel.
Anna lacht. Unterschreibt das Urteil. Uschakow ab.

75

Anna	Bei unserm Totenmahl hat jeder mir die Trauer über den verblichenen Freund erleichtert. Graf Ostermann, Feldmarschall Minich und Biron verscheuchten meine schwarzen Gedanken mit dem Dolch der scharfen Rede. Wenn die Erinnerung, das Tier auf leisen Sohlen, sich anschlich, attackierten sie die Narren mit einem Cancan von Späßen – hin war der Räuber. Nur du allein, der Hofpoet, sitzt da, als hättest du den Mund voll Wasser.
Trediakowski	Ach, Majestät, durch die Rippen in die Brust, ein Dieb, stahl sich mir zögernd die Eingebung. Ein dicker roter Wein, tropfte sie geizend ins korallene Glas. Nun aber ist das bebende Herz bis zum goldenen Rande voll. Erlaube mir, Kaiserin Anna, auf deine Seufzer das Feuer meiner Ode auszugießen.
Anna	Deine Verse sind uns immer angenehm gewesen.
Trediakowski	Oh, sing, kristallener Alt der Gläser, sing –

So quillt die Freude des ergebenen Landes,
Dich – dich im Strahlenglanz der Reichsinsignien
Besingt der Ruhm voll Jubel auf der Flöte.
Doch Zepter nicht und Mitra nicht und auch nicht
    Purpur
Sind Annas Zeichen für die Ewigkeit.
Die Silberleier feiert dich für deine große Güte
Und Schellen und Zimbeln feiern deinen Verstand.
Kaum standest du als weiser Steuermann am Ruder,
Flog unerschrocken Rußlands Schiff durch Wind
    und Wellen.
Das unglückliche Land, wo nährt es glücklich sich –
An deinen Rosenbrüsten, Kaiserin.
Die Zitzen deiner Brüste, schwer von Milch und
    Rahm –
Drei Säuglingen hast du sie in den Mund gelegt.
Infanterie, Kavallerie und Flotte,
O Herrscherin, du hast sie gut gesäugt.
Ein neuer Frühling, neue Liebe, neue Empfängnis
    dann.
Die Hündin hat zum zweitenmal geworfen.
Wärmst du nicht mit dem heißen Bauch
Politik und Kunst und Wissenschaft?
Dein Reich ist groß.

Weitgespreizt, ein Tor, die Beine der Monarchin,
Zwei Kontinente überspannen sie.
Die Herrschertoga Rußlands
Leckt demutsvoll die Ostsee und das Kaspimeer.

Anna Komm, wahnwitziger Dichter, und empfange den verdienten Lohn für deine Ode.
Gibt ihm eine Ohrfeige.

Trediakowski Ich habe andern Dank verdient, Majestät.

Biron Idiot, dank deinem Schicksal, daß die Affäre ohne Henker abging.

3. Akt

Das Lager der Verschwörer

1. Narr   Augustwind ist der Zorn der Kaiserin, den trüben Himmel kippt er um wie einen schweren, schwarzen Eimer.

2. Narr   Ihr auf den Kopf. Auf ihren Kopf.

3. Narr   Kein Regen, ein Wolkenbruch der Rache.

4. Narr   Den Knochenbrocken des kaiserlichen Schädels soll er vom weißen Fels des Halses waschen.

Trediakowski   Die Kaiserin ist eine gute Schützin. Sie schießt das Blei unfehlbar in das Herz des Wilds. Die Kaiserin trifft die Wachteln. Die Kaiserin trifft den Elch. Doch der Verstand, der menschliche Verstand, der geht nicht auf allen vieren, der baut sich keine Nester in den Sümpfen und auf Bäumen. Soll die Monarchin doch versuchen, mit geübtem Schuß nur eine Kerze vom schwarzen Kandelaber des Himmels zu löschen. Das Feuer der Inspiration löscht die schändliche Ohrfeige nicht. Das weiß ich.

5. Narr   Babylonisch das Gewirr der Sprachen: das hölzerne Flüstern der Hütten, das kupferne Dröhnen der strengen Glocken, die steinerne Heiserkeit der Kasernen.

Trediakowski   Ich höre das Knarren des Jochs, ich sehe den Tränenregen der Kopeken und Groschen, der auf den Blechboden der Teller tropft, ich höre die Lieder der Pilger, die für die Kirche sammeln.

6. Narr   Sprudeln soll das Blut aus dem geköpften weißen Hals von Anna.

1. Narr   Die herrliche Fontäne stelln wir auf dem Richtplatz auf.

2. Narr   Soldaten, Bettler, Bauern – ein schwarzer Rachesturm über den weißen Mauern Moskaus.

Trediakowski	Ich bin der Rächer. Doch ziehe ich das Schwert nicht für den unterdrückten Pöbel. Was geht mich die Befreiung von Sklaven an. Noch gestern gesund und munter, komm ich mir heute vor wie ein Knochensarg, umspannt von Haut wie Goldbrokat – darin die Beleidigung (kein kalter Leichnam, ein lebendiges Geschöpf). Zugenagelt mit fünfzollangen Nägeln.
3. Narr	Dann taugst du nicht zum Führer. Dem Feind Brünne, Schild und Helm. Nur den Freunden zeigt man Brust und Herz.
4. Narr	Wir wüßten gern, warum du den Stier bei seinen spitzen Hörnern packst.
5. Narr	Sei nicht böse. Aus Neugier fischen wir mit unserm Fragenetz. Wenn du dich offenbarst, gehn wir gemeinsam verliebt vor den Altar oder aufs Schafott.
6. Narr	Wir haben Angst: Wieder lodert die Sprachverwirrung des Turmbaus zu Babel.
Trediakowski	Der Herbst ist da. Mit harter Hand greift rauh der Wind nach braunen Haaren. In den Wolkengräbern des Friedhofs nicht von Menschenhand stehn die Gestirne wie die Kreuze, der Mond als rote Kuppel des Gewölbes. Die Liebe liegt im Grab. So weine Blut und trage, Dichter, deinen Leichnam hin zu diesem Friedhof. Von Kindesbeinen an spricht so zu uns die Inspiration, es ist das Lied, das uns die Muse an der Wiege singt. O Muse, Muse. Einzige Mutter, Amme, Hebamme. Das Kind wächst auf. Das rosige Ohr erinnert sich des Klangs der Frühlingsstrahlen und wie fröhlich der März auf Wassertropfen Flöte spielt. Die Jahre treiben, Eisschollen im Hochwasser. Über steile Ufer steigt der Geist des Dichters, die Wiesen saftig grün zu kleiden, Eiche, Ahorn und Birke zu wässern. Und wie der Baum über Mädchenhaut den harten Rindenpanzer legt, so deckt den Leib des Jünglings Muskel und Fleisch des Mannes. Dann wird der schwere Gänsekiel zum leichten Zepter. Sand sind die Völker. Von Not und Unheil wie von Wasser überschwemmt. Die Leiden – glühender Wind – jagen sie auf zwei Höckern durch die Wüsten. Und

nur der Musensohn gehört nicht zu der Herde: er
weidet selber Wind und Meere. Wir hören die bittere Klage der Felder und der Weiden, wenn über
sie die Stürme rasen und mit Hundeschwänzen die
Nebel bäumen. So tobte einst zur Zeit des Schreck-
lichen die Leibwache des Zaren, ein Rudel gieriger
Wölfe, auf wilden Pferden durch das bettelarme
Rußland. Schneeaugenbrauen die Gebirge. Wim-
perndickicht Kiefern, Zedern, Fichten. Und doch
erkennt der Dichter durch das Dunkel den Gedanken, den der grüne Blick der Erde strahlt. Was
schert es mich, wenn wo die Bauern brüllen wie am
Spieß und man die Bauernmädchen prügelt in den
Pferdeställen.

1. Narr   Oh, jetzt versteh ich dich. Zur Purpurflamme er-
blühte die Röte der Ohrfeige nicht auf der Wange
von Wassili Kirillowitsch, sondern auf dem Antlitz
der Natur.

Trediakowski   Als Mensch hätte ich die Beleidigung hingenom-
men. Für mich allein geweint ins Kissen. Doch diese
Schande schreit nach Zarenmord.

2. Narr   Wenn du als Kind gehört hast, wie der Frühlings-
regen Flöte blies, kannst du doch jetzt nicht taub
sein für das Land, wenn es die Menschen fällt wie
Äxte Eichen.

4. Narr   Nimm mich: den Juden aus Portugal. Den Jesuiten-
fängen entging ich. Und? Geradenwegs vom Regen
in die Traufe. Scharf wird der Kettenhund, schlägst
du ihm Schwanz und Ohren ab. Die Gebieterin des
Reichs nahm mir Bart und Peies und die Kleider
meiner Vorfahrn und beglückte mich mit der Nar-
rentoga und dem goldenen Kreuz des abgefallenen
Juden.

3. Narr   Die Jahre, die ich in der Heimat war, sind schnell
gezählt, und doch trag ich die Erinnerung im Herzen – der Geizhals hütet so das Gold in seinen Kel-
lern. In meinem Land liegt Schnee und Eis, dicker
noch als ein Bär, und unser Bär ist weißer als
Schnee und weißer als Eis. Aus einer kleinen Sa-
mojedenjurte in einem Sack mit jungen Hunden hat
mich ein Herr nach Petersburg gebracht.

2. Narr	Überall auf den Prospekten ist der gemeine Mann der Farbe seiner Haut nach euer Bruder. Sagt: denkt hier einer nur daran, daß auch das kohlpechraben-schwarze Negerscheusal eine Seele hat und eine Seele weißer vielleicht als Schwanenflügel sind.
5. Narr	Empfangen hat mich meine Mutter im Daunenbett des Fürsten, geboren unter Schlägen im Hundehaus.
6. Narr	Ich bin der Sohn des Pöbels von Venedig. Der To-desschrei der russischen Kaiserin erschüttere den Palast der Dogen.
1. Narr	Dem Toten dein Schwert – unser Schwert den Le-benden.
2. Narr	Das ist der Preis, den der russische Hof für alle und für alles zahlt.
Die Narren	*gemeinsam* Es lebe die Narren-Internationale, heute und in Ewigkeit.
4. Narr	Der Bund des Dichters mit den Narren aller Zei-ten. Er lebe – hoch.
Trediakowski	Als Peter der Erste den Bau der russischen Flotte plante, die Stütze slawischer Macht, da legte er den Zarenkaftan ab und lernte auf den Werften Hol-lands eine schwere Kunst, die Kunst des Hammers und der Axt. Führer und Brüder, euer Plan ist hun-dertmal schwerer. Knorrige Bäume und Menschen, das ist ganz genau dasselbe. Seid ihr gewiß, daß eure Weisheit das Volk baut wie ein Schiff. Aus Balken knochenglatte Bretter schneidet. Aus Kie-fernstämmen federnde Masten.
Die Narren	Wir sind gewiß. Gewiß. Gewiß.
6. Narr	Sechs sind wir, und jeder fest wie der Granit.
4. Narr	Bei dieser Festigkeit der Körper, bei dieser Qua-dratur der Schädel – wie sollten wir die Feste des Narrentraumes nicht erbauen.
Trediakowski	Brüder im Geiste, Führer in der Weisheit. Legt zum Zeichen der Überwindung eures Stolzes eure Klei-der ab. Den Mantel des Meisters und die bunte Kutte und legt die Schwerter mir zu Füßen. Damit ein räuberisches Unheil unsere Verschwörung nicht mit Verrat und Bosheit packt, vollziehen wir die heilige Taufe und knoten unsere Seelen wie in einen gordischen Knoten.

3. Narr	Wir sind die Bienen, Bienen aus Bein. Rußland ist unser Stock. Bewahre, Dichter, den süßen Honig, die Gabe der Weisheit und die Gabe der Arbeit.
Trediakowski	Führer des Hammers und des Pflugs, Führer des Globus, Führer des Zirkels, des Schwertes, des Beils und des Kreuzes – ich befehle euch, nehmt eure Zungen aus dem Mund wie Pfeile aus dem Köcher.

Die Narren strecken die Zungen heraus.

Im unerbittlichen Namen der Naturgewalt, im unbefleckten Namen des Volkes lege ich auf: das Siegel des Schweigens.

Trediakowski legt das Siegel des Schweigens auf, nimmt dann vom Opfertisch einen Hammer und erhebt ihn über dem Kopf des 4. Narren.

Führer des Hammers und des Pflugs, sprich mir die Worte des unverbrüchlichen Eides nach: Ich schwöre, ein treuer Sohn der Verschwörung zu sein.

4. Narr	Ich schwöre, ein treuer Sohn der Verschwörung zu sein.
Trediakowski	Leben und Gewissen und Kühnheit lege ich ohne eine Träne in die Hände der Zarenmörder.
4. Narr	Leben und Gewissen und Kühnheit lege ich ohne eine Träne in die Hände der Zarenmörder.
Trediakowski	Die Finsternis verschlinge mein Herz, der Hammer zerschmettere meinen Schädel, wenn ich die Revolution in Gedanken oder Worten verrate.
4. Narr	Die Finsternis verschlinge mein Herz, der Hammer zerschmettere meinen Schädel, wenn ich die Revolution in Gedanken oder Worten verrate.
Trediakowski	*die Schwertspitze auf die Brust des 1. Narren richtend* Schwöre!
1. Narr	Ich schwöre blinden schwarzen Haß dem Reich und dem Thron. Ich schwöre, ein treuer Sohn der Verschwörung zu sein, Leben und Gewissen und Kühnheit einzusetzen.

Bei den letzten Worten die Stimme der 1. Närrin: »Öffnet die Türen, die Türen, die Türen. Verflucht das Schicksal, das mich zur Krähe machte, die vom Unheil krächzt.«

Herein die 1. Närrin.

1. Narr	Durchbohren soll mich, ein räudiges Schaf, das Schwert, wenn ich in Gedanken oder Worten den Aufstand verrate.
1. Närrin	Tod dem Verräter. Tod dem Denunzianten. *Stößt den 1. Narren ins Schwert* Verreckt der Hund und ohne Mucks.
Trediakowski	Halt, Führer. Unser Leib ist nicht die gelbe Juli-ähre, daß sie die schlimme Botschaft wie ein Gewitterregen bricht.
4. Narr	Der Besen Wind fegt die Wolken dicht, und wie die Tatarei des Tschingis Khan hängt über Rußland ein Gewitter; die Flamme des Mißlingens härtet nur den grauen Stahl der Sühnemesser.
1. Närrin	Mein Schatz, der Wanka Kain, stahl diese Meldung aus der Geheimkanzlei. Das ist das Werk von diesem blutbefleckten Feigling. Lies.
2. Närrin	O Unglück! Unglück! Unglück! *Stürzt herein.*
Trediakowski	Schrei nicht. Wir alle sind bereit zu sterben.
2. Närrin	Die heilige Anastasija, die vor der Kirche die Sonnenwende weissagte und auf den neunten das Volk zum Palast zusammenrief, streckten die Schützen Uschakows ins Grab. Zahnlos jetzt nagen Knute und Stock an dem verfluchten Spasski-Tor das Rindfleisch vom Rücken und vom nackten Arsch.
Trediakowski	In Ehren wird das Volk der Märtyrerin Anastasija gedenken. Beweinen wird sie die Tinte meiner Feder. In dieser Stunde aber jagen wir das Mitleid aus unseren Herzen. Das Beil des Henkers hängt uns Verschwörern allen überm Kopf. Mit starkem Arm muß der Schlag unverzüglich abgewendet werden. Sonst splittert der Wirbel unseres straffen Rückgrats.
3. Närrin	*hereinrennend* Rettet euch, Bürger. Schnell weg von hier mit euren Silberknochen und eurem warmen Rindfleisch. Zwei Geier stürzen nieder auf das Nest der Republikaner – Biron und Uschakow. Die Menge wütet auf dem Vorplatz: Zwei Zwerginnen zerquetscht von den gräflichen Stuten. Minuten zu gewinnen euch zu warnen, eilte ich hierher – mit dem Zeichen des Kreuzes warfen sich die heiligen Närrinnen unter die schweren Hufe.

Die Narren und Närrinnen fliehen nach allen Seiten.
Einige Sekunden ist Trediakowski allein. Dann tau-
chen sie einzeln oder zu zweien wieder auf.

2. Narr   Wir sind in der Falle.

3. Narr   Wie die Mäuse.

6. Narr   Aus alles, aus und vorbei.

Trediakowski   Ruhe, Freunde, Ruhe. Ruhe. Ihr hattet eure Rebel-
lion, jetzt empfangt den Tod, wie es den Söhnen der
Boheme geziemt – spöttisch, stolz.

5. Narr   Ein Wahnsinn, noch auf irgendwas zu hoffen.

4. Narr   Und wärst du dreimal kleiner und dreimal listiger
als eine Maus, hier entkommst du nicht. Vor jedem
Loch sitzt so ein Kater von der Garde oder von der
Kavallerie.

2. Narr   Zum Teufel!

3. Narr   Immerhin: Geschickte Jäger, das Treiben war per-
fekt.

4. Narr   Das Schicksal ist immer weise und gerecht, der
Schönen schenkt es das Brillantkollier, dem rebellie-
renden Sklaven die Fangschlinge.

6. Narr   Annas Augen werden leuchten, wenn er uns vor-
führt, fest am Zaum gehalten . . .

1. Narr   Nicht bei den Kiemen . . .

6. Narr   Der Henker, nicht der Kutscher.

5. Narr   Wie der gefangene Steppenhengst: Donner stampfen die Hufe. Zorn bäumt Mähne und Schweif. Die
Nüstern schnauben Feuer.

2. Närrin   Alles Trug vielleicht: Ich rate, sich zu schneuzen.

Trediakowski   Ich sage euch: genug die Zungen gewetzt – hört
und gehorcht: der starke Arm des gebieterischen
Schicksals hat das Rad des Glückes kräftig ange-
schoben: noch vor einer Stunde warfen wir Annas
Schädel auf die Waage des Gerichts. Wir wogen die
Köpfe Birons, Minichs, Ostermanns. Doch siehe.
Den Narrentraum des Dichters überwog die goldene Schale des Imperiums. So wie die Schlange aus
der Haut, fahrn wir aus unseren festlichen Gewän-
dern, herunter von den Schultern mit dem Führer-
Purpur. Weg mit dem schweren Schwert von unserer Hüfte. Dolch und Pistol – adieu! Erlaubt,
Freunde, mir, Wassili Kirillowitsch Trediakowski,

dem Dichter Ihrer Majestät der Kaiserin Anna, euch, die Narren-Komödianten, zu begrüßen. Die beiden Tische hier sollen unsere Bühne sein. Blut und Ruß die Schminke. Die Mäntel die Kulissen. Du bist Harlekin. Du Pantalone. Du Colombine. Du Doktor Dappertutto. Das gibt die schönsten Arrangements. Improvisieren wir eine Komödie, vielleicht den SINGENDEN UND TANZEN-DEN BAUCH.

Die Narren und Närrinnen übernehmen ihre Rollen. Jetzt haben wir niemanden mehr und nichts zu fürchten. Die kaiserlichen Jäger finden statt des grimmigen Bären das friedliche Haustier.

4. Akt

*Anna Johannownas Schlafzimmer. Hinten das Bett,
auf dem man die kranke Kaiserin vermutet.*

4. Narr   Der Kaiserin geht es nicht gut. Die Kaiserin ist
ziemlich krank. Die deutschen Doktoren kurieren
sie mit indischen Wurzeln und chinesischen Gräsern,
aber der Kaiserin geht es nicht besser. Seine Durchlaucht, der Oberkammerherr, versprach uns eine
hohe Belohnung, wenn wir durch Narretei der
Kaiserin Erleichterung verschaffen. Zum Bockspringen angetreten, ihr Teufelsfratzen.
Spielen Bockspringen.

Närrinnen   *im Chor*
Spring du Teufel, spring du Lümmel
Von der Erde bis zum Himmel.
Spring du roter Hexenhund,
Horn und Schwanz verstecke. Und:
Spring du Kobold, Waldschrat spring
Über Kopf und Buckel hin.

1. Närrin   Wenn du auf dem Sprung wen triffst,
Fliege oder Schaberich,
Quetsch sie mit dem Narrenbauch.
Triffst du Mäuschen oder Ratze,
Walz sie platt mit deiner Glatze.

Närrinnen   *im Chor*
Spring du Teufel, Waldschrat spring
Über Kopf und Buckel hin.

2. Närrin   Bist du mal ganz dumm gefallen,
Setzt dich auf den Hintern hin,
Krähe laut Kikeriki,
So was hörten die noch nie.
Preis dein fettes Hinterteil:
Kikeriki. Ärschlein heil!

Närrinnen	*im Chor*

        Spring du Teufel, spring du Lümmel
        Von der Erde bis zum Himmel.
        Spring du roter Hexenhund.
        Horn und Schwanz verstecke. Und: . . .

4. Närrin Daran kann dir gar nichts liegen,
        Aus der Höhe von vier Metern
        Mit der Nas das Land zu pflügen.
        Zum Tablett wird deine Nase,
        Flach wien Sechser siehst du aus.
        Ähnelst peinlich einem Schwein.
        Das kann doch nicht dein Ehrgeiz sein.

Närrinnen *im Chor*
        Spring du Teufel, Waldschrat spring
        Über Kopf und Buckel hin.
        Spring du Teufel, Waldschrat spring.

2. Närrin Liebste Narren, genug Bock gesprungen. Macht, was ihr wollt, aber die Dackelchen der Kaiserin mit ihren krummen Beinen sind witziger als alle eure Sprünge und Purzelbäume. Liebste Narren, kommt, wir spielen Hahn und Henne.

2. Narr Ich bin der Negerhahn und werbe um die Gunst der spanischen Henne. Macht einer mir die Neigung meiner Dame streitig und wünscht im gnadenlosen Zweikampf sich mit mir zu messen?

6. Narr Ich gebe ihnen zur Kenntnis, daß ich in diese Henne seit langem schon verliebt bin. Herr Negerhahn, ich nehme ihre Herausforderung mit Vergnügen an.

5. Narr Die scheckige, die krumme Henne, das ist doch meine Frau. Wie viele Jahre sitzen wir in einem Stall, auf einer Stange, kein anderer als ich ist hier der Vater ihrer gelben Kükchen.

6. Narr Schluß mit dem Gefasel über das Geflügel. Ehrlich und geradeheraus gesagt: Ich bin ein intimer Freund ihres Hühnerstalls.

5. Narr Was? Ist das wahr? Verrat an mir, an deinem Mann, Verruchte, und mit diesem Wendeschwanz und Leichtfuß. Zu den Waffen!

6. Narr Der alte Hahn hats aber eilig in die Suppe. Na los und Obacht auf Federn und Gekröse.

2. Närrin   Na, na! Na, na! Na, na!
          Na-Narren, auf zum Hahnenkampf.

Närrinnen *im Chor*
          Der Schnabel zielt, es steigt der Schwanz.
          Der Kampf geht an mit wildem Tanz.
          Treu ist der Ritter seiner Dame,
          Teurer als Federn ihm sein Name.
          Die Ehre rettend mit Getöse
          Opfert der Hahn gern sein Gekröse.
          Der Schnabel zielt, es steigt der Schwanz.
          Der Kampf geht fort mit wildem Tanz.
          Die Hahnenleidenschaft flammt heiß,
          Das Hahnenblut fließt bächeweis.
          Hieb von oben, unten, nie daneben,
          Das Blut der Hähne fließt in Strömen.
          Heil dir! Heil dir! Heil dir! Anna.
          Hoch schießt das Blut wie aus Fontänen.

5. Narr   Getroffen, zu Tode getroffen! *Fällt auf den Rücken.*
          O tugendhafter Sieger, hör die Bitte, die die blei-
          chen Lippen des besiegten Feindes flüstern. Mit
          dem Hacken tritt in den Hahnenwanst, und wenn
          du die Musik der Türken liebst, schlag darauf die
          Trommel — das macht mehr Spaß, als wenn du
          bloß den Siegerdegen in den Nabel bohrst.

3. Narr   Besiegt auch ich: Sieger, steck dein Schwert in die
          Scheide. Was liegt dir am Tod eines elenden Nar-
          ren der Kaiserin Anna, wenn auch sein Wanst über
          alle Vorzüge einer türkischen Trommel verfügt.
          Sollte man nicht versuchen, diesem Instrument die
          Melodie eines zärtlichen Menuetts zu Ehren des
          Oberkammerherrn Biron zu entlocken.

2. Narr   Liebster Narr, gefällt dir das?

6. Narr   Nach Tod und Blut sehn ich mich nicht.

2. Narr   Mithin, Besiegte, wir akzeptieren eure Bedingun-
          gen.
          Setzen sich rittlings auf die Narren und spielen auf
          deren Bäuchen ein Menuett. Die Närrinnen tanzen.

4. Narr   *am Fenster mit der 1. Närrin* Guck: wimmelt und
          wimmelt das unruhige Volk aus dunklen Seiten-
          armen und Straßen und Gassen.

1. Närrin Wie die Hirten ihre Herde haben unsere Christus-

narren und Tobsüchtigen mit ihren Prophezeiungen sie zusammengetrieben.

4. Narr Die Brücke biegt sich wie ein Rücken unter der Last der Vielzuvielen.

1. Närrin So treibt der Sturm mit Gabeln und mit Rechen, seinen Winden, das Wolkenheu in den Schober.

4. Narr Wenn die Gewitterwolke unverhofft die schwarzen Hände auf den blauen Scheitel des Himmelsgewölbes legt, eilen die Fischerboote von da und dort zurück in den großen Hafen. Sag den Führern, die Stunde ist nah. Getrost werf ich den Anker in die rote Tiefe des Herzens der Kaiserin Anna.

1. Närrin Gott steh dir bei!

4. Narr Friedlich und still liegt heute der Palast, ganz ungewöhnlich. Ich sah die Posten und die Wachen. Alles wie sonst: die Reiterei, die Garde. Die Lippen breit in närrischer Grimasse, sprach ich mit ihnen über ihre Liebe und Ergebenheit zum Thron und zu der Krone, und schon fraßen sich die wachen Ohren voll Gier und Lust in ihre Antwort. Nicht weniger genüßlich als ein Hund sich hermacht über einen Hammelkopf. Fast alle sind sie wie die Regentonnen im September – übervoll: von Galle.

1. Närrin Von Haß, von Mißmut. Du meinst, zwischen die Rippen das Messer.

4. Narr Sie verreckt und ohne eine Träne.

1. Närrin Still!

4. Narr Geh und sag, das sei die letzte närrische Tragödie. Man merke sich die Arrangements, jede Geste, jeden Pas des über ihrem Kopfe tanzenden Messers – und morgen dann die Sitzung im Senat, die Arbeit der Kollegien. Geh.
Da plötzlich drei Erschütterungen, drei Gewehrsalven.

4. Narr Schüsse. Ins Volk. O Gott, dreimal . . .

3. Narr *hereinstürzend* Verflucht. Als hebe eine unsichtbare schwarze Hand zu früh den Vorhang.

4. Narr Oh, dieser Schrei!

3. Narr Die Kühe brüllen nicht lauter, wenn sie der Sturm anfällt.

4. Narr So ersticke Donner nun den Donner!

Der 4. Narr gibt den Närrinnen und Narren das Zeichen zur Ermordung Anna Johannownas, doch in dem Moment, da zwei Narren ans Bett der Kaiserin treten, springt Uschakow unter der Decke hervor: Perücke, unterm Kleid die Rüstung. Uschakow schießt mit der Pistole in die Luft. Aus Schränken, unter dem Bett und dem Divan hervor tauchen Gardeoffiziere auf.

Uschakow Die Zarenmörder lebend! Faßt sie lebend! Gardisten, ihr haftet mir für ihre Knochen und ihr Fleisch. Diese verruchten Sklaven wollten ihre Messer in geweihtem Zarenblut waschen.

2. Narr *springt auf das Fensterbrett* Brüder! Brüder! Hierher! Die Flamme des Aufstands sprengt die kaiserlichen Mauern.

5. Narr Wir, was sind wir denn – Stroh und Reisig. Der dicke Bauch der Feuersbrunst braucht Nahrung. Hierher, zu Hilfe!

Uschakow Stopft ihnen das Maul, das Wolfsmaul stopfen! Die Kanaille da unten kriegt das Blei der Knute. Mit diesen aber befaß ich mich im Gefängnis selber. Die werd ich neu verheiraten: die Närrinnen mit den Rädern, die Narren mit dem Galgen. Oh, das gibt eine feine Hochzeit.

Die Narren und Närrinnen widersetzen sich, verletzen mehrere Gardisten. Der 5. Narr stürzt sich aus dem Fenster, der 4. Narr ersticht sich, die anderen werden gefesselt und zusammengetrieben.

Uschakow Wildschweine, Rehe, Wölfe, Hirsche jagt die Kaiserin in den Wäldern ihres Reiches. Sechsunddreißig Stunden saßen sie schon im Sattel – die Kaiserin, die Jäger und die Suite. Es gibt in ganz Europa keinen Monarchen, der so viele Tiere mit eigener Hand erlegte. Und ich, meine Lieben, Uschakow, Chef der Geheimkanzlei, bin auch ein Jäger Ihrer Majestät der Kaiserin. Zweibeinig sind die Tiere, die meine Barsois und Pointer aufspüren und zur Strecke bringen. Nicht sechsunddreißig Stunden, sechsunddreißig Tage und Nächte kam ich auf eurer Spur nicht aus dem Sattel. Pfote oder Schwanz schon in der Falle, habt ihr mit scharfem Zahn die Eisen-

zwinge durchgenagt und eure Haut noch mal gerettet. Meine Hundenase, meine Falkenaugen –
schon einmal hatten sie die Höhle ausgemacht und
zum erwünschten Ende, schien es, neigte sich die
Jagd. Doch nein: entwischt, kein Ende – der Kra-
nich schwang sich in den Himmel. Mich und den
Oberkammerherrn habt ihr mit der Komödie weid-
lich amüsiert, das muß man euch lassen, der Fuchs,
der mit zwei Beinen, überlistete die Hunde und
den Jäger. Doch jetzt . . . Geht, Kapitän, bittet die
Kaiserin, die Beute in Empfang zu nehmen.

Abgeschlossen am 4. August 21

Lew Lunz
Die Stadt der Gerechtigkeit

Stück in drei Akten

Aus dem Russischen von Fritz Mierau

Personen

Der Kommissar
Der Doktor
Mürrischer Soldat
Dicker Soldat
Lustiger Soldat
Junger Soldat
Alter Soldat
Erster Soldat
Zweiter Soldat
Dritter Soldat
Vierter Soldat
Fünfter Soldat
Sechster Soldat
Wanja

Einwohner der Stadt der Gleichheit

Erster Ältester
Zweiter Ältester
Dritter Ältester
Erster junger Mann
Zweiter junger Mann
Dritter junger Mann
Das Mädchen
Der Junge

Vorwort

Der Verfasser denkt sich die Helden dieses Schau-
spiels nicht als einzelne Personen, sondern als zwei
Völker, zwei Mengen: die Soldaten und die Einwohner der Stadt der Gleichheit. Die Städter sind
alle gleich, gleich gekleidet, gehen im Gleichschritt,
sprechen gedämpft und abgehackt, monoton. Alle
verschmelzen zu einer Masse.
Bei den Soldaten ist jeder anders. Kleidung, Stimmen, Bewegungen sind bei jedem besonders, gleichen denen der anderen nicht. Diese Menge ändert
sich von Szene zu Szene. Wechselt von grobem Flu-
chen zu pathetischer Rede. Vor jeder Szene, vor
jedem Stilwechsel tritt eine Pause ein und meist
auch ein Wechsel in der Beleuchtung der Bühne.

Erster Akt

I

Vorhang auf. Nacht. Dunkel. Der Mond scheint auf die Menge der Soldaten, die den Kommissar umstehen. Alle sind ausgemergelt, erschöpft, abgerissen. Angezogen, wie es grade kam. Manche in zerlumpten alten Felduniformen, andere in Tierfelle gewickelt. Nicht jeder hat ein Gewehr, einige haben altertümliche Spieße und sogar Äxte. Alle sind erregt und dringen auf den Kommissar ein; im Hintergrund sitzt der Doktor, gelassen. Lächelt.

Die Menge Nach Rußland!

Der Kommissar *am Anfang nervös, aufgeregt, wird seine Rede immer sicherer, steigert sich bis zum Pathos* Dort! Dort! Dort ist Rußland! Was ist hinter uns? China, gelb, verflucht sei es! Fünf Jahre verreckten wir bei den Schlitzäugigen, bei Fremden, arbeiteten wie die Ochsen. Es reicht, nach Hause! Nach Hause, was ist das, zu Hause? Habt ihr gehört, was die sagen, die dort waren? Zu Hause ist Gerechtigkeit, und die Menschen leben gerecht. Und alle sind gleich. Arbeite, verstehst du, arbeite und keiner ist besser als du. Niemand sagt: Ich bin reicher als du. – Kein Geld mehr, kein Geldsack. Und niemand sagt: Ich bin mehr als du. – Alle von einem Blut, alle von rotem Blut. Du willst die Erde pflügen – die Erde ist dein! Du willst Meister sein – die Maschine ist dein! Nichts ist dir verwehrt: Arbeite und iß – ich will nicht! Kein Rauben mehr und kein Stehlen, keine Gerichte und keine Gefängnisse, keine Steuern, keine Soldaten. Es fließt kein Blut mehr – Friede! Friede in der Hütte, Friede im Haus und im Feld und im ganzen Land. Weil alle Menschen gleich sind.

Der Doktor lächelt böse. Alle verstummen. Pause.
Die Stimmung fällt.

Unsichere Stimme aus der Menge der Soldaten   Ich habe aber Hunger!

Andre Stimme   Und was für einen!

Die Menge   *einfallend* Ich kann nicht mehr! Ich kann nicht mehr! Dort waren wir satt. Und hier ist der Tod!

Mürrischer Soldat   Du redest schön – mach uns satt!

Die Menge   Mach uns satt! Mach uns satt! Mach uns satt! Du hast uns dort herausgeführt – mach uns satt! Wir hatten uns dort schon eingelebt.

Mürrischer Soldat   Unsere Frauen sind dortgeblieben.

Die Menge   *wild* Meine Frau! Meine Frau! Sechs Wochen! Zurück! Wozu hast du uns weggeführt? Zurück! Ich gehe nicht weiter. Ich auch nicht! Ich auch nicht! Zurück! Zurück! *Sie umringen den Kommissar immer dichter.*

Der Kommissar   Ihr habt Hunger? Ihr könnt nicht mehr? Ihr werdet noch mehr Hunger haben! Pisse werdet ihr trinken! Kotze fressen! Aber ihr kommt an.

Die Menge   *bedrängt ihn* Du lügst! Ich gehe nicht weiter!

Der Kommissar   Ihr wollt nicht? Wie ihr wollt! Geht zurück. Durch die Wüste Gobi. Die Wüste Gobi, hört ihr? Sechs Wochen bis hierher, sechs Wochen Weg zurück. Kommt ihr hin? Kommt ihr hin? Kommt ihr hin? Nein, Brüder, ihr verreckt. Vielleicht kommst du hin oder du oder du? Sechs Wochen durch die Wüste Gobi!

Die Menge schweigt finster.

Ihr schweigt? Warum schweigt ihr? Warum schlagt ihr mich nicht? Erschlagt mich. Aber merkt euch eins: Zurück kommt ihr nicht.

Die Menge weicht zurück.

Pathetisch Aber vorwärts kommt ihr, dorthin! Ein Tag noch – alles hinschmeißen, umkehren? Ein Tag! Ein Tag! Ihr denkt an das Brot, das ihr in China gegessen habt? Denkt ihr auch daran, wie ihr gearbeitet habt, denkt ihr an den Schweiß auf euerm Leib und an das Blut auf euern Lippen? Habt ihr das vergessen? Habt ihr vergessen, wie ihr abends am Feuer nach eurer Heimat weintet? Frauen sagt ihr? Sind eure Frauen nicht dort in Rußland? Nicht klein, gelb, stumm wie die Fische, sondern eure richtigen Frauen, blond und groß? Habt ihr eure Kinder vergessen, eure geliebten Kinder, die flachsblonden, stupsnäsigen, mit euren Augen, euer eigen Fleisch und Blut! Noch einen Tag, einen Tag – die Kinder!

Die Menge   Nach Rußland!

Der Kommissar   Und der Hunger?

Die Menge   Nach Rußland!

Der Kommissar   Und das Brot, das ihr bei den Gelben gegessen habt?

Die Menge   Nach Rußland!

Der Kommissar   Und die Frauen, mit denen ihr geschlafen habt in China?

Die Menge   Nach Rußland!

Der Kommissar   Dann hört! Den ersten, der murrt, ich schlag ihn tot! Und weiter: Den ersten, der strauchelt, ich schlag ihn tot! Nur der Gesunde kommt an, dem Kranken Tod!

Die Menge   Nach Rußland!

Der Kommissar   Sieg! *wankt* Genug, Jungs! Nachtruhe! *Will gehen, kann nicht.* Wanja! *Heran Wanja.* Hilf mir, mein Lieber, zu meinem Mantel. Ich bin müde, jetzt erst ... ich ... *Schläft an Wanjas Schulter ein.*

Wanja   Kommissar! He, Kommissar, hörst du nicht?

Alter Soldat   Eingeschlafen, der Gute, müde.

Der Doktor   Müde, kein Wunder. Drei Nächte hat er nicht geschlafen, aus Angst, daß er erschlagen wird – von euch!

Alter Soldat   Ah, Doktor. Du auch hier?

Der Kommissar wird in die Ecke gebracht und auf seinen Mantel gelegt.

Der Kommissar   *schreit im Schlaf* Aaah!

Wanja   *herbeilaufend* Kommissar!

Der Kommissar   Wanja! Wanja! *Drängt sich an ihn.*

Wanja   *zärtlich* Hier bin ich! Ich bin hier!

Der Kommissar   Wanja! Du allein, du liebst mich. Schütze mich, wenn diese ... Ich möchte schlafen ... Wenn es losgeht, weck mich, damit sie mich nicht erschlagen. Wanja ... *Schläft ein.*

Wanja	Schlaf, schlaf! *Legt ihn hin, geht auf die anderen Soldaten zu.*
Der Doktor	*über dem Kommissar stehend* Ein furchtbarer Mensch.

2

Pause. Der Mond verschwindet. Links liegt der Kommissar, schläft. Der Doktor liegt auch. Rechts die Soldaten.

Alter Soldat	Beten müßte man, Brüder! *Schweigen.* Beten?
Mürrischer Soldat	Scher dich zum Teufel! Willst auch nach Rußland. In Rußland gibt es keinen Gott!
Lustiger Soldat	Der ist ausgebucht! *Lacht wild, keiner lacht mit. Schweigen.*
Wanja	Onkel Jascha! Onkel Jascha! Schläfst du?
Erster Soldat	Ich schlafe.
Wanja	Ich kann nicht schlafen. Die ganze Nacht kann ich nicht schlafen. Ich denke immerfort ... Was der Kommissar gesagt hat. Onkel Jascha, he?
Erster Soldat	Laß mich, Klette.
Dritter Soldat	Wir sind so müde, sind wir müde, Gottverdammich!
Vierter Soldat	Interessant, wie sie dort das Land aufteilen.
Mürrischer Soldat	Ohne Betrug wirds nicht abgehen, Gaunerei.
Dritter Soldat	Eh du dichs versiehst, ist das Land weg. Alles weggeschleppt.
Mürrischer Soldat	*erfreut* Das kennt man!
Vierter Soldat	Und wieviel kommt da so auf unsereinen? Kriegt man ein, zwei Palästinas abgeschnitten?
Lustiger Soldat	Drei Arschin – ja, das ist dein Palästina ... Ho, ho.
Wanja	Onkel Jascha. Onkel Jascha!
Erster Soldat	Was willst du, Quälgeist?
Wanja	Aber ich, ich erinnere mich gar nicht an das Rußland dort. Ich war noch klein. Wie ist das dann, Onkel Jascha?
Erster Soldat	Du kriegst Prügel, dann erinnerst du dich.
Wanja	Vielleicht erinnere ich mich auch, ich weiß nur nicht, ob das wirklich Rußland ist oder nur ein Traum. Ich träume immer schön.

Mürrischer Soldat   Der spinnt, der Junge.

Wanja   Es ist ganz blau, Rußland. Daran erinnere ich mich. Der Himmel ist blau und der Wald und die Menschen.

Mürrischer Soldat   Der spinnt wirklich. Der ist nicht normal.

Erster Soldat   Warte mal, Junge. Hast du Eltern?

Wanja   Ich erinnere mich eben nicht.

Mürrischer Soldat   Uh, Teufel! *Spuckt aus.*

Erster Soldat   Rindvieh, guck mich mal an, erinnere dich – Vater – Papa, Mama, erinnerst du dich nicht?

Wanja   Nein.

Alter Soldat   Rausgeprügelt haben sie dem Kleinen das Gedächtnis, die Chinesen, erledigt – die Teufel.

Wanja   *leise* Aber eine Braut habe ich!
Gelächter.

Dicker Soldat   Eine Braut? Weißt du überhaupt, was eine Braut ist?

Lustiger Soldat   Ho, ho! Du machst mir Spaß, eine Braut? Wo ist sie denn?

Wanja   In Rußland!

Vierter Soldat   Bestimmt schön?

Wanja   Ich erinnere mich nicht.
Gelächter.

Die Soldaten   Guckt euch den an. Hat seine Braut vergessen!

Wanja   *einfach* Ich erinnere mich eben nicht. Ihr Gesicht ist groß und weiß. Sie ist ganz weiß. An mehr erinnere ich mich nicht. *Sich begeisternd* Wenn ich sie im Traum sehe, wird es hell wie im Frühling. Aaah! Sie ist so groß wie ich und still. Wenn sie zu mir kommt, wird meine Brust weit, und alles dringt in meine Brust, die Luft, die Bäume, der Sand. *Leise* Im Traum . . .

Mürrischer Soldat   Wenn nun aber die Braut, sagen wir mal, gar nicht auf dich wartet, verheiratet ist?

Wanja   Wie, verheiratet?

Mürrischer Soldat   Ganz einfach. Du bist nicht da, sie nimmt einen anderen . . .

Wanja   *heftig* Dann schlag ich sie tot!
Gelächter.

Die Soldaten   Jetzt legt er aber los! Ein Draufgänger! Das ist ein Bursche!

Wanja   Ich schlag ihn tot! Mit ihr zusammen, mit der Braut, schlag ich ihn tot.

3

Aus der Ferne, aus dem Dunkel ein langgezogenes Trompetensignal. Danach Glockengeläut. Die Soldaten erstarren – betroffen. Kurzes Schweigen.

Zaghafte Stimme   Was – was – ist das?

Alle   Hast du gehört? Hast du gehört? Ich habe Glocken gehört! Ich auch. Was? Was?

Junger Soldat   *aufspringend* Das ist Rußland! Soldaten! Wir sind da. Wir sind da. Soldaten! Rußland!
Geräuschvolles, entzücktes Seufzen – alle sind auf den Beinen.
Soldaten! Zu Hause! Wir sind zu Hause. Unser der Sand, die Erde – unser. Soldaten, unser!
Zum zweitenmal aus dem Dunkel Glockengeläut. Die Soldaten sind wie von Sinnen, fallen sich in die Arme, küssen sich, einige sind dem Weinen nahe.

Die Soldaten   Trompeten! Trompeten! Glocken! Brüder! Menschen –! Heul nicht, Blödian! Morgen gehts nach Hause. Zu Hause. Nach Hause. Kommissar? Der Kommissar hat nichts gehört! Laß ihn schlafen! Laß ihn, er schläft. Doktor, Doktor, hast du gehört?

Der Doktor   *scharf und laut* Ich habe nichts gehört.

Die Soldaten   *verdutzt, verstummen für einen Augenblick, dann alle auf einmal* Wie nicht gehört? Er hat nichts gehört, Rußland! Wieso denn nicht? Die Trompeten! Wir sind da, angekommen in Rußland!

Der Doktor   Quatsch! *Erhebt sich träge vom Boden.* Was für ein Rußland? Quatsch, sage ich! Wo ist Rußland! Es ist Nacht, und in der Dunkelheit Trompeten plötzlich? Fieberträume! Wer hat was gehört? Ich habe nichts gehört, ich nicht ... Wer? Du?
Der Soldat weicht zurück.
Oder du? Wer von euch hat was gehört, zum Teufel?
Die Soldaten sind verwirrt, schweigen.
Legt sich wieder hin Legt euch lieber hin und

schlaft. Morgen werden wir es sehen: Niemand hat
etwas gehört.
Die Soldaten legen sich finster und stumm hin.
Leise Ich habe es doch gehört, ich! Also kommen
sie an? Sie sind da! Und finden – das Paradies. Zurück, solange es nicht zu spät ist, zurück! *Beugt sich
über den schlafenden Kommissar* Denkst du, ich
glaube dir, Schwätzer? Das Paradies auf Erden und
alle einig? Wahrheit, Gerechtigkeit, Glück? Wenn
es so ist, wenn alles wahr ist – will ich dein Paradies nicht! Ich will nicht, daß ihr ankommt. Geht
zugrunde und ich mit euch, aber ich laß euch nicht
dorthin. Nein, nein! Ich hasse dein Paradies, ich
will es nicht! Zurück! Solange es nicht zu spät ist,
zurück! *Schweigen.*

4

Alter Soldat	Beten müßte man, beten? *Schweigen.* Beten?
Mürrischer Soldat	Hau ab, du Idiot.
Dicker Soldat	Gott! Ho, ho! Fang den Wind im Feld.
Die Soldaten	*ärgern den alten Soldaten* Na los, Großvater, werd böse! Bestraf uns Gottlose! Was betest du nicht, na, na?
Alter Soldat	Ich werde beten, ich werde beten.
Die Soldaten	Oi, furchtbar, furchtbar! Oi, ich sterbe! *Sie lachen. Der alte Soldat geht zur Seite und fängt an zu beten, indem er sich ab und zu weitausholend bekreuzigt.* Warum so leise? Großvater? Hast du Angst? Wo ist denn dein Gott? Wie sieht er aus? Schick deinen Donner über uns, Großvater! *Der alte Soldat betet unbeirrt weiter. Der Spott verstummt. Stille.*
Erster Soldat	*unsicher, leise* Vergiß den Boden nicht!
Zweiter Soldat	*einfallend* Daß wir unsere Lieben lebend wiederfinden, daß sie uns nicht vergessen haben . . .
Dritter Soldat	Den Boden, den Boden . . .
Vierter Soldat	Und daß der Wald . . .
Fünfter Soldat	Und der Fluß . . .

Nach und nach umringen die Soldaten den Alten.
Nur der Mürrische flucht hartnäckig weiter.

Mürrischer Soldat Pack! Unglückseliges! Bettler! Hammel! Lüge:
es gibt keinen Gott, es gibt keinen, Betrug! *Niemand beachtet ihn. Er schweigt. Erhebt sich unsicher und geht zum alten Soldaten.* Du, weißt du,
trotzdem, weißt du, beklag dich bei ihm nicht über
mich ... Betrug schon, aber wer weiß ... Hörst
du?
Die Soldaten gehen auf ihre Plätze zurück. Schweigen.

Der Doktor *tritt zu den Soldaten* Ihr könnt wohl nicht schlafen,
Freunde?

Dritter Soldat Woher denn! Der Kommissar hat uns den Mund
wäßrig gemacht.

Zweiter Soldat Hat uns das so schön ausgemalt.

Mürrischer Soldat Vielleicht ist es erlogen.

Erster Soldat Wie soll man da einschlafen können: es geht nicht
und da gehts nich. Sogar der Doktor ...

Lustiger Soldat Ist Doktor und kann nicht schlafen. Ho, ho. *Lacht.*

Zweiter Soldat Der Doktor ist auch ein Mensch.

Dritter Soldat Er wartet genauso, will nach Hause.

Der Doktor Nein, nein, Freunde! Vor Hunger, eher schlafe ich
nicht.

Stimmen *erstaunt* Vor Hunger, vor Hunger?

Der Doktor Und, krampfen sich eure Gedärme nicht auch zusammen?

Vierter Soldat Doch, schon ...

Zweiter Soldat Wir sind auch Menschen.

Erster Soldat Hunger, hast du gesagt, Doktor – stimmt, ich habe
Hunger! Vorher nicht, da habe ich nicht drauf geachtet und nur an die Heimat gedacht.

Dicker Soldat Heimat hin, Heimat her, aber Essen kann auch nicht
schaden.

Der Doktor Und ob! Wieviel Tage hungern wir schon ... *Zustimmendes Gemurmel. Einschmeichelnd* Sagt, was
ihr wollt, in China waren wir satt. Zwei Mahlzeiten
am Tag.

Zweiter Soldat Wieder Tee mit Zucker ...

Alter Soldat O mein Gott!

Dicker Soldat Pfui! *Spuckt aus.*

Der Doktor	Wenn man daran denkt – freitags – Fleisch mit Reis und Brot, soviel du wolltest.
Dritter Soldat	Zum Heulen . . .
Dicker Soldat	Und dann Hammelfleisch.
Vierter Soldat	Hammel, na hör mal!
Dicker Soldat	Ist Hammel schlecht?
Zweiter Soldat	Auch nur ein Mensch . . .
Mürrischer Soldat	Der Kommissar lügt. Wer will das nachprüfen?
Erster Soldat	Ist ja alles richtig, aber es war Knochenarbeit.
Der Doktor	Na, arbeiten muß man überall. Denkt ihr, in Rußland braucht ihr nicht zu arbeiten? Tag und Nacht. Hier, willst du – arbeite, willst du nicht – nicht, aber dort mußt du: Kommune!
Vierter Soldat	Und wenn du dich wehrst: ich will nicht!
Der Doktor	Wirst du totgeschlagen.
Erster Soldat	Na, na? *Unentschiedenes Murren.*
Wanja	*mit heller Stimme, zornig* Schämt euch, schämt euch, Jungs. Der Kommissar sagt die Wahrheit. Der Kommissar schläft, und schon wollt ihr zurück! Schämt euch!
Mürrischer Soldat	Verrückt geworden, Idiot, unglückseliger!
Wanja	Nein, ich glaube ihm . . . Der Kommissar schläft, und ihr macht so was . . .
Erster Soldat	Das ist auch wahr . . .
Zweiter Soldat	Nur noch ein Tag.
Dritter Soldat	Morgen zu Hause . . .
Alle	Zu Hause! Zu Hause! Morgen!

5

Aus der Dunkelheit wieder ein langgezogenes Trompetensignal.

| Die Soldaten | Ha! Die Trompete! Ha! Zu Hause! Wir sind da! *Umringen den Doktor.* Hast du gehört, Doktor! Schweinehund! Willst du das Volk weiter aufhetzen? Hast dus jetzt gehört, Scheißkerl? |
| Der Doktor | Na und, ich habs gehört! Ein Schakal heult. Heult in der Wüste, ein Schakal, weiter nichts. *Die Soldaten verstummen. Schweigen.* *Lacht laut* Und ihr Idioten glaubt alles. Es ist kin- |

	derleicht, euch was einzureden. »Morgen seid ihr zu Hause.« Ha, ha, ha!
Die Soldaten	Wie? Was? Der Kommissar? Der Kommissar hat es gesagt.
Der Doktor	Vielleicht hat er recht, aber ich glaube nicht daran. Wieso, warum. Wollt ihr wissen, was ich meine? Sechs Wochen sind wir unterwegs, sechs Monate haben wir noch vor uns, ja! *Bedrohliche Pause.* Und in China die Weiber. Wir haben sie verlassen, leben wie die Mönche. Wer weiß: wir kommen nach Ruß-land, die Frau hatte das Warten satt und hat sich einen anderen angelacht, und das Rumhuren ist jetzt verboten dort, oh und wie streng!
Stimme aus der Menge	Ein Weib ...

6

Es dämmert. Im Hintergrund, nicht weit entfernt – die Umrisse einer Stadt: niedrige Häuser, Palmen, Türme. Auf der Bühne bemerkt die Stadt niemand, aber das Publikum sieht sie.

Mürrischer Soldat	*springt auf* Zurück!
Alle	Zurück! Keinen Schritt weiter! Der Kommissar lügt! Zurück! Zurück!
Wanja	*weckt den Kommissar* Kommissar, wach auf, wach auf, Kommissar!
Der Kommissar	*erhebt sich mit Mühe* Was?!
Die Soldaten	*bedrängen ihn* Du lügst! Du lügst! Wir gehen nicht weiter! Zurück! Ich habe Hunger! Schweinehund! Uns machst du nichts vor! Wir gehen nicht weiter! Wir gehen nicht weiter!
Der Kommissar	Schnauze halten!
Die Soldaten	Wir gehen nicht weiter!
Der Kommissar	Ich sage: Schnauze halten!
	Die Soldaten verstummen, sehen sich unentschlos-sen an. Der Doktor hat sich hinten versteckt. Was ist los? Was wollt ihr. Einer soll reden. *Die Soldaten sind unschlüssig, treten zurück.* Warum schweigt ihr? Redet denn keiner?
Mürrischer Soldat	Dann rede ich. Ich rede.

	Die Menge, erfreut, drängt von hinten vor. Du hast uns genug vorgelogen, Kommissar. Rede, wann sind wir da? Morgen?
Die Soldaten	Morgen? Antworte: Morgen! *Den Atem anhaltend, erwarten sie die Antwort.*
Der Kommissar	*ruhig* Und wenn nicht? Und wenn nicht in einem Tag, nicht in zwei – erst in zweiundzwanzig, was dann? *Ein Schrei des Entsetzens und der Empörung in der Menge.*
Mürrischer Soldat	Dann, dann – mach uns satt! Mach uns satt!
Die Soldaten	Mach uns satt! Mach uns satt! *Bedrängen ihn, voran der mürrische Soldat*
Der Kommissar	Sattmachen? Sattmachen! Friß! *Schießt mit dem Revolver auf den Mürrischen, der stürzt.*
Lustiger Soldat	Der ist satt! Ho, ho, ho! *Sein wildes Lachen in völliger Stille. Der lustige Soldat hört plötzlich auf zu lachen. Die Menge auf der einen, der Kommissar auf der anderen Seite – gespannt, bereit zum Sprung. Die Sonne ist aufgegangen. Die Stadt ist deutlich zu sehen. Zum drittenmal laut und nahe das Trompetensignal.*
Wanja	*durchdringend* Die Stadt! *Alle drehen sich um und stehen erstarrt vor dem wunderbaren Bild. Stille. Drei alte Männer kommen langsam heran.*
Erster Ältester	*seine Stimme ist scharf, unangenehm, monoton* Unsere Stadt ist die Stadt der Gerechtigkeit und Gleichheit. Wir sind allein in der Wüste. Ihr seid die ersten, die kommen – Friede sei mit euch. Wir sind alle gleich. Wir arbeiten gleich, wir leben gleich. Ihr sucht Gerechtigkeit, Glück, Arbeit. Kommt, arbeitet und lebt mit uns. *Geht langsam zur Leiche des Mürrischen.* Was ist das?
Der Kommissar	Ich habe ihn getötet!
Erster Ältester	Was heißt das, getötet?

Zweiter Akt (Die Katastrophe)

1

Platz in der Stadt der Gleichheit. Rechts ein Hügel. Darauf ein kleiner Platz, zum Zuschauerraum offen, zur Bühne von Büschen versperrt. Links eine kleine steinige Anhöhe. Wenn sich der Vorhang hebt, ist es auf der Bühne dunkel. Die Sonne geht auf: die Kuppe des Hügels rechts wird von den ersten Strahlen erhellt – sonst bleibt die Bühne im Dunkeln. Auf der Kuppe küssen sich der Jüngling und das Mädchen. Die Büsche teilen sich, Wanja springt mit einem Speer in der Hand heraus. Er wirft den Speer auf den Jüngling. Der Speer durchbohrt beide: den Jüngling und das Mädchen. Einen Augenblick stehen sie unbeweglich. Dann fallen sie. So liegen sie, tot, vom Speer durchbohrt, von der Sonne beschienen. Wanja verschwindet. Die Sonne erhellt die ganze Bühne.

2

Auf der Anhöhe links erscheinen die Ältesten der Stadt, sie schreiten gemessen.

Erster Ältester Und wieder die Sonne.

Zweiter Ältester Und ein neuer Tag.

Dritter Ältester Möge er Glück bringen. *Setzen sich auf die Erde.*

Erster Ältester Wir sind die Ältesten der Stadt.

Zweiter Ältester Wir regieren die Stadt.

Dritter Ältester Bis wir sterben.

Erster Ältester Und dann treten andere an unsere Stelle.

Zweiter Ältester Um die Stadt zu regieren.

Dritter Ältester Bis sie sterben.

Erster Ältester Worum geht es heute?

Zweiter und dritter Ältester   Die Ankömmlinge.

Erster Ältester   Zwanzig Tage sind sie hier. Seid ihr froh darüber?

Zweiter und dritter Ältester   Nicht froh.

Erster Ältester   Sprecht.

Zweiter Ältester   Sie sind fremd, gleichen uns nicht. Sie sind nicht gleich. Jeder ist anders.

Zweiter und dritter Ältester   Das sind keine Menschen.

Zweiter Ältester   Unruhig und laut. Sprechen viel und aufgeregt. Die Sprache weich, seltsam die Gedanken. Brechen mitten im Wort ab, beenden keinen Gedanken, eilen weiter.

Zweiter und dritter Ältester   Das sind keine Menschen.

Zweiter Ältester   Sie arbeiten unausgeglichen. Einen Tag alles, den anderen nichts. Laufen von der Arbeit weg. Schlafen nicht zur Zeit, essen nicht zur Zeit.

Zweiter und dritter Ältester   Weder Ordnung noch Gesetz. Das sind keine Menschen.

Erster Ältester   Was sollen wir mit ihnen machen?

Zweiter und dritter Ältester   Wegjagen.

Zweiter Ältester   Sie richten die Stadt zugrunde.

Dritter Ältester   Sie zerstören die Ordnung.

Zweiter Ältester   Sie verderben die Jugend.

Zweiter und dritter Ältester   Wegjagen. *Kurzes Schweigen.*

Erster Ältester   Warten wir noch. *Aufstehend* Wir haben gesprochen.

Zweiter und dritter Ältester   *aufstehend* Wir haben gesprochen. *Entfernen sich langsam.*

3

Die Sonne heller. Ein Mädchen, hinter ihr her der junge Soldat.

Junger Soldat   Halt, Mädchen! Warum rennst du weg vor mir?

Das Mädchen   *spricht klanglos wie alle Städter* Die Arbeit.

Junger Soldat   Die Arbeit kann warten. Aber die Lippen warten nicht.

Das Mädchen   *will schnell weg* Die Arbeit.

Junger Soldat   Hast du mich nicht geküßt gestern?

Das Mädchen   Jetzt ist Arbeit.

Junger Soldat   Vergiß sie.

Das Mädchen	*überrascht* Wozu dann leben ohne Arbeit?
Junger Soldat	Um zu lieben! Oh, Mädchen, sag, hast du mal geliebt?
Das Mädchen	Alle.
Junger Soldat	Nicht alle – einen!
Das Mädchen	Wozu?
Junger Soldat	Weil es süß ist. Haben dir nie die Knie gezittert, wenn du i h n sahst, den Besten, den Schönsten. Hast du nachts nie geweint, das Gesicht mit den Händen bedeckt, weil er eine andere liebt, Mädchen?
Das Mädchen	Soll er doch.
Junger Soldat	Wenn ich ein anderes Mädchen küsse, tut dir das nicht weh, Mädchen?
Das Mädchen	Küß.
Junger Soldat	Oh, du hast nie geliebt, du Ärmste ... Wenn du einen liebst, guckst du keinen anderen an. Stundenlang lauerst du hinter einer Ecke, nur um i h n zu sehen, i h m heimlich hinterherzuschleichen und die Spuren s e i n e r Füße zu küssen. Du zitterst davor, daß er sich umdreht, und willst doch, daß er sich umdreht. Du hast Angst, daß er dich sieht, und willst doch, daß er dich sieht und zu dir kommt und dich umarmt und dich in die Lippen beißt ... Mädchen! Wenn er sich umdreht und dich ansieht, erbebt da nicht dein Herz und hebt dich nicht die Erde empor – ihm entgegen? Und er nimmt dich auf die Arme und trägt dich weg, frohlockend. Mädchen!
Das Mädchen	*kaum hörbar* Die Arbeit!
Junger Soldat	Und trägt dich fort und legt dich ins Gras. Und fällt auf dich wie ein Sonnenstrahl auf die Erde und durchbohrt dich, wie ein Strahl durchbohrt Erde, Finsternis, Seele ... Und dann in einem Jahr, wenn du dein Kind zur Welt bringst, das du von i h m empfangen hast, von i h m, dem Geliebten – wirst du auch dann noch an die Arbeit denken, Mädchen? *Langer Kuß.*
Lustiger Soldat	Ei, das Fräulein! Und wer soll arbeiten?
Das Mädchen	*schreit erschrocken hell auf* Ach! *Versteht nicht, was*

	mit ihr vor sich geht, schreit mit heller Stimme Was ist das?
Lustiger Soldat	Sie ist erschrocken! Zum ersten Mal! Erschrocken! Erschrocken!
Das Mädchen	*sich an den jungen Soldaten pressend, unsicher* Die Arbeit . . .
Lustiger Soldat	Wir können gleich losarbeiten! *Will sie küssen, sie stößt ihn weg, daß er fällt.*
Das Mädchen	*zu dem jungen Soldaten* Küß du mich, du bist besser.
Lustiger Soldat	Toll! Sie hat sich verliebt. Wenn auch nicht in mich – ich gratuliere. Also lassen sich die hiesigen Heiligen zum Leben erwecken. Wird man uns auch nicht bestrafen, weil wir die Arbeit schwänzen?
Das Mädchen	Was heißt das, »bestrafen«?
Lustiger Soldat	Die verstehen überhaupt nichts! Na, verdreschen meine ich . . .
Das Mädchen	Wieso?
Lustiger Soldat	Mein Gott! Damit wir arbeiten!
Das Mädchen	Das tut doch weh.
Lustiger Soldat	Deshalb schlägt man ja, damit es weh tut.
Das Mädchen	Nein, bei uns wird nicht geschlagen.
Lustiger Soldat	Ja, wenn nicht geschlagen wird, wieso arbeitet ihr dann? Ho, ho – ho, ho! *Lacht, begeistert, über seinen eigenen Witz.*
Das Mädchen	Was hast du, was hat er?
Junger Soldat	Was?
Das Mädchen	Das, das . . . Er schreit seltsam, und der Mund . . . *Der lustige Soldat lacht noch mehr.*
Junger Soldat	Er lacht doch.
Lustiger Soldat	Na los, lach! Lach! Lach! Lach! Ha! Ho! Hu! *Tanzt und schneidet Grimassen.*
Das Mädchen	*beginnt zu lachen* Was ist das?
Lustiger Soldat	Hei, Kinder, sie hat gelacht! Weiß Gott, sie hat gelacht!
Das Mädchen	Was ist das? Ha, ha, ha! *Küßt sich mit dem jungen Soldaten und läuft mit ihm weg.*
Lustiger Soldat	Ho – ho! Das Mädchen ist in Ordnung! *Läuft ihnen nach.*
	Herein der Doktor und der Kommissar.

Der Kommissar	*sieht den Davonlaufenden nach* Hat gelacht, das Mädchen. Haben sie gesehen, Doktor?
Der Doktor	Ich habe es gesehen und bin empört.
	Der Kommissar dreht sich erstaunt um.
	Na hör mal, Lachen in der Stadt der Gleichheit! Niemand weint und niemand lacht, niemand wird böse, niemand hat Angst. Alle sind gleich – das Glück – ha!
Der Kommissar	*finster* Laß das, Doktor!
Der Doktor	Schon gut, schon gut . . . Sag mir lieber, Kommissar, du bist doch heute von deiner Arbeit weggegangen?
Der Kommissar	Bin ich.
Der Doktor	*spöttisch* Kommissar? Du? Hast die heilige Ordnung verletzt?
Der Kommissar	Doktor! Ich kann nicht . . . Ich kann nicht so arbeiten. Wie aufgezogen, wie ein Ölgötze – das kann ich nicht!
Der Doktor	*leise, triumphierend* Das Reich der Gleichen!
Der Kommissar	Wenn doch nur einer lächelte, schrie, weinte, nein! Sie schweigen, arbeiten und schweigen, essen und schweigen. Sie verstehen nicht, was das heißt, singen, spielen, tanzen. Und wenn du sie schlägst, hilft das auch nicht, sie verstehen gar nicht, warum ich schlage, sie werden nicht mal böse – das können sie nicht.
Der Doktor	Sie werden es lernen. Weißt du, man kann ein Tigerjunges wie ein Hündchen aufziehen. Aber wenn es Blut sieht, ist alles vorbei: das Raubtier erwacht. Die sind auch so. Sie sind wie himmlische Lämmer, aber wenn sie Blut riechen, werden sie wie wir, Räuber.
Der Kommissar	Doktor, Doktor! So ein Glück, s o e i n e Gleichheit will ich nicht. Ich will Leben.
Der Doktor	Aber das Leben ist ungerecht. Im Leben, mein Lieber, gibt es Reiche und Arme, Kluge und Dumme. *Sie gehen weg. Soldaten drängen herein.*
Dritter Soldat	Ein Essen, sag ich dir. Ein Bauch reicht nicht.
Erster Soldat	Himmlisch! Die Arbeit ist halb so schlimm . . .
Alter Soldat	*sich betrachtend, stolz* Und was für Sachen sie uns gegeben haben!
Vierter Soldat	Aber eins sag ich euch: es ist langweilig!

Alle	*einfallend* Langweilig! Langweilig!
Zweiter Soldat	Mit den Leuten hier kann man einfach nicht.
Fünfter Soldat	Das sind keine Menschen, das sind Kleiderständer. Kleider draufgehängt, und so laufen sie herum.
Erster Soldat	Kann sein, es sind Heilige, bloß langweilige Heilige – zum Auswachsen!
Alter Soldat	Keine interessanten Leute.
Dritter Soldat	Aufstehen, essen – wie die Penduluhr.
Fünfter Soldat	Ich sage nur – Kleiderständer. Kleider draufgehängt, und so laufen sie herum.
Erster Soldat	Daß sie mal zum Spaß was Witziges sagen würden, keine Spur! Alles hat bei ihnen seinen Platz, sie sagen kein Wort zuviel.
Zweiter Soldat	Die verstehen die einfachsten Wörter nicht. »Mein«, »dein« sagen sie nie. Immer nur »wir« und »unser«.
Erster Soldat	Wir leben nicht schlecht, keine Frage, bloß – es reißt einem die Geduld ...
Dritter Soldat	Alles gut und schön, aber ihre Weiber sind wie aus Holz.
	Ausbruch von Empörung.
Erster Soldat	Pfui Teufel, das sind doch keine Weiber ... Als ob das gar nichts wäre, du kriegst jede.
Dritter Soldat	Das ist ja das Schlimme, kein Widerstand. Alle sind bereit. Nach Verordnung lieben ist uninteressant. Wenn dir wenigstens mal eine in die Fresse haun würde ...
Vierter Soldat	Kommst du – bitte sehr, kommt ein anderer – es ist für alle Platz. Wir sind wie die Rüden.
Alter Soldat	Unzucht.
Sechster Soldat	*hat die ganze Zeit geschwiegen* Und lieben tun sie, daß man sie ... wie die Holzklötze, Gott verzeih mir! Auch nach Maß, Gott verzeih mir! Ich habs ihr gezeigt – »nach Maß« ... Als ob sie auf der Arbeit wäre.
Fünfter Soldat	Die lieben wie die Kleiderständer, bei Gott.
Vierter Soldat	Ooch, hau ab mit deinen Kleiderständern! Du hängst mir langsam zum Halse raus.
Dritter Soldat	Ich hab mal einen zu einem kleinen Faustkampf aufgefordert. Fragt der – wozu?
	Tumult von Stimmen.
Alle	Wozu? Wozu? Immer sagen sie nur – wozu? Immer

dasselbe – wozu? Die können nur eins – arbeiten. *Herein dicker Soldat, zerrt den Jungen hinter sich her.*

Dicker Soldat Nein, du lügst. Los, los?
Die Soldaten umringen sie.

Stimmen Was ist los? Was hat er angestellt? He, du, Fettwanst, laß den Jungen los! *Ohne sich zu wehren, sieht der Junge um sich, versteht nichts.*

Zweiter Soldat Halt, Dicker! Laß den Jungen los. Ist auch ein Mensch.

Dicker Soldat Und wozu muß er – hier! Guckt mal! Meinen Gurt klauen.

Der Junge Was heißt »klaun«?

Die Soldaten Zum Teufel! Jetzt rede mal mit dem.

Der Junge Ich brauche einen Gürtel. Du hast zwei. Einen hab ich mir genommen.

Erster Soldat Ohne zu fragen?

Der Junge Wozu fragen?

Dicker Soldat Halt, Bursche! Wessen Gürtel ist das: meiner oder deiner?

Der Junge Was heißt »meiner«?
Gelächter und Flüche.

Dicker Soldat Das verstehst du nicht? Das verstehst du nicht? Also dann: das ist meins *zeigt auf den Gürtel*, und das – das ist deins. *Schlägt ihn ins Gesicht.*

Der Junge Wozu?

Alle Wieder wozu? Verflucht und zugenäht! Ist das ein Volk!

Dicker Soldat Wozu? Wozu? Dazu. *Schlägt ihn mehrere Male. Der Junge weicht auf den Hügel zurück. Der dicke Soldat hinter ihm her.* Der Junge bricht in Tränen aus.

Die Soldaten Er weint! Den haben wir weich gekriegt! Laß ihn, Dicker!
Der Junge steigt weinend auf den Hügel. Nähert sich dem Platz, wo die Leichen liegen. Noch ehe er hinkommt, beginnt er sich plötzlich zu verteidigen. Er schlägt den dicken Soldaten.
Oho-ho! Gut so, Kleiner! Gibs ihm!
Herbei der Kommissar und der Doktor.

Der Doktor	Ha, unsere Lehre trägt Früchte . . .
Der Kommissar	*geht schnell auf den dicken Soldaten zu* Wer hat angefangen? Du? Antworte, Wanst!
Dicker Soldat	Er hat aber . . .
Der Kommissar	Sie geben euch zu essen und anzuziehen, sie haben uns vom Tode errettet, und ihr . . .
Stimme aus der Menge	Es ist so langweilig!
Die Soldaten	Langweilig! Langweilig!
Der Doktor	*zum Kommissar* Du hast selber gesagt . . .
Der Kommissar	*leise* Ja, zu dir, aber ihnen sag ich: Schnauze halten!
Der Doktor	Ja . . .
Der Kommissar	Schnauze halten!

Der Doktor zuckt mit den Schultern.

Das ist das letzte Mal! Sonst . . .

Stimme aus der Menge Ist selber von der Arbeit weggegangen heute, aber schnauzen!

Der Kommissar guckt sich wütend um. Die Soldaten weichen erschrocken zurück.

4

Mittag. Grelles Sonnenlicht. Glockengeläut. Die Soldaten gehen zu dem Hügel rechts, setzen sich, in ihrer Mitte der Kommissar. Langsam, gemessen, im Gleichschritt kommen die Bewohner der Stadt herein. Setzen sich links auf die Anhöhe. Die Städter sprechen wie gewohnt dumpf, abgehackt. Die Soldaten sprechen feierlich, hell, mit ungewöhnlicher Stimme. Man kann nicht unterscheiden, wer im einzelnen spricht – ein Chor.

Erster Ältester Mittagszeit. Mittagsruhe. Fremdlinge, erzählt von euerm Leben. Wozu lebt ihr?

Stimme von rechts *von den Soldaten* Um zu leben. Unser Leben ist kurz, die Welt ist groß. Wir leben, um alles zu erkennen, alles zu erleiden und das Leben bis zum letzten Atemzug zu genießen. Wir leben, weil wir nicht anders können als leben und weil wir leben wollen.

Chor der Städter Das verstehn wir nicht.

Stimme von links *von den Städtern* Wir leben, um zu arbeiten.

Stimme von rechts	Wir hassen die Arbeit, wir fliehen die Arbeit. Aber der eine arbeitet nicht, und der andere müht sich ohne Rast und Schlaf, und seine Werke sind getränkt von seinem Blut und seinem Schweiß. Und der nicht arbeitet, lebt besser als der arbeitet, und er hetzt den Arbeitenden und schlägt ihn mit der Knute. Und sie hassen einander bis zu ihrer letzten Stunde. Und im Haß ist das Leben.
Chor der Städter	Das verstehn wir nicht.
Stimme von links	Wir arbeiten, weil wir nichts im Leben haben außer Arbeit.
Rechte Seite	Keine zwei unter uns sind sich ähnlich. Und der Mensch beneidet seinen Bruder, fürchtet seinen Bruder und kämpft mit seinem Bruder. Und im Kampf ist das Leben.
Chor der Städter	Das verstehn wir nicht.
Linke Seite	Wir sprechen gemeinsam, wir denken gemeinsam, wir arbeiten gemeinsam. Alle wie einer.
Rechte Seite	Nimmt bei uns einer seinem Bruder etwas weg, überzieht ihn der Bruder mit Krieg und kämpft mit ihm, bis er fällt oder es ihm abnimmt. Und im Kampf ist das Leben.
Chor der Städter	Das verstehn wir nicht.
Linke Seite	Alle besitzen alles, keiner besitzt nichts. Vor dem Gesetz sind alle gleich.
Rechte Seite	Jeder will seine Brüder beherrschen, sie antreiben, Abgaben und Tribut von ihnen nehmen. Aber niemand will einen Herrscher über sich dulden, und es fließt Blut, und es ist ein ewiger Kampf aller gegen alle. Und das ist das Leben.
Chor der Städter	Das verstehn wir nicht.
Linke Seite	Vor dem Gesetz sind alle gleich. Das Gesetz ist Herr.
Rechte Seite	Liebt bei uns einer ein Mädchen, dann nimmt er es in sein Haus und macht es zu seiner Frau, damit sie ihm Kinder zur Welt bringe. Und wenn die Frau einen anderen liebt, dann tötet er sie. Und wenn ein anderer seine Frau liebt, dann tötet er ihn. Denn tötet er nicht den anderen, tötet der andere ihn und nimmt seine Frau. Und im Töten ist das Leben.
Chor der Städter	Das verstehn wir nicht.

Linke Seite	Alle lieben alle. Alle sind gleich. Eine Wahl gibt es nicht.
Rechte Seite	Wird ein Kind geboren, verlassen Vater und Mutter die Arbeit und weinen über der Wiege Tränen der Freude. Und sie nähren das Kind und sie bangen um das Kind, und sie geben ihm ihr Letztes. Unter tausend Kindern findet eine Mutter ihr Kind, und für jede Mutter ist ihr Kind das schönste. Wehe dem, der ihr Kind anrührt. Wehe dem, der ihr Kind nicht liebt! Denn es gibt keine Macht, die stärker wäre als Mutterliebe. Und in der Liebe ist das Leben.
Chor der Städter	Das verstehn wir nicht.
Linke Seite	Die das Kind geboren hat, nährt es an ihrer Brust. Und gibt es auf die Wiese zu den anderen Kindern. Und vergißt es. Und das Kind erinnert sich nicht an sie. Eine Frau darf nicht nur ein Kind lieben. Vor dem Gesetz sind alle gleich.
Rechte Seite	*laut und zornig* Wehe dir, Stadt der Gleichheit, du entreißt der Mutter das Kind! Alles verzeihe ich dir, doch die Tränen der Mutter verzeihe ich nicht. Sei verflucht um des Kindes willen, das keine Zärtlichkeit kennt, um der Mutter willen, die ihr Kind aussetzt! Sei verflucht. *Schweigen.*

5

Es wird mit einem Schlag dunkel: Abend. Herein Wanja.

Wanja	*stürzt zum Kommissar, schreit* Ich erinnere, ich erinnere mich, Kommissar! *Durch diesen Schrei ist es mit der Feierlichkeit vorbei, die Erwartung von etwas Furchtbarem breitet sich aus.*
Der Kommissar	Woran erinnerst du dich, Junge?
Wanja	Das Haus! Das Haus! Und die Mutter! Und das Feld, und der Bruder, und die Nachbarin, und die Post, und noch ein Bruder. An alles erinnere ich mich. Ich heiße Juschkow. Ich war auch in der

	Schule. Ich habe auch Bücher gelesen. Ich erinnere mich!
Der Kommissar	*zärtlich* Und wie hast du dich erinnert, Guter?
Wanja	Als ich auf sie einschlug, als sie umfielen, da hat es auch bei mir eingeschlagen. Ich habe sie gesehen, gesehen – die Mutter!
Der Kommissar	Auf wen hast du eingeschlagen? Wer ist umgefallen?
Wanja	*auf den Hügel zeigend* Sie . . .
Der Kommissar	Wer sie?
Wanja	Habt ihr es nicht gesehen, wißt ihr nicht? Dann lieber nicht, Kommissar – lieber nicht! *Der Kommissar zeigt auf den Hügel, zwei Soldaten gehen hin.* Lieber nicht! Ich war es nicht, ich hab es nicht getan! Geht nicht hin . . .
	Die beiden Soldaten biegen gleichzeitig von rechts und von links die Büsche auseinander. Das durchbohrte Paar ist von der Bühne her zu sehen. Alle erheben sich – die Soldaten und die Städter. Die Soldaten treten schweigend in die Tiefe der Bühne zurück, die Städter besteigen schweigend langsam den Hügel, stehen um die Getöteten herum.
Der Doktor	Das Tigerjunge hat Blut gesehn – jetzt aufgepaßt!
Erster Ältester	Junger Mann! Wozu hast du das getan?
Wanja	*zum Kommissar, kriecht auf der Erde hinter ihm her* Ich habe sie geliebt, ich habe sie erkannt. Das ist meine Braut. Nacht für Nacht habe ich sie im Traum gesehen, und nun war sie da. Aber dann kam der, der andere, der aus der Stadt, und sagte: Komm mit mir. Ich flehte sie an, drohte, ich erschlag dich – sie verstand nichts. Ich komme doch zurück, sagt sie. Sie liebte mich nicht, niemanden liebte sie. In dieser Stadt gibt es keine Liebe, er muß sterben, der Verfluchte! Und ich hab sie gefaßt, erschlagen, dort liegen sie . . . Ja-ja-ja! Und ich würde sie noch einmal erschlagen, weil ich sie liebte, denn ich bin ein Mensch, sie ist eine Kreatur! Ich brauche keine Verzeihung, ich hab es richtig gemacht!

Zustimmendes Gemurmel unter den Soldaten. Der Kommissar schweigt. Die Städter betrachten die Getöteten, kaum hörbares Murren unter ihnen.

Erster Ältester Junger Mann! Wozu hast du das getan?

Der Kommissar Alter! Er ist schuldig. Nehmt den Jungen, er gehört euch!

Empörung unter den Soldaten.

Erster Ältester Wozu uns? Wir wissen nicht, was wir mit ihm machen sollen.

Erster junger Mann *mit ungewöhnlich heller Stimme* Ich weiß es! Ich, ich, ich!

Der Doktor *für sich* Nicht »wir«, sondern »ich«. Es lernt, das Tigerjunge.

Zweiter Ältester Halt, junger Mann! Wer hat dir erlaubt zu sprechen!?

Erster junger Mann *sich geradezu an »ich« berauschend* Ich-ich-ich! Ich weiß, was wir mit ihm machen. Dasselbe, was er mit unserem Bruder und mit unserer Schwester gemacht hat . . . *sucht das Wort* Töten!

Die Städter Töten!

Der Doktor *für sich* Die jungen Tiger zeigen ihre Krallen.

Dritter Ältester Kommt zur Vernunft, ihr Jungen! Es ist Zeit zur Arbeit.

Erster junger Mann Wir töten ihn und gehn zur Arbeit.

Die Städter Wir töten ihn, wir töten ihn!

Wanja Kommissar, verzeih! Rettet mich! Rette mich, Kommissar!

Die Soldaten murren. Der Kommissar schweigt.

Zweiter junger Mann Worauf warten wir? Er läuft uns weg.

Dritter junger Mann Erlaub es, Alter!

Die Städter Erlaub es!

Wanja Kommissar! Ich will meine Mutter wiedersehn. Die Mutter wartet auf mich, die Mutter!

Junger Soldat Kommissar, verzeih ihm. Er hat es richtig gemacht. Wenn du einmal geliebt hast, verzeih!

Erster junger Mann Brüder! Genug gewartet. Nehmen wir uns ihn.

Der Kommissar schweigt.

Wanja Kommissar! Wenn du eine Mutter hast!

Erster Ältester *den Städtern den Weg vertretend* Ihr Jungen! Wir verbieten es euch!

Kurze Verwirrung in der Menge der Städter.

Zweiter junger Mann   Ihr seid alt geworden, hindert uns nicht!

Zweiter Ältester   Haltet ein!

Dritter junger Mann   Weg, ihr Alten!

Stoßen sie beiseite, kreisen Wanja ein, schleppen ihn nach rechts hinter die Bühne.

Wanja   Kommissar! Kommissar! Kommissar!

Die Städter nach rechts ab. Langsam folgen ihnen die Ältesten. Schweigen.

6

Dämmerung. Aus der Ferne ein durchdringender Schrei. Die Soldaten erheben.

Junger Soldat   Kommissar, warum?

Erster Soldat   Kommissar, warum?

Alle   Warum? Warum?

Junger Soldat   Hat er nicht getötet, weil er ein Mensch war, lebendig wie du, wie ich, wie alle? Und nicht wie sie, *Die Soldaten murren.*

Er hat getötet, weil sein Blut heiß war und seine Hände stark. Lieben wir nicht, kocht unser Blut nicht? Doch! Dann müssen auch wir ausgelöscht werden – wir können nicht leben wie diese, aufgezogen . . .

Empörtes Gemurmel.

Kommissar! Das sage ich dir. Wenn meine mich verrät, mach ich es genauso: ihn und sie! Ich bin ein Mensch!

Die Soldaten   Ich auch! Ich auch! Genauso!

Junger Soldat   Kommissar, warum hast du ihn ausgeliefert?

Der Kommissar   *legt dem jungen Soldaten die Hand auf die Schulter* Du hast gut reden, aber du vergißt eins: ich habe euch hierher geführt, ich bin für euch verantwortlich. Sagt selbst, ihr seid Zeugen: Hab ich den Jungen nicht geliebt? Er war der Beste, der Zärtlichste. Aber er hat den Befehl verletzt – darum starb er! Er hat den Speer zuerst geworfen – darum starb er. *Pause.* Er ist tot. Genug von ihm. Aber wir gehen weg von hier. Weg.

Die Soldaten	Weg! Weg! Lieber in der Wüste! Führ uns weg! Morgen! Heute! Sofort! Sofort! Sofort! Sofort!
Der Kommissar	Hört! Morgen bei Sonnenaufgang brechen wir auf. Morgen führe ich euch weiter . . .
Der Doktor	*schneidend* Wohin?
Der Kommissar	In das Land der Gleichheit, des Gesetzes und – des Lebens! *Sieht den Doktor durchdringend an. Der Doktor schlägt die Augen nieder.* *Der Kommissar und die Soldaten nach links ab.*
Der Doktor	Er lügt wieder, aber er ist stärker als ich. *Rechts hinter der Bühne Schreie.* Das Tigerjunge ist hungrig. Wird es uns laufen lassen? *Geht nach links ab. Es wird noch dunkler.*

7

Von rechts herein die Menge der Städter mit Fakkeln. Jeder trägt einen Stein in der Hand.

Die Städter	Sie ziehen ab! Ziehen ab! Töten und laufen davon! Laßt sie nicht laufen, Brüder! Wir töten sie, Brüder!
Das Mädchen	Ich weiß es, ich habe es gehört. Bei Sonnenaufgang morgen ziehen sie ab. *Raunen in der Menge.*
Erster Ältester	Sollen sie abziehn. Wir werden arbeiten. Wie früher.
Das Mädchen	Brüder! Sie kommen nie wieder, und wir sollen sie laufen lassen – *sucht nach Worten.*
Erster junger Mann	Ohne uns gerächt zu haben?
Die Städter	Rache! Rache!
Zweiter Ältester	Sie gehen von selber! Laßt sie laufen, Brüder!
Das Mädchen	Sie haben unsere Gesetze zerschlagen, sie haben unser Glück zerstört, und jetzt ziehen sie ab! Laßt ihr sie laufen, Brüder?
Dritter Ältester	Sie sind stark und bewaffnet. Womit wollt ihr gegen sie an?
Das Mädchen	Mit Steinen, Rache! Wir sind mehr.
Die Städter	Wir sind mehr! Wir sind mehr! Rache! Rache! Rache!

Das Mädchen Worauf warten wir, Brüder? Tod den Fremden,
den Mördern!

Die Städter Tod! Tod!

*Nach links ab. Die Ältesten bleiben in der Mitte
der Bühne mit gesenkten Köpfen stehen. Finsternis.
Nacht.*

8

Von links ein Schrei und eine Gewehrsalve.

Die Ältesten Tod!

Dritter Akt (Der Ausgang)

I

*Dekoration wie im zweiten Akt. Rechts oben liegt
das durchbohrte Paar.*
*Nacht. Fackeln. Die Soldaten stehen in Reih und
Glied. Der Kommissar ruft sie nach einer Liste auf.*

Der Kommissar Sergejew, Iwan!

Erster Soldat, Diensthabender Auf dem Marsch umgekommen.

Der Kommissar Serdjukow, Wikanor!

Erster Soldat Auf dem Marsch umgekommen!

Der Kommissar Torenberg, Alexander!

Erster Soldat Auf dem Marsch umgekommen!

Der Kommissar Chomentowski, Sergej!

Erster Soldat Auf dem Marsch umgekommen!

Der Kommissar Zarkow, Sergej!

Erster Soldat Auf dem Marsch umgekommen!

Der Kommissar Tschubar, Michailo!

Lustiger Soldat Hier.

Der Kommissar Juschkow, Iwan!

Erster Soldat Hingerichtet!

Pause.

Der Kommissar Rührt euch! Abmarsch in einer Stunde!

Dritter Soldat Kommissar! Laß uns in die Stadt ...

Der Kommissar Wieder plündern?

Dritter Soldat Plündern? Besitzer gibts nicht mehr.

Dicker Soldat Verreckt.

Dritter Soldat Warum soll das Gut verkommen?

Der Kommissar Unterwegs schmeißt ihr sowieso alles wieder weg.
Los, geht. Aber aufpassen: wenn ihr einen lebend
findet – von denen, nicht anrühren! Hört ihr? Nicht
töten!

Dicker Soldat Töten, die sind sowieso schon tot.

Lustiger Soldat Toter gehts nicht, hohoho!

Der Kommissar Alle?

Vierter Soldat	Bis zum letzten.
Lustiger Soldat	Saubere Arbeit.
	Der Kommissar senkt den Kopf, geht zur Seite, setzt sich rechts an den Fuß des Hügels. Die Solda- ten gehen ab.
Erster Soldat	Die Kinder tun einem leid, das ist kein Spaß, ein ganzes Volk in einer Nacht um die Ecke zu bringen.
Zweiter Soldat	Das sind auch Menschen.
Dicker Soldat	Selber schuld: was kommen sie angekrochen?
Dritter Soldat	Und wie sie gekämpft haben, Teufel noch mal . . . Mit nackten Händen! Wimmeln auf uns zu und wimmeln, wenn sie sich wenigstens vor den Schüs- sen in Deckung gebracht hätten!
Vierter Soldat	Und die Weiber mittendrin.
Erster Soldat	Sie haben uns zu essen gegeben, zu trinken, und wir . . . Das tut einem leid . . .
Dicker Soldat	Wenn dir alle leid tun, tust du bald keinem mehr leid. *Mit den Fackeln ab, auf der Bühne ist es dunkel.*

2

Der Kommissar	*allein* Juschkow, Iwan! – Hingerichtet! Wer hat ihn hingerichtet – ich habe ihn hingerichtet. Ich fand den Jungen, rettete ihn, zähmte ihn, hab ihn liebgehabt. Und getötet . . . »Kommissar, wenn du einmal ge- liebt hast!« Nein, der Kommissar hat nie geliebt, der Kommissar darf nicht lieben, dafür ist er Kom- missar. Er hat ein Herz aus Stein, aus Stein! »Kom- missar, wenn du eine Mutter hast!« Der Kommissar hat keine Mutter, dafür ist er der Kommissar. Alle fürchten ihn, alle hassen ihn – den Kommissar! Nur der Junge hat mich geliebt, und ich habe ihn getötet . . . *Pause. In der Dunkelheit hinter den Büschen her- vor der Doktor. Steht über dem Kommissar, lacht.*
Der Doktor	Du weinst, Kommissar? Weine, weine! Was ist das schon für eine Sünde, wenn der Kommissar weint. Und warum? Weil das Heiligste im Leben be- spuckt wurde. Von wem? Von dir! Du suchtest Ge-

rechtigkeit und hast sie gefunden. Was hast du mit ihr gemacht? Zertrampelt, zerrissen, weggeworfen. Alle bis auf den letzten getötet ... Was heißt Gerechtigkeit? Langeweile. Was heißt Gleichheit? Langeweile. Alles Ehrliche, Reine ist tot. In der Ungerechtigkeit ist das Leben, im Töten ist das Leben, im Kampf! Was wirst du jetzt tun, Kommissar? Gehst du wieder weiter, betrügst du sie und dich, suchst, was du schon einmal gefunden und weggeworfen hast? Kommissar! Verlaß sie. Komm, fliehen wir. Das blutige, ungerechte, fröhliche Leben suchen! Kommissar!

Der Kommissar schläft.

Er schläft. Hör zu, Kommissar! Ich habe auch das Gute, die Kommune, die Gleichheit gesucht wie du, ich Dummkopf! Mein ganzes Leben hab ich dafür eingesetzt, das Haus verlassen, die Mutter verlassen, und sterbe deshalb als Bettler. Und es kam die Zeit, und ich sah – Langeweile, Langeweile, Langeweile! Ich glaube an nichts mehr. Ich hasse die, die glauben. Ich habe den Aufruhr gegen dich geschürt! Ich habe die Soldaten aufgehetzt – gegen dich! Ich will, daß ihr umkommt, ihr Gläubigen! Hörst du, Kommissar! Er schläft. *Verschwindet in der Dunkelheit. Hinter den Wolken hervor der blasse Mond der Morgendämmerung.*

3

Der Kommissar schläft. Herein der junge Soldat, auf dem Arm das verwundete Mädchen. Legt es auf die Erde.

Junger Soldat Du lebst, du lebst! Sag mir, daß du lebst.
Das Mädchen Ich hasse dich.
Junger Soldat Ich bin es doch! Ich hab dich in der Schlacht gesucht. Und gefunden – und wie gefunden!
Das Mädchen Ich hasse dich.
Junger Soldat Ich habe dich getötet. Warum hast du dich auf mich gestürzt in der Dunkelheit, auf mich eingeschlagen? Du hast mich nicht erkannt!

Das Mädchen	Ich habe dich gesucht. Um dich zu töten. Du hast mir die Liebe beigebracht, also auch den Haß. Ich liebe dich, dein Volk hasse ich. Die Liebe ist süß, aber der Haß ist süßer. Ich hasse dich.
Junger Soldat	Du kommst mit. In unser Land. Du lebst mit mir, ziehst meine Kinder auf und melkst meine Kühe.
Das Mädchen	Ich hasse dich.
Junger Soldat	Abends komme ich müde von der Arbeit. Du wirfst deine Kleider ab und legst dich zu mir. Bis zum Morgen.
Das Mädchen	Ich hasse dich.
Junger Soldat	Und ich drücke dich an meine Brust, und meine Lippen finden deine Lippen, und meine Zunge berührt deine Zunge. Bis zum Morgen.
Das Mädchen	Ich hasse dich.
Junger Soldat	Und meine Arme umarmen dich, und deine Arme umarmen mich, und unsere Körper werden eins. Bis zum Morgen.
Das Mädchen	Ich hasse dich. *Küssen sich lange.*
Junger Soldat	*erhebt sich* Schluß! *Geht sich umblickend ab.*

4

Herein Soldaten mit Fackeln. Bringen den Jungen.

Die Soldaten	Kommissar!
Der Kommissar	*im Traum* »Wenn du einmal geliebt hast, Kommissar!« Ich kann nicht lieben, ich bin der Kommissar!
Die Soldaten	Kommissar! Kommissar!
Der Kommissar	*wacht auf, blickt sich um, steht auf* Zeit!
Erster Soldat	*den Jungen zum Kommissar führend* Von der ganzen Stadt ist einer übriggeblieben.
Alter Soldat	Soll der auch noch getötet werden?
Dicker Soldat	Was soll man sonst mit ihm machen?
Der Kommissar	Junge . . .
Der Junge	Herr! Nicht töten!
Der Kommissar	Keine Angst, mein Junge!
Der Junge	Herr! Nimm mich mit! Zu euch . . . Ich will sprechen wie ihr und töten wie ihr. Das macht Spaß, Herr. *Lachen.*

Die Soldaten	Nehmen wir ihn mit, nehmen wir ihn mit!
Der Kommissar	*spricht und legt dabei seine Hand auf den Kopf des Jungen* Genossen! Wir gehen weiter – nach Hause – nach Rußland!
Alle	*und lauter als alle der Junge* Nach Rußland!
Der Kommissar	Ich habe gesagt: das Land der Gerechtigkeit und des Glücks – ja! Ich habe gesagt: alle sind gleich vor dem Gesetz – ja! Aber wenn euch einer sagt, daß es dort ist wie hier: Totenstille – dem reißt die Zunge heraus! Hab ich das gesagt?
Alle	Nein!
Der Doktor	*leise* Du hast es gesagt!
Der Kommissar	Dort sind alle gleich, aber nicht die gleichen, dort ist Glück, aber nicht Stille. Nicht Stille, Stille ist für die Toten! Dort ist ewiger Kampf, Kampf, Kampf! Und Blut! Wo kein Blut ist, ist kein Leben. Wo kein Kampf ist, ist kein Leben. Wollt ihr Kampf, Blut, Glück?
Alle	Nach Rußland!
Der Kommissar	Stillgestanden! Marsch!
	Die Soldaten ab mit Fackeln in den Händen, singen das Lied »Brüder zur Sonne zur Freiheit«.

5

	Der Doktor sitzt links auf der Anhöhe, rechts der Kommissar und der Junge.
Der Doktor	*für sich* Sie sind fort ... Ob sie wirklich ankommen!? Warum kann ich nicht glauben? Ich wäre glücklich, wenn ich glauben könnte wie sie.
Der Kommissar	*zum Jungen* Du willst mit uns, Junge?
Der Junge	Oh, Herr ...
Der Kommissar	Weißt du denn, was das heißt, töten?
Der Junge	Das weiß ich.
Der Kommissar	Und stehlen, lügen, betrügen?
Der Junge	Das weiß ich.
Der Kommissar	Und du wirst töten, kämpfen, betrügen, Junge?
Der Junge	Das werde ich!
Der Kommissar	*seinen Dolch abschnallend* Siehst du dieses Messer?

Der Junge	*begeistert* Oh, Kommissar! Gibst du es mir?
Der Kommissar	Siehst du, dort sitzt ein Mensch mit gesenktem Kopf? Geh, töte ihn! Und ich nehme dich mit und schenke dir dieses Messer.
Der Junge	*nimmt das Messer* Ich gehe! *Schleicht sich vorsichtig wie eine Katze von hinten an den Doktor heran. Ein Sprung – packt den Doktor von hinten am Hals, hängt an ihm.*
Der Doktor	Ha! Halt! Halt! Mensch! Warum? *Erhebt sich. Der Junge bleibt an ihm hängen und stößt dem Doktor den Dolch in die Brust. Der Doktor fällt auf die Seite, der Junge springt ab.*
Der Doktor	*auf der Erde, röchelt* Warum? Warum?
Der Kommissar	Darum, weil du nicht glaubst. Solche brauchen wir nicht – ich habe dich aus dem Weg geräumt. Wir, die glauben, kommen ohne dich aus.
Der Doktor	*röchelnd* Und findet das Land der Toten, wie dieses, wie dieses! Das Land der Maschinen.
Der Kommissar	Das Land der Gleichheit und des Blutes, der Ordnung und des Lachens, des Gesetzes und des Kampfes.
Der Doktor	Das gibt es nicht!
Der Kommissar	Rußland . . .
Der Doktor	Und wenn es dort auch ist wie hier?
Der Kommissar	Wir gehen weiter.
Der Doktor	Der Weg hat kein Ende!
Der Kommissar	Er hat ein Ende!
Der Doktor	*verzweifelt, röchelnd* Ihr kommt an und findet es nicht! Kein Ende!
Der Kommissar	*zum Jungen* Gehn wir!
Der Junge	Ich komme mit dir, ich komme mit dir! Leben! *Ab. Schweigen.*

Die Sonne geht auf, beleuchtet das durchbohrte Paar auf dem Hügel. Die übrige Bühne bleibt dunkel.

Die Soldaten *hinter der Bühne, singend* »In das Reich der Freiheit mit unserer Brust bahnen wir uns den Weg«.

Der Doktor *röchelt, schreit* Kein Ende! Ihr kommt an, aber findet es nicht!

1924

Jewgeni Samjatin
Der Floh

Stück in vier Akten

Aus dem Russischen von
Elke Erb und Sergej Gladkich

Personen

Die Chaldäer, *die Wundermänner – drei,*
einer von ihnen ein Mädel
Donkosak Platow
Zar
Minister Graf Kesselbrodel
Der holländische Arzt-Apotheker – Erster Chaldäer
Der Eilkurier des Zaren – Zweiter Chaldäer
Fräulein Samenewna – Chaldäerin
Kammerherrlicher General
Der Tulaer Waffenschmied Lewscha
Waffenschmied Samson
Alter Waffenschmied Jegupytsch
Tulaer Wunderkastenvorführer – Erster Chaldäer
Tulaer Kaufmann – Zweiter Chaldäer
Tulaer Mädel Maschka – Chaldäerin
Englischer Hilfskapitän
Englischer Kellner, *mit schwarzer Visage*
Englischer Chemiker-Mechaniker – Erster Chaldäer
Englisches Mädel Mary – Chaldäerin
Zarentochter Anfissa
Forsches Tulaer Mädel
Alter aus Tula
Die Pfeifer-Kosaken Platows (Troika)
Die Generäle des Zaren
Der Reviervorsteher
Der Kutscher
Der Hausknecht
Städter
Tulaer
Das Meerkatzenauge, *es ist der Teufel Murin*

Vorwort

Was für ein Theater brauchen wir heute? Auf diese Frage gibt es viele Antworten, aber sie alle werden, nach meiner Ansicht, überdeckt von einer einzigen: Wir brauchen ein *Volks*theater. Ein Volkstheater – das ist durchaus keine Algebra, keine Abstraktion: es existiert, das Volk hat es sich selbst geschaffen, und Sache des Schriftstellers ist es – literarische Formen des Volkstheaters zu schaffen. In der Literatur anderer Völker ist das längst geschehn – und nur bei uns hat sich noch fast niemand daran erprobt.

»Der Floh« ist der Versuch einer Neuschaffung der russischen Volkskomödie. Wie jedes Volkstheater ist das natürlich kein realistisches Theater, sondern ein stilisiertes vom Anfang bis zum Ende, es ist ein *Spiel*. Am reinsten gibt sich diese Stilisierung in drei Hauptfiguren – den *Chaldäern* – zu erkennen: jede von ihnen spielt mehrere Rollen im Stück, und sie kleiden sich vor den Augen der Zuschauer um. *Chaldäer* hießen altrussische Komödianten, Adam Olearius schreibt über sie: »Sie erhielten vom Patriarchen die Erlaubnis, während der acht Tage vor Weihnachten und bis zum Fest der Hl. Könige mit einem besonderen Feuerwerke auf den Straßen herumzulaufen, wobei sie den Begegnenden die Bärte anzündeten. Sie sind als Fastnachtsbrüder gekleidet, tragen auf den Köpfen hölzerne und gemalte Hüte und schmieren den Bart mit Honig, damit, wenn sie das Feuer von sich werfen, er nicht verbrannt werden kann.« Im »Floh« sollen die Chaldäer das ganze Spiel führen und mit ihrem fröhlichen Lachen sowohl die Zuschauer als auch die Schauspieler anfeuern.

Als Material für das Sujet des »Flohs« dienten eine wandernde Volkssage von den Tulaern und dem Floh – und die prächtige Erzählung »Der Linkshänder« von N. S. Leskow, die eine literarische Bearbeitung dieser Volkssage darstellt. Die Idee, gerade dieses Sujet zu dramatisieren, entstand im Zweiten Moskauer Künstlertheater – für dieses Theater wurde »Der Floh« auch geschrieben. Die Erstaufführung des »Flohs« fand im Zweiten Moskauer Künstlertheater am 11. Februar 1925 statt. Dekorationen und Kostüme nach Entwürfen des Malers B. M. Kustodijew.

Der Autor

Prolog

Der erste, ein Theatervorhang, ist hochgezogen. Hinter ihm die Vorbühne und der zweite, ein greller Schaubuden-Vorhang; dieser Vorhang ist noch zu. Auf die Vorbühne tritt der Erste Chaldäer.

Erster Chaldäer Geschätzte Einwohner! Verstattet, mich vorzustellen mit meiner Kurzbiografie aus dem Leben, daß ich bin von uralter chaldäischer Familie – russische Linie. Meinen Alten habe ich nie gekannt, aber war sogenannter Ziegenbock von Stand, und namentlich brachte starke Stücke zustande mit dem gebildeten Bären Mischka. Das lobten die Klugen, und die Holzköpfe zischten, darum – außer dem Genuß – kriegte manch einer was auf die Nuß, wie ich auch euch wünsche.

Aber jetzt heute, wegen des Fortschritts, gebe ich mir die Ehre, euch aufzuwarten, statt mit dem Bären, mit einem wissenschaftlichen Floh, nebst weiterem Kohl, aber ohne weiters auch glaubhaft, von der ruhmreichen Petersburger Hauptstadt, von den ausländischen Engländern, den Tröpfen, sowie unseren russischen Tulaer schlauen Köpfen. Das Stück beträgt faktisch vier Spielakte, drei Pausenakte, bei richtiggehender elektrischer Beleuchtung und dem vollständigen Bestand meiner teuren Genossen.

So zum Beispiel kann man sich im folgenden Beispiel überzeugen, daß hier das ist unser berühmter Solist Petja, er spielt seine kaiserliche Hoh ... das heißt an und für sich, mit Verlaub, den Zaren. Petja, zeig dich in Person! *Ein Schauspieler tritt vor, nicht der, der wirklich den Zaren spielt.* Woraus ihr erseht eine unnachahmliche Ähnlichkeit.

Und danach, umgekehrt, der allerletzte Tulaer, Linkshänder Lewscha, der freilich der erste Held von alldem ist. Wanja, zeig dich! *Wanja tritt auf.* Trocknet die Nase! Ich danke euch! Jetzt fangen wir an. Ich bitte euch alle, Tränen und Lachen zu vergießen auf eigenen Wunsch, aber durchaus Ordnungswidrigkeiten dem ungeachtet nicht zu verursachen. Hej, Musik!
Musik. Der zweite Vorhang öffnet sich.

Erster Akt

Palast des Zaren. Petersburg. Aber ein Tulaer Petersburg, so eins, von dem abends vorm Haus ein durchreisender Fremder unwahrscheinliche Geschichten erzählt. Auch der Zarenpalast ist so.
Man hört einen Marsch (vielleicht nach dem Motiv von: »Tula, Tula, Tula-lu – meine Heimat, die bist du.« Eine Kompanie von Generalen tritt auf, einer älter als der andere. Aus den hinteren rieselt Sand. Der Hausknecht fegt den Sand in die Ecke. Der Kammerherrliche General – mit am Gesäß angenähten goldenen Schlüsseln – läßt die Kompanie antreten, richtet sie: bei einem Dicken soll der Bauch nicht vorstehn, bei einem Dünnbeinigen solln die Knie nicht einknicken, ein Dritter, dem der Kopf wackelt, soll ihn halten wie ein Bräutigam.

Minister Graf Kesselbrodel *tritt auf, knicksend, verbeugt sich vor dem Publikum und den Generalen* Morgen, verehrteste Herren! Bitte zur Kenntnis zu nehmen, daß der Zar heute nicht ausgeschlafen hat. Gnatzig – Mann! Geht sich nur so selbst entgegen! Schlimm!

Kammerherrlicher General *zum Publikum* Einen Bammel hat der Preuße!

Kesselbrodel *einschmeichelnd* Ei, meine Lieben, ihr, irgendwie für ihn so was denkt euch aus, sonst sind wir alle weg vom Fenster. Aber dann auch, das könnt ihr mir schon, werd ich euch dann . . . noch und noch und außerdem . . . wie man sagt: mit gleicher Münze . . . also das, da könnt ihr unbesorgt sein.

Kammerherrlicher General *zum Publikum* Tingelt ab sein Gealber, deutscher Quacksalber.
Lärm, Gepolter.

Kesselbrodel Gott, er! Kommt gefahren, vernehmt. Gott jetzt!

Jetzt betet, ihr Lieben . . . jeh, wie ging das . . . russisch – Hilf aus, Muttergottes von Kasan, in der Not . . . die Waisen *bekreuzigt sich.*

Kammerherrlicher General   Russisch! Bah!

Der Zar wird auf einem goldenen Thron mit Holzrädern polternd hereingefahren.

Zar   *säuerlich* Na dann: Morgen.

Generäle   Wohlgeruhtzammeistät!

Zar   *Gähnt, kratzt sich. Alle schweigen. Zu den Generälen, zornig* Na, was?

Generäle   Sehr wohl, Meistät.

Zar   Was sehr wohl? Hm?

Generäle   *blicken aufeinander, stoßen sich an. Dann – einer, ein anderer, ein dritter* Belieben Euer Majestät nicht vielleicht etwas Süß-und-Säuerliches zu speisen? Belieben Euer Majestät nicht vielleicht sich Wundermänner anzusehen, anzuhören? Belieben Euer Majestät nicht vielleicht sich . . .

Zar   *winkt mit der Hand, daß sie schweigen* Auftragen, herrufen.

Kesselbrodel   Auftragen, herrufen. *Zum Zaren* Sofort, sofort, sofort, sofort, Augenblickchen!

Generäle   *laufen auf Zehenspitzen, traben, hinken* Aber schnell! . . . Warte . . . Du bleib da, man kommt ohne dich aus! – Warte doch . . . Oh, mein Lieblingshühnerauge, Hundsteufel!

Man bringt Weintrauben, einen Apfel, aber natürlich ist beim Zaren jede Weintraube so groß wie ein Apfel und ein Apfel wie eine Melone. Herein drei Wundermänner – die Chaldäer. Der Zar kaut träge an dem Apfel.

Erster Chaldäer   *musiziert und singt*
Drita-drita-drita-drita,
munter dem Archimandriten
gibt der Floh keine Ruh.
Hat die Nacht hindurch gebissen
in dem Bett immerzu.
Nahm der Floh Quartier beim Zaren,
der zuckt und der ruckt
hin und her und so und so,
aber findet nicht den Floh . . .

Der Zar hört zu kauen auf, runzelt ärgerlich die Stirn. Kesselbrodel zupft erschrocken an dem Singenden, daß er aufhört.

Kesselbrodel *läuft zum Zaren, knicksend* Mißvergnügt Euch nicht, Euer Majestät. Sind eben Narren. Wie es ja auf russisch heißt: Narren schreiben die Gesetze, klarer Fall. *Zu den Chaldäern* Heda, ihr, mal was Lustiges jetzt!

Erster Chaldäer Sofort. *Stülpt sich vor den Augen des Publikums Brille und Bart auf.* So, jetzt bin ich es, englischer Chemiker-Mechaniker, holländischer Arzt-Apotheker. Meine Wissenschaften möchte ich hiermit erwähnen, daß nicht die Greise vor Langeweile gähnen; die Greise werde ich im Ofen in Jünglinge verwandeln, jedoch die Gehirne dabei ganz und gar nicht verschandeln. Von nah und fern sollt ihr zu mir reisen und meine Wissenschaften überall preisen!

Zar Na und nu? und nu?

Der Dritte Chaldäer wirft das Oberkleid ab und erweist sich als Greisin. Der Zweite Chaldäer fährt sie auf einer Schubkarre zum Arzt.

Die Alte *gibt ihm ein Papier* Hier, bittschön, mein Dokument: Auf- und abgerundet fehlt mir ein Jahr am Hundert. Ich wünsche keine Alte zu bleiben, sondern wünsche es mit den Jungen zu treiben.

Arzt-Apotheker Steig in den Ofen, Samenewna. Nu, Herr und Heiland, nach vorn nicht eile, zurück nicht ziehe, die Mitte fliehe.

Die Alte steigt in den Ofen. Der Arzt pfeift auf zwei Fingern – die Alte kommt hinter dem Ofen hervor als junges, fesches Mädchen, küßt einen General, dann den zweiten, greift sich den dritten und beginnt einen Tanz mit ihm. Die Generäle husten, versuchen freizukommen.

Zar Ach, ach, ach. *Klatscht sich auf die Schenkel, lacht.* Fahrt zur Hölle – ein spaßiges Volk seid ihr, stimmt schon!

Arzt-Apotheker So ist es – mit der Stimme tanzen, mit den Füßen singen, vom Wasser voll, vom Kwas gleich toll.

Zar Na, was ist, Wundermänner, noch mehr Wunderwerke?

Arzt-Apotheker Warum nicht? Etwas Geduld — und wir wirken Wunder. *Flüstert mit dem Zweiten Chaldäer, der geht aus dem Saal und verkleidet sich draußen vor den Augen der Zuschauer als Kurier. Der Zar kaut. Kesselbrodel steht da und bohrt sich in der Nase.*

Zar *streng* Graf Kesselbrodel, wie oft wurde Ihnen gesagt, daß Sie nicht offiziell in der Nase zu bohren haben!

Kesselbrodel Ich . . . ich . . . ich, das ist nur so, der Motion wegen . . .

Zweiter Chaldäer, als Eilkurier, klopft an von draußen.

Zar Wen bringt uns der Pferdefuß da noch an? *Zu Kesselbrodel* Graf, geh, sperr auf!

Kesselbrodel, mit knicksenden Knien, geht öffnen. Der Eilkurier tritt ein. Der Arzt-Apotheker zwinkert ihm zu.

Wer bist du denn?

Eilkurier Euer Majestät Eilkurier, habe die Ehre! Bin eben aus England angekommen — ganz frisch.

Zar So! Nu, Tach auch. Na da. Komm her, komm her zu mir.

Der Eilkurier tritt näher.

Und von was ist dein Zifferblatt so verquollen?

Eilkurier Das ist dadurch, weil ich auf dem Meer gefahren bin, hat sich bei mir durch das Wasserwippen eine Meerschweinchenpest herausgestellt.

Zar Hauch mich mal an! Komm her, hierher. Hauch! — Vater Noah!

Eilkurier Sehr wohl, Majestät!

Zar Red schon: kommst du mit Gutem oder Bösem an?

Eilkurier Mit Bösem — böser gehts nicht. Die machen einen Wind in England — da bleibt einem die Luft weg. Bei euch, sagen die, da ist doch nicht Rat noch Tat . . .

Kesselbrodel stubst den Eilkurier von hinten an. Die Generäle beginnen alle auf einmal sich zu räuspern.

Zar Ihr, Krächzer, seid still. Nachher passierts — und ihr geht zu Bruch. *Zum Kurier* Sprich. Aber die ganze Wahrheit, sonst gibts bei mir . . . verstanden?

Eilkurier	Die protzen: Euer Staatsschatz ist gegen unsern – Null, eure Geschütze sind gegen unsre – Witze.
	Der Zar runzelt die Stirn.
Kesselbrodel	Mißvergnügt Euch nicht, Euer Majestät: er lügt. Das hat ihm nur die Angst vorgesponnen. Wie unser Sprichwort sagt: Getretene Hunde beißen nicht. Klarer Fall!
Zar	Hilfsrusse du. Augenblicklich den Staatsschatz her. Werden ja sehen, ob er lügt oder nicht.
Kesselbrodel	Den Staatsschatz bringen!
	Die Generäle laufen, holpern nach dem Staatsschatz. Mit ihnen gehn der Erste und der Dritte Chaldäer.
Zar	*zum Eilkurier* Und was noch? Rede, ist egal.
Eilkurier	Und dann protzen sie: Eure Fräcke – gegen unsre sind Säcke, und eure Meister, denen putzen unsere englischen-deutschen doch die Nase.
Zar	Was? Die englischen – unsren? Du wirst mir . . . ich werd dir . . .
Kesselbrodel	Mißvergnügt Euch nicht, Euer Majestät: der lügt, klarer Fall. Was heißt hier – Deutscher! Wie unser russisches Sprichwort sagt: Die Deutschen hat sich der Affe ausgedacht!
Zar	Ja, dich hat sich freilich der Affe ausgedacht. Mach lieber die Truhe auf, statt die Nuß vom Baume zu schwatzen!
	Kesselbrodel öffnet die Truhe mit dem Staatsschatz. Der Zar steigt, untergefaßt an den Ellenbogen, vom Thron, hockt sich vor die Truhe, kramt den Staatsschatz durch. Von der Seite rücken einige Generäle an die Truhe heran.
	Zu den Generälen He, haltet Abstand, ihr da – es bleibt vollständiger.
Kesselbrodel	Euer Majestät, dem Dieb brennt der Hut im Wasser nicht und geht im Feuer nicht unter, da könnt ihr unbesorgt sein. Aber das ist nun ein völlig klarer Fall.
Zar	*zieht eine Schatulle heraus* Und was ist das für eine besondere Schatulle mit sieben Schlössern hier? *Dreht sie, versucht zu öffnen.*
Eilkurier	*summt*

Der zuckt und ruckt
hin und her und so und so . . .

Zar Wa-as war das da? *Hält dem Eilkurier die Schatulle hin.* Sperr auf du, Freundchen.

Eilkurier Das machen wir im Schlaf. *Öffnet die Schatulle und gibt sie dem Zaren.*

Hin und her und so und so,
aber findet nicht den Floh . . .

Der Zar hat aus der Schatulle eine brillantene Nuß herausgezogen, dreht sie und öffnet sie mit Mühe.

Generäle *gucken, recken die Hälse* Hat sie auf! Eine Nuß! eine brillantene. – Aus der Nuß, aus der Nuß schüttelt er! – Sich aufs Händchen – aufs eigenhändige . . . Was, was? Einen Fl . . . Floh . . . Gibts das denn? Einen Floh, guck! – Einen Floh, bei Gott, einen Floh!

Zar *steht auf. Zu Kesselbrodel, streng* Was heißt denn das nun wieder? Warum hältst du hier einen Floh in dieser Aufbewahrung?

Kesselbrodel Mißvergnügt Euch nicht, Majestät. Verstatten, ich werfe ihn hinaus.

Zar Nein, halt, Bruder. Das hat Zeit, das Hinauswerfen. Da stimmt was nicht, da steckt etwas dahinter. Irgendein geheimer Winkelzug . . . *Betrachtet den Floh.* So was aber auch! Ganz die Flohnatur, wie sie ist, es ist ein Floh! Na, sag doch mal! Nein, hier muß jetzt einer her – mit Gehirnkonstruktion. Also paßt auf, holt den holländischen Apotheker von der Anitschkow-Apotheke. Hurtig!

Kesselbrodel *zu den Generälen* Apotheker holen!

Zar *zu Kesselbrodel* Wieso eigentlich hältst du Flöhe im Staatsschatz, Bruder? Und der ist auch noch verreckt und kalt! Na, warum sagst du nichts? Äußere dich dazu!

Kesselbrodel Euer Majestät . . . erlaubt, ich werde statt des verreckten einen lebendigen vorweisen. Moment-Moment-Moment . . . *Greift sich ins Hemd, sucht.*

Zar Na, mit dem macht man was mit! Pavian!
Man zerrt den holländischen Arzt-Apotheker an den Oberarmen herein.

Arzt-Apotheker	O mein Gott, Majestät, ich will es nicht wieder tun, vergib, sei mir gnädig!
Zar	Recht so! Ich bin gnädig. Und du dafür wirst herausfinden, was für ein Unikum wir hier aufgespürt haben. Keiner weiß es. Du hast doch sämtliche Chemie durchsimuliert – du mußt wissen, wie und was.
Arzt-Apotheker	*zieht einen Zollstock heraus, mißt den Floh der Länge nach und quer, beschaut ihn* Erstens, es handelt sich um ein sogenanntes Tier, einen – Verzeihung – Floh, für meine Begriffe, welcher Blut saugt, übereinstimmend mit der Wissenschaft, bei Menschen schlechthin, sogar unter Umständen beim Vieh – ohne Unterschied.
Zar	Na, solch eine Knifflichkeit ist keine große Chemie. Komm zur Sache, sonst nämlich . . . verstanden?
Arzt-Apotheker	Oh, verstanden, verstanden! *Kneift die Augen zu, prüft den Floh auf der Zunge.* Zweitens . . . Hm! Übereinstimmend mit der Wissenschaftstemperatur spüre ich auf der Zunge Kälte, so wie von einem festen Metall. *Prüft mit den Zähnen.* Drittens . . . *denkt nach.*
Zar	Nun?
Arzt-Apotheker	Wie es euch immer beliebt, nur das ist kein wirklicher Floh.
Zar	Was denn dann, wenn kein Floh?
Arzt-Apotheker	Es ist nämlich, übereinstimmend mit der Wissenschaft, ein sogenanntes Nymphosorium, in Floh-Gestalt. Und erzeugt ist es aus echtem Eisenstahl, und zwar keine Arbeit aus Rußland, sondern dem Ausland. Und mehr kann ich Euch zu diesem Tatbestand nicht auseinanderlegen.
Zar	Nicht viel! Na, immerhin was. Geh in deine Apotheke.
	Der Arzt-Apotheker rückwärts mit Verbeugungen hinaus.
	Graf Kesselbrodel, jetzt paß auf: Wenn du mir nicht sofort klärst, wie dieses ausländische Nymphosorium in meinen Staatsschatz kommt, und in welcher Angelegenheit – blüht dir, Flöhe und Kakerlaken im Kerkerloch zu füttern.

Kesselbrodel	Euer Majestät – ich kläre: Gib nur einen Tag Zeit. Ein Tägelchen, guck, so ein kleines bloß!
Zar	Nicht eine Stunde gebe ich dir. Auf der Stelle sollst du!
Kesselbrodel	Sofort, sofort ... Gestatten, Fräulein Samenewna zu rufen, ihr fehlt ein Jahr am Hundert, – auf- und abgerundet. Vielleicht kann sie sich an was mit dem Floh erinnern. Wenn nicht einmal ihr etwas einfällt, dann braucht man andere auch nicht mehr zu fragen, der Fall liegt klar.
Zar	Also gut, von mir aus: ruf sie.
Kesselbrodel	Samenewna!
Generäle	Samenewna, Samenewna!
Samenewna	*springt auf, geht zum Zaren, knickst* Habe die Ehre, Euer Majestät.
Zar	Nu, Tach auch, hm. Weißt du nicht was von diesem Dingsda: eine brillantene Nuß, und in der Nuß – ein Floh?
Samenewna	Froh? Freilich froh, Väterchen, das stimmt schon. Bloß, das einzige, was noch ist, ich hör etwas schlecht, muß ich sagen.
Zar	*winkt ab* So was! Da haben sie sie schon durchs Feuer gescheucht, und was hats genützt. Floh, hab ich gesagt, ich habe gesagt: Floh! na?
Samenewna	Oh, mein Casanova? Gott, ich bin ja zwar nicht die Jüngste, aber den brauch ich nun mal. Ist denn das Sünde? Eh nicht mein Wassili Iwanowitsch zu mir unter die Decke kriecht, schlaf ich einfach nicht ein, ohne Wasja, meinen kleinen Casanova. Den Angorakater mein ich.
Zar	*wird böse* Hinaus! Geh mir aus den Augen! – Wegbringen, daß die Luft rein wird von ihr! *Man führt Samenewna hinaus. Der Zar zeigt, an die Generäle gewandt, mit dem Finger auf Kesselbrodel.* In den Kerker mit ihm, fristlos! *Als erster läuft der Kammerherrliche General zu Kesselbrodel und packt ihn am Kragen, die anderen folgen ihm.*
Kesselbrodel	*sich losreißend* Euer ... Euer Majestät ... verstatten ... Au, sofort-sofort-sofort ...
Zar	Na?

Kesselbrodel	Verstatten, aufs letzte zu versuchen, im Schatz-register nachzusehn – vielleicht ist dort was ver-zeichnet.
Zar	Na gut, guck nach, von mir aus.
Kesselbrodel	Gib das Buch.

Zwei Generäle reichen ihm ein riesiges Buch.

Kesselbrodel	Sofort-sofort-sofort, Momentchen! Eff, eff . . .
Erster Chaldäer	*hilft ihm suchen* Da.
Kesselbrodel	Da: »Flöhe.« Ich habs, das ist es.
Zar	Lies schon, sieh zu, sonst wirst du mir . . . weißt Bescheid?
Kesselbrodel	*liest* »Mittel gegen Flöhe«. Hierzu nehme man, be-vor man sich zu Bett begibt, vom allerbesten Bie-nenhonig und trage den Honig reichlich auf das Laken überall auf, und sodann werden an diesem Laken alle Flöhe unvermeidlich ankleben. Wenn jedoch, unverhofft, an dem Laken ebenfalls eine Person entweder männlichen oder weiblichen Ge-schlechts anklebt oder beide gleichzeitig, so möge man darob sich nicht beunruhigen – sondern im Ge-genteil . . .
Zar	*drischt mit der Faust* Was fällt dir ein – machst dir wohl einen Spaß mit mir? Ich verpaß dir einen Spaß, daß du ihn bis in die Puppen nicht vergißt! Fest-nehmen!

Die Generäle führen Kesselbrodel ab, sich losreis-send, schreit er.

Kesselbrodel	Oh, Euer! Oh, Kaiserliche! Oh, Ma! Oh, jes! Oh, tät!
Kammerherrlicher General	Siehste, siehste! Neee, Bruder!
Samenewna	*kommt von hinten, jammert* Oh, Gottachgott! Du unser Schöner . . . In was für einer Welt läßt du uns allein . . . Väterchen!

Der Zug stößt in der Tür mit Platow zusammen – der marschiert, soldatisch mit den Stiefeln knallend.

Kammerherrlicher General	Wohin, wohin – unangemeldet? Halt!
Platow	*hebt eine furchterregende Faust* Schnau-z . . . *be-sinnt sich* So und so: Habe die Ehre, zum Zaren, extrem. Donkosak Platow.
Kammerherrlicher General	Was für ein Extra da noch? Der Zar hat genug um die Ohren.

Platow	Indem daß nämlich in Petersburg ist eine Volks-unruhe, ein unbekannter Floh soll aufgetaucht sein, darum ist es Pflicht, das zu melden. Laut Eid.
Kesselbrodel	*fällt Platow um den Hals* Mütterchen, Bruder, Vaterherz. Du hast mir den Kopf zurück auf die Schultern gesetzt! Hast mich bewahrt! Kommit-kommit-kommit! *Zieht ihn hinter sich her in den Saal, schreit* Ah, jetzt weiß ich es, weiß alles, Euer Majestät, . . . alles, alles, alles – alles, alles.
Zar	Na denn spuck aus, was du weißt – ha?
Kesselbrodel	D-d-das weiß er, er weiß das *zeigt auf Platow.* Sofort-sofort-sofort, Momentchen . . . Euer Maje-stät . . .
Zar	*zu Platow* Komm schon her auch. Wer bist du?
Platow	So und so: Donkosak Platow, Ha-die-Ehr-Eu-Mei-stät!
Zar	Nu, Tach auch, na da. Und was willst du, alter Kämpfer? Mach schon, sprich, – wir haben Staats-sachen hier.
Platow	*brüllt* Jawoll, Eu-Meistät! *Die Generäle schrecken zurück.* Ich meinerseits trinke und esse, was ich will, und bin zufrieden mit allem, laut Eid, von mir aus wär nichts. *Verschlingt den Zaren mit den Augen.*
Zar	Und wenn von dir aus nichts, was willst du dann?
Platow	So und so: indem, daß nämlich eine Volksunruhe ist, aufgrund des unbekannten Nymphosoriums in Euer Meistät Staatsschatz. So, mit Verlaub, weiß ich über diese Staatssache alles am besten. *Ver-schlingt ihn mit den Augen.*
Generäle	*Zwischen den Generälen züngelt der Erste Chal-däer hin und her wie der Teufel.* Das gibts nicht! Jetzt kommt der Fachmann. Der hats im Griff. – Was war? – Wieder aufs Hühner-auge, Mensch! *Drängen sich, legen horchend die Hand ans Ohr.*
Zar	Oh, du weißt es wirklich? Nu-nu-nu, melde!
Platow	Habe die Ehre: als nämlich wir, Euer Meistät Papa und Ich, durch denen dort ihre mehreren Europa die Seltenheiten ansehn gefahren sind im sobenann-ten England, Stadt London, die Einwohner männ-

lichen und weiblichen Geschlechts nichtrussischen Glaubensbekenntnisses . . .

Zar   Sag mal, Französisch kannst du auch, oder – bist doch gefahren?

Platow   *brüllt* Jawoll, Euer Meistät! Französisch können wir nicht, weil ich, wie gesagt, ein verheirateter Mann bin, laut Eid, und uns sind französische Unterhaltungen zu nichts als bloß Anstandswidrigkeit . . .

Zar   Weiter! Weiter!

Platow   So und so: denen dort ihre Engländer führten Euer Meistät Papa ihre Verwunderungen schadensüchtig vor. Die Örtlichkeit, sobenannte Kunstkammer, wo denen ihre Vitrinen sind und Bildhauereien männlichen wie weiblichen Geschlechts, und so auch eben dieses Nymphosorium in der Gestalt eines stählernen Flohs . . . habe die Ehre!

Generäle   Ah-ah-ah! – Ah-ah!

Zar   Nu-nu-nu-nu?

Platow   Und, demzufolge, hat dieser selbe Floh beliebt, Euer Meistät Papa so zu gefallen, wie vom Donner gerührt und ach und ach und ach. Weil nämlich denen ihre Engländer, aber unsere Mutter Rußland, da sind wir verpflichtet, für Thron-und-Vaterland laut Eid . . .

Zar   Weiß ich, weiß ich! Von dem Floh sprich!

Platow   *brüllt* Jawohl, von dem Floh, Euer Meistät! Und, demzufolge, hat Euer Meistät Papa befohlen, den Engländern per Einnahmen-Ausgaben eine Million Rubel in silbernen Fünfkopekenstücken auszuhändigen, infolgedessen denen ihre Engländer dort diesen Floh natürlich als Geschenk darbrachten und zum Floh ein Gratisschlüsselchen.

Zar   Ja, sage mal bitte! Und wofür das Schlüsselchen? Und wo ist es?

Platow   So und so, gestatten, die brillantene Nuß mir in die eigenen Hände zu nehmen.

Der Erste Chaldäer stachelt die Generäle an.

Generäle   Mir auch! Mir auch!

Zar   Scht-scht, werdet ihr! *Zu Platow* Nimm, tu mir die Liebe.

Platow	*nimmt sie, zeigt sie dem Zaren* Und hier, wie gesagt, zur beliebigen Ansicht, ein Schlitz – kein Schlitz, sondern fürmeinswegen ein Mücken- *räuspert sich* loch. Und in dem Schlitz ist das Schlüsselchen.
Zar	Man siehts irgendwie nicht!
Platow	Jawohl, Euer Meistät. In den Abmessungen eine technische Verwunderung. Setzt man aber mit diesem unsichtbaren Schlüsselchen am Wänstchen des Flohs die Bauchmaschine in Betrieb, wird sich dann sogar, melde gehorsamst, die Übernatur ereignen.
Zar	Wahrhaftig?
Platow	Wahrhaftig in Gott! So daß von diesem Betrieb der Floh zu hüpfen anfängt in jedem beliebigen Raum und dansedanse macht, und sogar zwei Verratzónen nach rechts und zwei nach links.
Zar	Bei Gott, ja?
Platow	Ja, bei Gott. Gestatten zu probieren.
Zar	Lügst du nicht?
Platow	Na vielleicht lüge ich!
Zar	Probiers, tu mir die Liebe!
Platow	*versucht mit seinen groben Händen das unsichtbare Schlüsselchen zu fassen* Hach, du, verfluchter! Läßt sich nicht greifen.
Generäle	Von unten, von unten herauspuhlen. Seitlich! Ja-ja-ja! – Komm schon! – Komm schon! – Hach!
Platow	Mist! Nein, damit kann nur das Weibergeschlecht leichtfertig werden: Bei ihnen sind die Finger wie Flohfinger, welche sogar einen Faden in eine Nadel kriegen. Wir aber vermögen das nicht.
Zar	*blickt um sich* Du da . . . Samenewna! He du!
Generäle	Samenewna! Samenewna!
Samenewna	Hier!
Zar	Guck mal da – das Schlüsselchen, versuch mal, faß es – so hier – mit den Fingerchen.
Samenewna	Mit den Jüngelchen? Nicht doch! Nicht doch! Nicht doch! Du bist mir einer!
Zar	Taube Wachtel! Dann erklärts ihr mit den Händen irgendwie! *Die Generäle und Kesselbrodel erklären Samenewna um die Wette mit den Händen, daß der Floh aufgezogen werden soll, und daß er dann tanzt.*

Samenewna Ah-ah. Ich höre – höre! Sofort, sofort!
Zieht den Floh auf. Der Floh springt zur Musik auf dem Boden. Der Zar, Kesselbrodel, die Generäle und die Samenewna in der Hocke, bäuchlings und auf allen vieren hinter ihm her. Der Erste Chaldäer führt bei diesem Ballett Regie. Platow steht so stramm wie vorher.

Zar Teufel, die unreine Kraft! Hüpft ja tatsächlich!

Generäle und Kesselbrodel Guck, guck! – O-o! Schwenkt linksum! Auf mein Lieblingshühnerauge, glatzköpfiger Satan! – Sagt mir der Kahlkopf. – Da, da – jetzt tanzt er Quadrille!

Zar Der tanzt! Ach-ach-ach! Das geht mir ein! Das ist eine feine Arbeit! Das sind Meister! Ja.

Eilkurier *zum Zaren* Wundermänner, was? Eben drum ja! Ich vermelde Euch: Die machen einen Wind in England – da bleibt dir die Luft weg. Aber der *äfft Kesselbrodel nach*: Er lügt, er lügt.

Zar Stimmt. *Kratzt sich im Nacken.* Was macht man da? Was wird nun? *Zu Kesselbrodel* Wie konntest du das zulassen, daß die Engländer die Russen überragen?

Kesselbrodel Ich . . . ich bin nicht ich . . . *zeigt auf Platow.* Da – der ist es.

Kammerherrlicher General Zieht den Schwanz ein, der Deutsche.

Zar *zu Platow* Also?

Platow So und so: laut Eid, auf dem Feld-der-Ehre-Vaterland . . .

Zar Nicht doch! Über den Floh, den Floh! Na Mensch, Bruder!

Platow Habe die Ehre, daß uns darüber zu staunen mit dem Jubel der Gefühle allein keineswegs ansteht. Weil wir nämlich in nichts den Engländern nachstehen, sondern sogar im Gegenteil und in voller Hinsicht.

Zar Nu-nu-nu?

Platow Und demzufolge ist geboten, dieses selbe Nymphosorium einer russischen Überprüfung in der Stadt Tula unseres Vaterlandes zu unterwerfen. Weil nämlich unsere Tulaer Meister denen ihren auf die Sprünge helfen. Und wenn betreffs gegebenenfalls –

dann hier . . . habe die Ehre! *Zeigt die riesige Faust,*
die Generäle fahren zurück.

Zar Das gefällt mir. Nun, tapferer Kämpfer, ich danke
dir, du hast mich getröstet. Nimm jetzt hier diese
Schatulle und in der Schatulle die brillantene Nuß
und in der Nuß den Floh und rück ab zum Stillen
Don. Und wenn du wirst über Tula fahren, gib das
englische Nymphosorium den Tulaer Meistern zur
Revision. Aber paß auf, daß du mir nach vierzig
Tagen, vierzig Nächten . . .

Kesselbrodel *nickt die ganze Zeit holdselig* Ja, ja, ja. Nach einem
Paar Wochen – wie wir auf Russisch bei uns sagen.

Zar Sei still, Deutscher, schrumpf ein! *Zu Platow* Daß
du mir zurück bist nach vierzig Tagen und vierzig
Nächten. Und zeigen es deine Tulaer Meister den
Engländern – bitte, um was du willst, zeigen sies
nicht – bist du deinen Kopf los.

Platow *brüllt* Jawohl – kopflos, Euer Meistät! *Unmilitä-*
risch Aber wenn sich mein Kopf schon unter Euer
Meistät Papa hat auf den Schultern halten können,
kommt er wohl auch jetzt heil davon.

Zar Tapfer, tapfer! Hast du mal gehört auch: prahle
nicht vor der Schlacht?

Platow Jawohl, Euer Meistät. Sondern nach diesem . . .
Schlachtfeld-der-Ehre-Vaterland . . .

Zar Weiß schon, weiß schon. Reicht! Wann fährst du
denn?

Platow Sofort fahr ich. Lauf nur noch einen Wodka trinken
und eß eine Brezel. So und so: guten Appetit!

Erster Chaldäer *zum Publikum* Und Ihnen ebenfalls, verehrteste
Herrschaften!

Zweiter Akt

Tula. Spielzeugkirchen, gürtelhoch. Links auf der Bühne ein Lattenzaun. Die drei Chaldäer treten auf. Der Erste Chaldäer schnallt den Wunderkasten vom Rücken und stellt ihn auf einem Ständer auf.

Erster Chaldäer   *zum Publikum* Die Vorstellung wird fortgeführt! Verehrte Herrschaften, ich bitte darum, der Geselligkeit wegen ihre Fünfer zu unserem Groschen zu legen. Ein Kopekchen pro Schnute sei uns verehrt!

Ein forsches Mädel   *kommt gelaufen, sieht die Chaldäer, ruft* He, hierher, hierher, Mädels, Mädels, macht schnell! Die Wundermänner sind gekommen, die Chaldäer mit dem Kasten. Hierher, hier!
Von verschiedenen Seiten eilen die Tulaer, jung und alt, herbei. Linkshänder Lewscha kommt allein, mit einer Ziehharmonika, dudelt – hält sie ans Ohr, lauscht, wie es dort ist, innen. Man stellt ihm ein Bein, er fällt. Gelächter. Steht auf. Nimmt die Mütze ab, schneuzt sich in sie und setzt sie wieder auf. Die Mädchen stoßen sich mit den Ellbogen an, kichern, zeigen auf Lewscha.

Mädchen   Lewscha! Lewscha! Guck dir den an!

Erster Chaldäer   Ein Kopekchen pro Schnute – ein Kopekchen pro Schnute sei verehrt! *Einige Tulaer vor der Scheibe des Wunderkastens.* Hier bitte, Herrschaften, belieben zu sehen ein Bild, gleichermaßen neu wie bedeutsam: Donkosak Platow kommt geradenwegs aus dem Thronsaal des Imperators herangeflogen auf einer Troika, als ob ihn der Teufel verbleut hat, und eine Staubsäule vor dem Lauf und eine Laterne darauf, und unter der Laterne steht geschrieben med ona schwoazn Dindn: »Vor mir ist koane Rettung zu findn.«

Tulaer	*blicken durch die Scheibe* A-ah! Der galoppiert! Der peitscht! Diese Mordsfäuste!
Erster Chaldäer	Und jetzt belieben anzusehen das freudige Treffen unseres russischen Gesandten mit denen ihrm französischen – in dem ausländischen Paris oder näher irgendwo als dies.
Forsches Mädchen	*blickt in den Kasten* Guck doch! Aber warum heulen die denn beide so?
Erster Chaldäer	Das ist, meine Schönste, vor Freude, denn getrennt waren sie sieben lange Jahr, bis im achten dann die Begegnung war.
Tulaer	*gucken* Ach, die Ärmsten! Nicht mitanzusehen!
Erster Chaldäer	Und hier also ist günstig zum Ausdruck gebracht: Der Kriegsminister reitet inmitten der Schlacht, auf einem Schimmel.
Tulaer	Ja-a, tatsächlich . . . Aber wo ist das Pferd?
Erster Chaldäer	Du denkst wohl, er darf nicht mal absteigen, was? Und wenn er zum Beispiel krank wird?
Tulaer	Das ist was anderes . . .
Erster Chaldäer	Jetzt eine andere Moritat. *Packt Lewscha am Kragen und zieht ihn hinter den Kasten.* Mein Kneipkamerad – der berühmte Waffenschmied Lewscha, reichster Mann von Tula. Was Exzellenz in den Taschen haben – in der rechten einen Floh an der Leine, in der linken die geweihten Gebeine der unverweslichen Küchenschaben – treten Sie bitte näher zur Ehrerweisung.
Forsches Mädel	Mädels, Mädels! Lewscha zeigen sie im Kasten! Ja, sieh doch nur!
Lewscha	*reißt sich los* Na, na – laß mich! Ich will das auch sehn! *Geht um den Kasten herum, guckt durch die Scheibe.*
Erster Chaldäer	*zwinkert dem Dritten zu, der wirft das Obergewand ab, steht als Mädel Maschka da.* Jetzt eine andere Moritat: Mädel Maschka, Tochter aus vornehmem Kaufmannshaus, weiß in der Nacht nicht ein noch aus, sehnt sich nach ihrem Herzensfreund Lewscha so unsäglich, daß sie weder Speise noch Trank nimmt täglich, wovon sie lebt, kann niemand verstehn, aber ihr Aussehn ist wunderschön.
Lewscha	*blickt aufgeregt durch die eine, dann durch die an-*

dere Scheibe Hach, hach! Lieber Gott! *Blickt über den Kasten hinweg, Maschka steht und bedeckt ihr Gesicht mit den Händen.* Maschka, unmöglich! — Das bist ja echt du!
Die Tulaer ringsum lachen.

Mädel-Maschka Wer denn sonst. Allerdings.

Lewscha *freudig, lacht* Höhöhö! Maschka, die Maschka!

Mädel-Maschka Was?

Lewscha Maschka, gehn wir uns vergöttern!

Maschka Gehn wir.

Gehn umarmt nach links hinter den Zaun und vergöttern sich dort. Die Mädchen stoßen einander mit den Ellbogen an, gucken durch die Ritzen und kichern.

Mädchen Guck doch bloß, guck doch: auf den Mund. — Knutschen! — Aber richtig!

Erster Chaldäer Andere Moritat, ein Tulaer Kaufmann, Vater von Maschka. Hat die Weisheit nicht gefressen mit Löffeln, aber zählt sein Geld nach Scheffeln. Die V-v-v-or-stellung geht weiter! *Zeigt auf den Zaun, der Zweite Chaldäer hat sein Oberkleid abgeworfen, stößt im Kaufmannskaftan das Volk beiseite und geht zum Zaun.*

Kaufmann Beiseite — sucht das Weite! Schert euch — kehrt euch! Seht ihr denn nicht, daß ich hier in eigener Person komme? Laßt sehn, was da ist! *Guckt durch die Ritze, wird fuchsteufelswild.* Das ist ja meine Maschka — ach, du Sumpfhuhn! Das ist ja Lewscha — ach, du Hahn! *Will durch den Zaun, will über den Zaun steigen, es geht nicht.* Paß auf du! Paß auf du!

Alter Tulaer Gott helf dir, was mußt du geradeaus, wenn es drumherum näher ist.

Kaufmann Ist auch wahr . . . *Läuft herum, stürzt sich auf Lewscha.* Ach du, Kreatur, Lumpenkerl, Nacktarsch! Wie kommst du dazu, hier mein Mädel zu vernaschen, na?

Lewscha *hierhin, dorthin, versucht zu entkommen. Verzweifelt* Oh, ich schwöre dir aufs Kreuz, ich heirate deine Maschka. *Bekreuzigt sich mit der linken Hand.* Hab ich denn etwa . . . das war doch nur . . .

	na . . . gleich jetzt heirate ich. Gehn wir in die Kirche, gehn wir!
Kaufmann	Du schiefgewickelter Linkshänder! Kannst ja nicht mal ein rechtes Kreuz schlagen! »Ich hei-ra-te!« Maschka, du kommst her! *Geht drohend auf sie zu.*
Lewscha	*beleidigt* Und wenn ich meinetwegen auch ein Linkshänder bin, aber technisch gesehen . . . da macht uns keiner was vor.
Kaufmann	Äh, Mistfink du! Nein, erst legst du mir, Nacktbauch, hundert Goldrubel hin, dann in Silber dreißig und in Papierchen eindreiviertel Pud. Und dann kriegst du auch deine Tracht, du Ohnehos! Maschka, auf der Stelle kommst du!
Mädel-Maschka	Ich komme nicht! *Versteckt sich hinter Lewscha.*
Lewscha	*versteckt sich hinter Maschka* He, sie greifen an! Hierher, Samson, hier!
Samson	*kommt, streift die Ärmel hoch* Ich kann. Wen?
Kaufmann	*kleinlaut* Mich.
Erster Chaldäer	*feuert sie an* Na, na?
	Ein paar Tulaer stürzen herbei, rufen:
Tulaer	Jesses, Brüder, die kommen – hierher, zu uns! – Mädels, versteckt euch! Oh, die kommen – lauf!
Forsches Mädel	Soll ich auch gehn?
Erster Chaldäer	Dumme Frage. Lauf, was du kannst.
	Alle stieben auseinander, zum Zaun, unter den Zaun. Der Erste Chaldäer schiebt jemanden durch, verdeckt einen anderen und bleibt selbst stehen. Von fern kommt Lärm, Pferdegetrappel, mit Johlen und Pfeifen fliegen die Kosaken auf Holzlatten mit Pferdeköpfen und Bastwisch-Schwänzen herein. Platow im Schlitten, neben dem Schlitten die Pfeifer mit den Knuten. Sowohl Platow selbst, halbaufgerichtet, als auch die Pfeifer peitschen das Dreigespann. In voller Fahrt schreit Platow: »Halt-halt-halt, Bestien!« Hinter dem Zaun und hinter Erdbuckeln hervor lugen Köpfe, als die Troika hält, tauchen sie wieder unter.
Platow	*steht im Schlitten, blickt sich grimmig um* Aaaah, weg? Haben sich versteckt, die Tulaerchen, sich in die Schabenlöcher hineingestopft? Pfeifer, he! Alles

	herjagen! *Zum Ersten Chaldäer* Und du, was stehst du hier, wer bist du?
Erster Chaldäer	Ja, wir zeigen hier im Kasten Euer Gnaden und mehr dergleichen Legenden in Personen.
Platow	*zum Ersten Chaldäer* Wa-as?
Die Pfeifer	*springen, treiben die Tulaer wie Hasen aus den Verstecken auf* He, scheucht sie! Scheucht sie! Ta-ta-ta-ta! – Scheucht sie auf! *Pfeifen.* He-he-he!

Die zusammengetriebenen Tulaer stoßen Jegupytsch, einen Greis, der aussieht wie Gottvater, und Samson, den Stierriesen, aus ihrem Haufen nach vorn. Platow steigt auf die Schlittenbank, nimmt einen Schluck aus seiner Feldflasche, stemmt die Brust heraus und beginnt.

Platow Also, Brüder, so und so. Indem also die Zeit für uns gekommen ist, die eigene Brust hinzuhalten. In Anbetracht, daß unser Mütterchen Rußland, Auf-dem-Felde-der-Schlacht-Vaterland, demzufolge, laut Eid. Und wenn zum Beispiel denen ihr englischer Floh gegenteilig unserem, dann demnach sind wir verpflichtet, bis zu unserem letzten Tropfen alle wie ein Mann. Und ich habe Befehl, euch zu übermitteln Sein gnädiges Zarenwort ... *Brüllt* Daß mir das gemacht wird! *Sanft* Nämlich, er ist der Vater, wir die Kinder ... *Brüllt* Und betreffs was sein sollte bei mir – dann hier *droht mit der Faust.* Und demzufolge, Rechtgläubige, schwören wir, unser Leben hinzulegen auf dem Tatort – alle wie ein Mann. Schnau-ze! Hurra!

Die Tulaer prallen zurück, stoßen aus der Menge Jegupytsch vor.

Jegupytsch *wirft den Schlapphut ab, räuspert sich.* Na ja, nun, natürlich, Sein gnädiges Zarenwort fühlen wir wohl. Bewahre. Aber es ist uns ungewiß, wovon du gesprochen hast. Wir sind hier ein stilles, unkriegerisches Volk.

Platow *mit unkriegerischer, menschlicher Stimme* Das war doch nur so – vonwegen der strengen Ordnung. Die Sache ist die, Brüder: Unsere Tulaer Meister müssen denen ihren verschiedenen Europas dort noch die Nase putzen. Nämlich denen ihre unmögliche

Technik – und unsere Tulaer – ja, so siehts aus
nämlich. Ja. Und – äh, wer von euch hier die aller-
besten Meister sind – tritt vor, unbesorgt. Anson-
sten gibts bei mir ... *Droht mit der Faust, Lewscha
taucht zur Seite – zum Mädel-Maschka. Jegupytsch
bleibt stehen, Samson tritt vor, und man sieht,
gleich wird er die Ärmel aufkrempeln.*

Tulaer *schreien* Lewscha, Lewscha! – Samson! Jegupytsch
... – der Alte kann das ganze »Leben der Heiligen«
auswendig ... – Lewscha! Samson – der kann fünf-
hundertmal mit dem Vorschlaghammer ohne Atem-
holen. – Lewscha! Lewscha! Er, er ist bei uns
der ...

Platow Und wo ist er, dieser Lewscha?

Tulaer Da bei Maschka der! – Der Mickrige da, na mit
der Schirmmütze. Das ist unser ...

Platow *zu den Pfeifern* Schafft ihn her!
*Lewscha versucht unterzutauchen, die Pfeifer fan-
gen ihn, zerren ihn heran.*

Mädel-Maschka *beginnt zu jammern* Oh, Lewscha, mein Schöner du!
Der Erste Chaldäer tröstet sie.

Jegupytsch *zu Samson* Na, gehn wir, Samson, kommt auf eins
raus.
Sie gehn zu Platow.

Platow *blickt auf Lewscha* Tja, nicht gerade ... sieht nicht
aus wie ... *Nimmt die Schatulle und öffnet sie.* Na,
ihr Meister, seht hin! Da ist es drin, da ist alles
drin.

Jegupytsch *bekreuzigt sich* Heilige Muttergottes, Stütze der
Sünder – aber das ist doch nicht etwa ein Floh?

Samson Genau.

Lewscha Ist es ... ich meine ... Lebendig – oder krepiert?

Mädels Ein Floh! Hi-hi! Ein Floh in einer Schatulle! –
Unter Verschluß! Hi-hi!

Platow Das ist es ja, nicht lebendig, sondern, demzufolge,
die Schufte, diese Engländer, haben ihn erbaut aus
reinem Stahl, darstellend einen Floh ... Und eben
innendrin hats, das Reptil, einen Betrieb mit einer
Feder, und ziehst du ihn auf, fängt er an zu tanzen,
das Miststück.

Tulaer He, hast du gehört? Die unreine Finsternis!

Platow	Und wegen, eben, laut Eid, da hab dem Zar ich versprochen: so und so, unsere, sag ich, in Tula kriegen sie das Unding sauberer hin. Na? Macht ihrs?

Die Waffenschmiede sehen sich an, flüstern. Stoßen Lewscha in die Seite.

Lewscha	*nimmt die Mütze ab, kratzt sich am Kopf* Das ist zwar freilich, natürlich ... mal davon ganz abgesehn ... an und für sich und so, technisch, beispielsweise, da ist es ja wieder auch ... auch wieder nicht so, daß wir wenn, sondern eher ...
Platow	*brüllt* Wa-as? Ich habe den Kopf für euch verpfändet, und ihr? Ich werd euch, zu Krümeln! *Hebt die Faust.*
Jegupytsch	Du, Euer Exzellenz, rede wörtlich. Wir sind hier ein unkriegerisches Volk, aber gegen die ihre Meister, natürlich, kommen wir an. Nur die englische Nation ist auch nicht dumm, sondern ziemlich schlau sogar. Wer sich gegen die ans Werk macht, der betet erst mal – der überlegt sichs. Ja. Laß du uns diesen Floh hier und fahr mit Gott zum Stillen Don, deine Wunden heilen, die du fürs Vaterland erhalten hast, und wenn du zurückkehrst, dann haben wir vielleicht unsere Sache zu der Zeit gemacht.
Platow	Vielleicht kenn ich. Vielleicht macht sich leicht, kann sein macht sich fein. Nein, sagt mir jetzt klipp und klar: Was werdet ihr da machen.

Die Waffenschmiede flüstern miteinander.

Jegupytsch	Ja, was wir hier machen werden, das können wir dir in einer Minute vor der Zeit nicht sagen.
Platow	*brüllt* Wie, Rotz und Wasser, ihr könnt nicht? Wie werd ich euch diese englische Verwunderung hierlassen, wenn ich nicht weiß, was ihr dann damit macht?!
Jegupytsch	Laß ihn nicht hier, Euer Exzellenz – wenn du lieber nicht willst, laß ihn nicht hier: du bist der Herr. Nimm mit, in Gottes Namen. Uns schert das nicht – uns ist das alles eins. Wir kommen ohne diesen Floh aus, haben selber genug.
Platow	*wutentbrannt* Ich werd euch alle ... d ... t ... *Trampelt vor Wut.* Haut ab!

157

Alle prallen zurück, nur Samson bleibt stehn.

Halt-halt-halt! Eh du, Hüne, du heißt? Komm mal, hierher, setz dich.

Samson steigt in den Schlitten.

Na, nu, so und so, Wodka trinkst du?

Samson Kann ich.

Platow *gießt aus der Feldflasche ein* Na?

Samson trinkt und hält den Becher noch mal hin. Trinkt und noch mal. Platow will auch sich einschenken, aber die Flasche ist bereits leer.

Mensch! Fachmann. Na gut, scheiß der Hund. Erzähl jetzt, was ihr vorhabt.

Samson *ohne Eile, wischt sich den Mund, gibt den Becher an Platow zurück* Hum, danken ergebenst. Aber sagen was – kann ich nicht. Das ist das Amen.

Platow Ach du-du . . . Steig ab, runter hier! Umsonst alles ausgeschlappert. Gierschlund! Runter-runter-runter! *Zu Jegupytsch* Aber du doch, ehrwürdiger Alter, komm, setz dich.

Jegupytsch kommt, setzt sich. Platow stopft eine riesige Tabakspfeife, schielt schlau zu Jegupytsch hinüber.

Tja – ja. So und so, da werd ich wohl zu den Schlossern von Pawlowsk müssen, die machens nicht schlechter als Euereins hier. Hab zwar keine Lust, aber nicht zu ändern – was hilfts. Was muß, das muß . . .

Jegupytsch Na, dann, fahr mit Gott. Nur aber die Pawlowsker, Gott gebe ihnen Gesundheit und gute Verrichtung – sie halten sich nicht gegen unsere, nein. Wir haben hier den Lewscha – na der, was du willst, aus dem Kopf nimmt der dir alle Räder und Federn heraus wie aus der Uhr, ölt sie und legt sie zurück.

Platow Bei mir, mein Lieber, drehen sich die Federn auch so, und dein Öl brauch ich nicht. Was ich brauch, ist, daß ihr mir sagt, was ihr im Sinn habt, ob eure Federn was taugen. Darum dreht sichs. *Blickt Jegupytsch schlau an, steckt die Pfeife an. Jegupytsch steht ohne Eile auf, steigt ab.*

Halt-halt, wohin?

Jegupytsch Wir, Euer Exzellenz, sind Altgläubige und genau

von diesem Tabaksgift dreht sich bei uns der Kopf in den Beinen, ja. *Geht.*

Platow   Mist! Ach! *Guckt, wo Lewscha ist.* Na, du, Miesnick, verrußter, wie hieß er noch ... Lewscha, komm mal her und setz dich.

Der Erste Chaldäer schiebt den widerstrebenden Lewscha hinauf. Lewscha steigt ein, setzt sich.

Groben Tabak rauchst du?

Lewscha   An und für sich ... nehmen wir schon ... technisch ... nur neuerdings bei mir ... schon ein Achtel – da schon ... alles Ruß in der Brust, kann nicht mehr.

Platow   Was du nicht sagst! Und Wodka trinkst du?

Lewscha   Mal abgesehn von allem andern – wenn überhaupt ... Nur neuerdings ist das bei mir ... als wie wenn *spricht mit den Händen zu Ende: er vertrage es nicht mehr.*

Platow   Na, ich seh, du bist der schlauste von allen, Bruder. Aber die Mädels, die liebst du?

Lewscha   Das, na das ... na ... Ooooch! Ich mein – technisch! Da bin ich ... als ob wie. Das – ja!

Platow   Also höre, Lewscha. So und so: du bist so recht nach meinem Sinn. Und demzufolge, willst du? Ich freie dir das Mädel da? *Zeigt auf Mascha.*

Lewscha   *jauchzt auf, wirft die Mütze auf die Erde* Oh! Ist das auch wahr? Maschka, hörst du, Maschka?

Platow   Nein, Bruder, warte! Erst das Kummet, dann der Bauchriemen. Zuvor sagst du mir, was ihr im Sinn habt.

Lewscha   *kratzt sich am Kopf* Hm. *Schaut auf Maschka, auf Platow, schielt nach Jegupytsch.* Natürlich obzwar freilich ... *Hebt die Mütze auf, stülpt sie sich entschlossen auf.* Hach! Also ... Wirklich ... nee. Was andres ja, aber das nicht. Also nun – ne!

Platow   Ach so? He, Pfeifer!

Lewscha türmt.

Halt-halt-halt! *Platow will sich aus der Flasche einschenken, die Flasche ist leer, er wirft sie verärgert zu Boden, Splitter.* Mist! Hm, ihr Tulaer, da ist wohl nichts zu machen: seis so, wie ihrs wollt. Da, nehmts, ihr Bosnickel, u-uh!

Stößt Lewscha die Schatulle mit dem Floh hin. Sanft Brüder, meine Täubchen! Macht das nur irgendwie, so und so ... *Brüllt* Aber bei mir, akkurat! Für unsere russische Nützlichkeit – keine einzige Minute! *Sanft* Weil es, demzufolge, das Mütterchen Rußland ist ... Unsere Knochen auf-dem-Thron-der-Schlacht-Vaterland ... Und wir, die Gefallenen ... Schnau-ze! Nach vierzig Tagen und Nächten eure Arbeit dem Zaren vorzustellen, bin ich verpflichtet. Daß mir – termingerecht! Sonst ... *Hebt die Faust.* Ffffahr!

Troika   Wohin belieben?

Platow   Zum Stillen Don.

Mit Getrappel, Gejohl, Gepfeif fahren die Kosaken ab. Lewscha steht mit offenem Mund und hält die Schatulle in der Hand. Das forsche Mädel läuft hinaus, schaut ihnen mit der Hand über den Augen nach.

Tulaer   Die Faust, hast du die gesehen? – Kreuzgefährlich! *Gehen auseinander.*

Jegupytsch   Aber jetzt, Brüder, heißts: ans Werk! Das Wasser rinnt, die Zeit geht hin. Laß du jetzt mal, Lewscha, deinen Grips spielen, wie und was ...

Lewscha   Technisch – na ja, ebent – im Fall, daß ...

Jegupytsch   Eben-eben! Du, Samson, schaffe das Haus heran, hol den Ofen ...

Samson   Kann ich ...

Jegupytsch   Und ich geh eine Kerze anzünden für Nikola den Schmied und Sossima Sawwati und die Räuberbrüder.

Sie gehn. Es wird dunkel. Samson schleppt den Kasten des Hauses an – der ihm bis zum Gürtel reicht. Stellt ihn auf, geht. Man sieht Jegupytsch mit zwei Kerzchen neben einer Kirche. Samson kommt wieder, trägt das Hausdach auf dem Kopf, in der Hand den Ofen, zieht ihn hinüber in den Kasten und stellt ihn auf. Lewscha, beladen mit Werkzeug, steigt auch hinüber. Als letzter tritt Jegupytsch ein, in den Händen ein Öllämpchen. Samson läßt das Dach herunter. In den Fenstern des Hauses Licht; man hört Hämmerchen klopfen. Es geht alles sehr schnell vor sich – in zwei Minuten. Die Tulaer kommen, der Erste Chaldäer, Maschka, horchen an der Tür, spähen, was im Haus ist.

Erster Tulaer Hämmern sie?

Zweiter Tulaer Immerzu.

Dritter Tulaer Nehmen weder Trinken noch Essen zu sich. *Probieren an der Tür.*

Erster Versiegelt?

Dritter Versiegelt.

Erster Chaldäer *stachelt sie an* Na was, habt ihr Augensausen, kribbeln die Ohren? Was? Ja? Wie? *Der erste Tulaer geht zum Haus und klopft ans Fensterchen. Es wird leicht geöffnet.*

Jegupytschs Stimme Wer ist dort?

Erster Tulaer *mit verstellter Stimme* Ein armer Pilgrim und Mann Gottes. Bittet um Feuer für seine Pfeife.

Jegupytsch *steckt den Kopf heraus, und erst salbungsvoll, dann wutentbrannt* Wandre in Gottes ... mit deinem Teufelsgerauche! Himmel und Hölle! Wir haben zu tun, die Zeit rinnt. *Schlägt das Fensterchen zu. Die Tulaer kratzen sich am Kopf und gehn. Eines der Mädchen geht zum Haus und klopft ans Fenster.*

Samsons Stimme Wer ist dort?

Mädchen *mit verstellter Stimme* Verwandte! Habt ihr Salz? Womit soll ich die Suppe salzen, die Kinder schreien jämmerlich, haben sich Blasen gebrüllt.

Samson *streckt den Kopf heraus* Schert euch fort. Sitzen selbst ohne Essen und Trinken da. *Schlägt das Fenster zu, das Mädchen geht.*

Zweiter Tulaer *Der Erste Chaldäer hat ihm etwas zugeflüstert. Er geht mit einer Kupferschüssel ans Haus, schlägt auf die Schüssel und schreit* Oh, Brüder, es brennt! Oh, wir brennen, Feuer! Leitern, Wasser, Axt!

Jegupytsch *streckt den Kopf heraus* Wo ist das Feuer?

Zweiter Tulaer *zeigt nach einer Seite* Dahinten. Fetzt nur so!

Jegupytsch Brennt in Gottes Namen, uns eilts. Die Zeit ist um, jeden Moment kommt Platow zurück. *Schlägt das Fenster zu. Zweiter Tulaer geht.*

Mädel-Maschka Jetzt paßt mal alle auf: Lewscha kommt heraus, oder ich heiß nicht Maschka. *Geht zum Haus, ruft ins Fenster* Lewscha, hör, Lewscha! *Mit süßer Stimme* Lewscha, mein Schöner du! *Noch süßer* Lewscha, komm, wir vergöttern uns!

Das Fenster kracht auf, Lewscha beugt sich bis zum Gürtel heraus, aber von innen packen ihn zwei Hände sofort am Kragen, zwei Hände am Schopf – ziehen ihn zurück, klappen die Fensterläden zu. Da laufen aber schon von allen Seiten die Tulaer herbei und schreien.

Tulaer	Sie kommen. Im Galopp! Mädels, lauft, soweit euch die Beine tragen.

In derselben Ordnung, nur noch wilder, kommen die Kosaken und Platow gefahren.

Platow	Halt-halt-halt! Zurück, ihr Bestien!

Gehn zurück.

Halt! Wo sind die Waffenschmiede? Schnau-ze!
Die Tulaer schweigen.

Was ist los? Hat euch die Kuh die Zunge wegge-kaut, wie?

Erster Tulaer	*der Erste Chaldäer flüstert ihm etwas ins Ohr* Aber Euer Exzellenz, du hast selbst Schnauzehalten ge-sagt.
Platow	Schna-u – Quatsch! Rede sofort, wo sind die Waf-fenschmiede?
Erster Tulaer	Dort herinnen: hörst du? – die Hämmerchen klop-fen.
Platow	Was, Rotz und Wasser, die hämmern? Sind nicht fertig? Die werd ich ... d ... t ... *Hebt die Faust.* Los, Pfeifer, hol sie her – daß sie auf der Stelle, oder ... *Der Pfeifer läuft zum Haus, klopft an Tür und Fenster.*
Forsches Mädel	Ui, kreuzgefährlich.
Platow	Wi-ie? *Zum zweiten Pfeifer* Spring hin, Pfeifer, daß sie augenblicklich hier sind!

Der zweite Pfeifer läuft, wirft sich gegen die Tür und gegen das Fenster. Platow stößt den dritten Pfeifer in den Nacken.

Fliege, du Hund! Lebend oder tot will ich sie – aber sofort! U-u-uh!!!

Wutentbrannt Mit den Zähnen zerbeiß ich sie.

Die Pfeifer	*versuchen dies und das. Der Erste Chaldäer neben*

ihnen stachelt sie an. Die Pfeifer nehmen einen Baumstamm und singen das Knüppellied »Dubinuschka«

Auf dem Berge sitzt der Krüppel,
mordete mit diesem Knüppel.
Ei das Gute kommt schon von allein.
Eins! Wumm! Eins! Bumm! Nu-nu-nu-nu!
Es kommt – es kommt – es kommt!

Tulaer   Guck, guck! – Was die machen! – Reißens mit dem Fleisch ab ...

Die Pfeifer haben das Dach angehoben und kippen es zur Seite. Nur das Öllämpchen bleibt hängen, unverständlich, woran, und die Waffenschmiede werden bis zum Gürtel sichtbar. Die Pfeifer wirft es zurück – sie halten sich die Nasen zu.

Dritter Pfeifer   Wie könnt ihr es wagen, ihr Schufte, so eine Bombe auf uns zu donnern? Was habt ihr auf der Brust hängen – sonstwas oder das Kreuz?

Jegupytsch   Tatsächlich, hat sich angesammelt, die Bombe – von unserer atemberaubenden Arbeit. Aber ihr, wer seid ihr, daß ihr uns in unserem staatswichtigen Schaffen ein Hindernis herstellt?

Zweiter Pfeifer   Ihr seid doch nicht etwa erblindet? Seht ihr nicht: Der Donkosak Platow, dort, befiehlt euch zu sich, diese Sekunde noch.

Jegupytsch   Übermittle ihm unsere Hochachtung und sage, sie bringens gleich.

Die Pfeifer laufen und blicken sich nach den Waffenschmieden um, die hinterherkommen und sich im Laufen die Knöpfe zuknöpfen. Lewscha mit der Schatulle.

Die Pfeifer   *zu Platow* Sie kommen! Sie bringen es!

Platow   Schnau-ze!

Die Tulaer prallen zurück, dann rücken sie aus Neugier immer näher.

Platow   *zu den Waffenschmieden, grimmig* Un-n-d?

Jegupytsch   Herr im Himmel Jesus Christus Sohn Gottes, steh uns bei!

Platow   *wutentbrannt* Amen-n ... Sa-akr-rament! Fertig?

Lewscha   Ffffertig.

Platow   Gibs her!

Lewscha gibt die Schatulle hin, Platow öffnet sie, entnimmt ihr eine Tabaksdose, der Tabaksdose – die Nuß mit dem Floh. Guckt.

Die Tulaer *recken die Hälse* Guck doch bloß, der Brillant! Reines Kupfer. Tut ja richtig in den Augen weh! Und Lewscha legt die Ohren an! – Eine Faust aber auch – kreuzgefährlich!

Platow *steht auf, grimmig* Was ist das wieder für ein Ding hier von euch, was? Kleiner Spaß, wie? Und die Arbeit, wo ist die?

Lewscha Da-da-dahier ... *weist mit dem Finger auf den Floh.*

Platow Wo dadrin? Hä? *Hält Lewscha den Floh unter die Nase.* Guck hin! Was ist das nach dir?

Lewscha Der Fffloh ... Dieser selbige englische Floh, natürlich.

Platow *schreit* Dieser selbige! Bringen mich um! Kosten mich den Kopf! Ist noch genau so, wie er war! Nichts habt ihr gemacht! Mei-ster! Geht Bastkörbe flechten! Vielleicht die englische Arbeit auch noch verdorben? Schlag euch tot!

Lewscha *beleidigt, stößt die Mütze quer übers Ohr* Wenn überhaupt, dann – außer allem übrigen ... wer, beispielsweise, hat hier was verdorben?

Platow Schn-auze ... Wer? Du, schiefgewickelter Linkshänder, daß dus weißt. Der Mei-ster!

Lewscha Grad ich. Ts. *Pfeift zum Zeichen höchster Verachtung durch die Zähne.* Meine Arbeit getan hab ich ... technisch ... Jawoll ...

Platow Getan? Dann sag doch, was du getan hast! U-u-uh!

Lewscha Und was ich getan hab, das hab ich auch, abgesehen davon, getan. Dem Zaren ... jawoll ... legt es vor ... na, das. Dann geht das auch klar – technisch. Vorzeitig – da wünsch ich es eher nicht, so.

Platow Schn-auze! Ich jag dich in die Flasche. Deckel drauf. *Schenkt sich aus der Flasche ein, trinkt. Verschnauft.* F-ffho. Dem Zaren vorlegen. Daß, demzufolge, ich mich vor dem Zaren mit Schande bedecke, wie ihr vor mir? Nein, ihr Täubchen, nicht bei mir! So und so, fitaprüm ... Na warte, die Revision besorg ich euch. Euch führ ich aufs Glatteis!

Aber postwendend reit ich auf einen Sitz zu den englischen Meistern: die kommen mir schon hinter eure ganzen dummen Tricks. Und wehe, ihr habt mir nachher nichts gemacht – ich werd euch . . .
Der Reihe nach hält er jedem der Waffenschmiede die Faust unter die Nase. Lewscha weicht langsam zurück. Jegupytsch bekreuzigt sich. Samson steht wie ein Monument.
Schn-nauze! Fahr los!

Troika Wohin belieben?

Platow Nach denen ihrem London. Jage, was du kannst! *Pfeifen, Gejohl, Getrappel. Platow springt plötzlich auf.* Halt-halt-halt! *Dreht sich um, packt Lewscha am Kragen und wirft ihn in den Schlitten – sich vor die Füße.* Sitz da, Hundesohn, spiel den Pudel! Und keinen Mucks mir bis London! Du wirst mir geradestehn für alle. Nu, heida! *Fahren ab.*

Mädel Maschka *stürzt hinterher mit Jammern* Du mein Schöner! Wohin will der mit di-ir? Die legen dich rein, die Unchristen. Nie steh ich mit dir vorm Altar!
Der Erste Chaldäer tröstet sie mit der einen Hand, mit der anderen winkt er Lewscha nach.

Lewscha *streckt den Strubbelkopf aus dem Schlitten* Lebwohl, Maschka! Die Totenmesse, die Totenmesse nicht vergess . . .
Platow zieht ihn an den Haaren zurück.

Jegupytsch *ruhig* Der Himmel sei ihm gnädig, ruhe sanft! *In der Ferne hört man die Kosaken singen:* »I-äch in Taganrog . . .«

Dritter Akt

England. Ebenso wie Petersburg – tulaisch – sehr erstaunlich. Neben anderen Erstaunlichkeiten solcher Art ein Rad mit einem Hängesitz parallel zur Rampe; in Tula gibt es eine ähnliche Maschine, Luftschaukel genannt, darauf vergnügen sich die Burschen mit den Mädchen während der Jahrmärkte. Platows Schlitten, die Troika, die Pfeifer. Platow steigt aus dem Schlitten, zieht Lewscha am Kragen heraus, der zu seinen Füßen zusammengekrümmt gelegen hatte.

Platow Steig aus, du. Nu, hopp. Pfeifer, auf der Stelle schaff mir denen ihre Wundermänner her, die Chemiker-Mechaniker-Meister, aber daß es ja englische erster Sorte sind. Nu, vorwärts!

Pfeifer Ich spare keine Mühe. Sobald es geht, sofort.

Platow *nimmt einen Schluck aus der Flasche* F-ffhu. Aber jetzt wirds.

Der Chemiker-Mechaniker *kommt mit einem Meister* Da wären wir, denen ihre Wundermänner persönlich, Chemiker-Mechaniker-Meister, in allen Finessen geübt und das beste Mittel gegen den Mißmut.

Platow *reibt sich die Augen, betrachtet sie genau* Habe ich eure Personen schon wo gesehen, na? Seid ihr denen ihre richtigen auch?

Meister Wer, wir? Ja aber beim nicht Heiligen nicht Kreuz! Beim nicht wahrhaftigen Gott, du!

Chemiker Der Schlag soll mich treffen! Da kannst du nicht Gift drauf nehmen!

Platow Bekreuzige dich!
Der Chemiker-Mechaniker und der Meister bekreuzigen sich im Nacken, über den Rücken, über die rechte und die linke Schulter.

Geht in Ordnung, ich sehe: ihr bekreuzigt euch anders. He, Pfeifer, die Schatulle.

Der Pfeifer holt die Schatulle aus dem Schlitten und gibt sie ihm. Also, Nichtrechtgläubige, so und so: seht her, ist das eure Arbeit?

Chemiker-Mechaniker *prüft mit den Zähnen* Ja-a. Unsere, engelländische, erste Klasse.

Meister   Selber geschmiedet aus Stahl – in Floh-Form. Was sonst!

Platow   Ja, und: Wie euer Floh war, ist er so? Guckt nur richtig!

Meister   *guckt* Wie er war, so ist er. Im gleichen Ausmaß.

Chemiker-Mechaniker   *guckt* Kein Umbau, kein Ausbau, weder Horn noch Schwanz, genauso, wie er war.

Platow   Kann nicht sein, glaub ich nicht! So und so! Euer erstaunliches Unding war bei unseren Meistern in Tula, und, demzufolge, haben sie an ihm irgendein Geheimnis vorgenommen – noch erstaunlicher als euers, aber was für eins, darüber reden sie nicht. Und daß ihr mir das Geheimnis von diesem verfluchten Lewscha da ergründet! Schn-auze. Ergründet ihrs nicht – ab nach Sibirien. Ergründet ihrs – fünfundzwanzig Rubel pro Schnute.

Meister   Belieben sich nicht zu sorgen, wir ergründen.

Chemiker-Mechaniker   Den trixen wir erstklassig aus.

Platow   Na, also. Seht mir ja zu! Und daß ich den Lewscha lebendig nach Petersburg zurückkriege. *Zu Lewscha* Na, du, Rotz und Wasser, willst futtern?

Lewscha   Das . . . na ja ebent . . . zumal es so einen Vogel nicht mal gibt, der nicht ißt, sondern singt . . . Bin ich denn – als wie noch schlechter als ein Vogel, was?

Platow   *zum Pfeifer, auf Lewscha zeigend* Schafft ihn in denen ihr Speiseempfangszimmer.

Der Pfeifer   Ich spare keine Mühe. Geht gleich los.

Setzt Lewscha in den Hängesitz am Rad, pfeift – das Rad dreht sich und Lewscha schnellt hinauf.

Lewscha   *zappelt, brüllt* Oi, Himmelskönigin! Oh, daß du zerplatzt! Oi, laßt mich los! Oh, Maschka, die Totenmesse nicht verg . . .

Platow   *zum Chemiker-Mechaniker und zum Meister* Na,

einstweilen, demzufolge, glückliches Hierbleiben. Ich hätte denn zum Zaren nach Petersburg zu eilen. *Setzt sich in den Schlitten.* Fahr los!

Meister Service, Euer Gnaden! Schönheit, Euer Ehren!

Chemiker-Mechaniker Laß dich nicht aufhalten, über Stock und Stein allewege! *Sie begleiten Platow mit Verbeugungen. Auf der anderen Bühnenhälfte Licht. Lewscha steigt vom Rad herunter. Auf ihn zu rutschen von allein, wie in England üblich, ein gedeckter Tisch und eine Bank. Lewscha stülpt sich die Mütze über, weicht zurück, rührt dann vorsichtig den Tisch an – nichts passiert. Setzt sich auf die Bank – nichts. Aus einem Holzpfropfen in der Wand kommt von der Seite plötzlich ohne Eile ein riesengroßer Knopf angekrochen, kriecht direkt auf Lewscha zu.*

Lewscha Geh weg ... geh weg ... unreiner Geist! *Stemmt sich mit der Hand gegen den Knopf, der Knopf taucht ein, es erhebt sich ein Gebimmel. Lewscha springt auf, um zu fliehen. Auf tritt ein englischer Kellner – wie bei Testow in Moskau, in Weiß, aber die Visage schwarz. Lewscha starrt ihn mit aufgerissenen Augen an.* He, wer hat denn dich angemalt, eh? Also folgendes, selbstredend ... diesen ... ja: ein Samowarchen mit Weißbrot, ein Pfund – aber mit Rosinen, hörst du? *Der Kellner bleckt die Zähne, schüttelt den Kopf.*

Lewscha *lauter* Tee, sag ich, ja? Was bist du bloß taubstumm! Tee trinken nach der Reise möchte ich, verstanden?

Kellner Dontanderstend.

Lewscha Dong-dong-dong-deng. Wie ein Gong. Anstatt wie bei uns, na, eben, auf russisch, da: einfach und jedem, mein ich, verständlich, und nicht hier: dong-dong-deng ... essen, atzen, kollatzen, futtern, fressen, verstanden? Kala-mala-bala-nam-nam! *Kaut, zeigt sich mit den Fingern in den Mund.* Verstanden?

Kellner Jess, jess. *Geht.*

Lewscha Fress, fress, Feuerfresser, Teufel der. Hats kapiert anscheinend, gelobt sei Gott in der Höhe!

	Solange der Kellner wegbleibt, interessiert sich Lewscha, guckt unter das Tischtuch, beklopft die Bank. Hat auf irgendeine Feder gedrückt, der Tisch fängt plötzlich an, wegzufahren, wieder kriecht der Knopf aus der Wand auf Lewscha zu. Lewscha wird ängstlich, versucht mit einer Hand den Tisch festzuhalten, stößt mit der anderen den Knopf weg. Wieder Gebimmel, der Tisch bleibt stehen, der Kellner kommt mit Speisen.

Kellner   Ssitdaun! *Stellt das Brot hin, in der Art eines riesigen Kulitsch.* *

Lewscha   Dies kaun? Na gut, das ist zwar freilich, aber sag, wenn das bei euch euer Weißbrot ist, was ist bei euch aber dann euer Kulitsch? *Der Kellner stellt eine Schüssel mit Pudding auf den Tisch und zündet den Rum an.* Ach, du, Schwarzer Peter, was machst du da wieder?

Kellner   Pudding.

Lewscha   Butter? Schöne Butter – die flackert. Nein, Bruder, das, vielleicht daß bei euch solche Butter die Teufel in der Hölle fressen – technisch. Aber ich, ich weiß nicht, ob wir so was essen könnten. Sozusagen – mal abgesehn – nachher fängt man noch zu brennen an innen. Schaff das weg, weg vom Weg der Sünde! *Stößt die Schüssel zurück.* Weg damit! *Der Kellner bringt es weg. Lewscha puhlt mit dem Finger in dem einen, beschnuppert das andere – und schließlich, nachdem er sich bekreuzigt hat, stopft er sich die Backen voll.*

Der Chemiker-Mechaniker und der Meister haben Platow verabschiedet und kehren zurück. Der Chemiker-Mechaniker pfeift auf zwei Fingern, das Rad kommt herunter. Die beiden setzen sich in den Hängesitz – mit der Schatulle auf den Knien und wechseln über in das Speiseempfangszimmer. Hier steigen die Engländer ab, gehen zu Lewscha. Er sieht die Engländer vom Himmel herunterkommen und springt auf, um wegzulaufen.

Meister   *klopft Lewscha auf die Schulter* Nicht doch, nicht doch, keine Angst! Wir *zeigt auf sich* englisch, du

* hohes, eimerförmiges süßes Osterbrot aus Weizenmehl

zeigt auf Lewscha *russisch* Meister, wir Kamrad, verstehst?

Lewscha Das ist zwar freilich natürlich – außer, im Fall . . . *druckst.*

Chemiker-Mechaniker *stellt die Schatulle in der Ecke ab und deckt sie mit dem Hut zu. Zieht den Meister am Ärmel beiseite* Fürs erste – werden wir ihm – Flüssig Brot *schnipst sich an den Hals.* Verstehst?

Lewscha *stülpt sich die Mütze auf, druckst* Verstehn das, versteh ichs schon freilich zwar . . .

Chemiker-Mechaniker Setz dich, setz dich, Kamrad, was ist dabei? Eine Brot-Träne zur Begrüßung, ohne das gehts nicht.
Aus der Wand kriecht der Knopf, der Chemiker-Mechaniker drückt darauf, Gebimmel, der Kellner kommt gelaufen.
Hopp, Bedienung, organisier uns mal fix einen Imbiß mit Karaffe für drei.

Kellner Zu Befehl. *Läuft und kommt sofort mit dem Tablett zurück.*

Lewscha *betrachtet inzwischen den Meister, befühlt die Kleidung* Au, die feine Weste, gefüttert, ts-ts . . . technisch! Englischer Tuchstoff sicher?

Meister Was sonst? Selbstredend englischer, von Morosow. *Gießt ein.* Nu, Kamrad, das Dienstliche – nachher, erst mal gießen wir Klaren ein.

Lewscha *zweifelnd, blickt auf den Wodka, kratzt sich im Nacken* Na ja, an und für sich schon . . . Nur bei euch: kann man nie wissen!

Meister *stößt den Chemiker-Mechaniker an* Guck den Fuchs! *Zu Lewscha* Na dann, auf den Besuch! *Trinkt, Lewscha nach ihm.*

Chemiker-Mechaniker *gießt wieder ein* Ja und sage, die Gänse, zum Beispiel, bei euch können schwimmen?

Lewscha Können sie.

Chemiker-Mechaniker Und auf dem Eis laufen sie?

Lewscha Da laufen sie.

Chemiker-Mechaniker Na, drehn auch wir noch ne Runde. *Trinken.*

Lewscha Huch! Hats in sich!

Chemiker-Mechaniker Ja und sag, Kamrad, was hats nu mehr in

sich – *macht eine Pause, dann rasch:* Unser Wodka oder euer Tulaer Geheimnis?

Lewscha Welches Geheimnis? *Beugt sich zum Meister, nimmt seinen Fuß hoch wie der Schmied beim Pferd.* Au, was für Schickletten! Und, na hier – diese Beschlagenheit, denen ihre . . . ist wozu und so?

Meister Das ist für das Getrappel, beim Kasatschok – oder Kamarinska-Tanzen.

Lewscha *zwinkert ihnen zu* Eben, Brüder, wenn schon – dann ist in dem Beschlagen . . . denn schon . . . das ganze Geheimnis. Ja.

Meister *stößt den Chemiker-Mechaniker an* Angebissen! Ruck an! Zieh!

Chemiker-Mechaniker Wie denn im Beschlagen? Leg uns das in deiner russischen Sprache klar, sei so gut!

Lewscha *schiebt sich die Mütze hinters Ohr, ist vom Wein verwegener geworden* Dösbattel ihr. Ich lege euch in meiner russischen Sprache ja alles klar – technisch: Im Beschlagen, sag ich euch, ist das Geheimnis. Im Folgenden der Zeit, meine Brüder, erfahrt ihr alles. *Zwinkert listig.*

Meister *stöhnt enttäuscht* A-a-a. *Zum Chemiker-Mechaniker* Pump ihn noch mehr auf!

Chemiker-Mechaniker Na, Kamrad, einen russischen Bittern als Zwischenlage? Hm? *Schenkt ein, Lewscha blickt zweifelnd.* Du denkst wohl, das ist mit Vitriol angemacht. Keine Angst! Das ist ein richtiger Wuppdich – vierzehnte Klasse.

Lewscha *riecht* An sich sonst schon, nur bei euch, da kann man nie wissen . . . *Winkt ab, schiebt die Mütze aufs Ohr.* Ä! Grüß dich, Gläschen – Schnaps, leb wohl! *Bekreuzigt sich mit der Linken, trinkt, schüttelt den Kopf und fängt zu singen an.* Juch! Tula-Tula-Tula-lu . . .

Meister *zum Chemiker-Mechaniker* Ich hol die Schatulle, ja?

Chemiker-Mechaniker Warte. Stör nicht. *Zu Lewscha* Sag mal, wieso bekreuzigst du dich links: bist du da Lutheraner dort so?

Lewscha Nein, russischen Glaubens sind wir, technisch. Und

das kommt – weil nämlich, so gesagt . . . man, beispielsweise, Lewscha ist.

Meister Lewscha? Und was bedeutet das?

Lewscha *wird immer kühner vom Trinken* Na eben . . . demzufolge, wo ihr mit Rechts – da ich mit Links –
so einfach ist das. Ja-a. Bei uns gehts so!

Meister Erstaunlich! Tja, wenn dus nun auch noch mit der
Rechten packtest und ein kleines bißchen Bildung
dazu – da sähen wir alt aus! Die Arithmetik-Wis-
senschaft hast du durch?

Lewscha *durch die Zähne* Ts. Eure Arithmetik! Wir, Brüder,
falls – dann hier so – mit den Fingern.

Meister *gießt ein, Lewscha trinkt* Ihr solltet besser aus der
Arithmetik die vier Additionsregeln kennen, wär
weit nützlicher.

Chemiker-Mechaniker Ja, sonst nämlich habt ihr in der Hand die
Kunst und im Schädel Dunst. Darum habt ihr das
ja auch nicht begriffen, daß so ein kleines Maschin-
chen wie im Floh für die akkurateste Genauigkeit
berechnet ist. Ohne Arithmetik, da habt ihr sie ratz-
batz kaputtgemacht.

Lewscha Wer? Wir haben sie kaputtgemacht? Ausgerechnet
wir?

Chemiker-Mechaniker *stößt den Meister an* Ja, wer sonst?

Lewscha Wir – kaputtgemacht? Ihr Eierköppe ihr! Holts her.
Ich werd euch zeigen . . . überhaupt! Wir – kaputtgemacht! Kaputtgemacht, was? Gerade wir!

Chemiker-Mechaniker *zum Meister* Das wärs. Her damit!

Lewscha *ereifert sich* Ich werd euch – also – so was zeigen –
euch bleibt die Luft weg. Euch werd ich . . .
*Der Meister hat die Schatulle bereits in der Hand.
Lewscha besinnt sich plötzlich, stößt die Mütze nach
vorn, springt auf.*
Halt-halt! *Faßt sich an den Bauch.* Oh, nicht, nicht!
Ich kann nicht! Oh, ich kann nicht! Oh, oh, schnell!

Meister Was hast du?

Lewscha Oh, Bauchkneipen – und wie, technisch! Ich muß
austreten. Oh, schneller, sonst . . .

Meister *führt ihn in einen Pavillon, kommt zurück. Zum
Chemiker-Mechaniker* Sieht aus wie plem-plem, ist
aber schlau, der Tulaer. Schnaps tut ihm auch nichts.

Chemiker-Mechaniker   Ja, ja, redet Wasser, aber ist im Mund trokken. Na warte, jetzt bringen wir ihn mit unseren richtigen englischen Wunderdingen hoch. Hast doch gesehen: Sein Stolz macht ihn schwach.

Lewscha   *kommt, seine Kleider ordnend, zurück, singt* Tula-Tula-Tula-lu. Meine Heimat, die bist du! *Tritt herzu.* Also das . . . na, die gewissen Orte . . . die sind bei euch wirklich: technisch! Bloß die Sauberkeit ist zu überwältigend; stört. Das ist bei uns besser.

Chemiker-Mechaniker   Die gewissen Orte – was sind die! Warte nur, du wirst noch ganz anders staunen! Setz dich, komm! *Führt ihn zum Rad.*

Lewscha   Gut, das ist sogar sehr einfach. Gut, wir setzen uns, beispielsweise . . . Das kenn ich ja wohl jetzt. *Setzt sich, pfeift auf zwei Fingern, das Rad beginnt, ihn zu heben.*

Chemiker-Mechaniker und Meister   Halt-halt – nicht so hastig! *Springen in den Sitz und fahren mit Lewscha zusammen auf die andere Bühnenhälfte.*

Lewscha   *steigt ab* Na, nu zeigt mal . . . na eben das . . . was ihr da habt – insofern.

Chemiker-Mechaniker   *reißt einen Vorhang an der hinteren Wand zurück* Nun, halt dich fest, Kamrad, das Hirn spielt gleich Bockspringen, die Augen Hasche.

Lewscha   *tut, als ob ihn alles höchst kalt läßt. Singt* Tula-Tula-Tula-lu . . . *Sieht unter anderen Wunderdingen eine Kirche, bricht das »Tula« ab und bekreuzigt sich.* Hm! Sagt mal, wozu und so habt ihr eine Kirche bei euch Eierköppen?

Chemiker-Mechaniker   *rückt die Kirche vor* Das ist, wie Sie bitte sehen wollen, die naturgetreue römische Peter-und-Paul-Kirche, Gold–Silber in Unmengen und andere Schätze, auf echtem Marmor erbaut.

Lewscha   *durch die Zähne* Ts . . . Auf Marmor! Kunststück! Bei uns, sagen wir, in Moskau, Bruder, da . . . es gibt Nikola auf Tröpfchen, Nikola auf Säbeln, Nikola auf Hühnerbeinen, Nikola auf Kohlstrünken. So ist das. Und du: auf Marmor!

Meister   Auf Kohlstrünken? Erstaunlich! Und das macht nichts, steht?

Lewscha Ja, was sonst. Bei uns, Bruder, ist es streng. Wird es befohlen, steht er auf Strünken. Technisch! *Singt* Tula-Tula-Tula-lu. Und das, na hier – was ist das für ein Rohr und wozu ist so was?

Chemiker-Mechaniker *rollt ein riesengroßes Barometer heran* Oh-oh, das ist ein Ding! Man nennt es Warnometer. Vor Wasser und Wetter – der erste Retter. Errät das Wetter einen Tag später, das Unwetter einen Tag vorher.

Lewscha Ach, das ist gegen unsers ... beispielsweise ... überhaupt ja nichts wert. Ja-a. Ich habe da in Tula ne Oma, nicht? – bei der fängt bei Unwetter eine Woche vorher das Kreuz zu knacken an – technisch. Und ihr – einen Tag – jemine!

Meister Ah? Eine Woche? Erstaunlich!

Lewscha *singt* Tula-Tula-Tula, setzt sich den Hut da andersrum auf ... *Geht, guckt, bleibt stehen.* Hm! Und für was für ne Art Einwohner ist dieses ... Riesending oder was?

Chemiker-Mechaniker Das ist, wenn Sie bitte schauen wollen, die sogenannte Keramide, und eingeschlossen bewahrt man so den erstaunlichen ägyptischen Pharao, ohne Trank und ohne Speise schon dreitausend Jahre in diesem Gehäuse, können auch mehr sein.

Lewscha *durch die Zähne* Ts. Komische Käuze seid ihr ... außer allem andern!

Meister Wieso?

Lewscha So. Bei uns gibts solche Pharaone, nich? – scharenweise: in Moskau, an jeder Ecke steht einer, na wie zur kostenlosen Bewunderung so. Und ihr, ich meine ... laßt sie für Geld sehn, nich? Ko-mi-sche Käuze! Nein, zeigt mir so was vor, was es bei uns nicht gibt!

Chemiker-Mechaniker Na gut, Kamrad, ganz wie du willst. *Schiebt eine schmale Bank mit Leinwandflügeln heraus, setzt sich darauf.* Schon mal gesehn?

Lewscha Und was soll das darstellen?

Chemiker-Mechaniker Dazu sagen wir bei uns: Aeroplan, ein fliegbares Instrument – erbringt im Moment dreimalneun Länder, ins dreimalzehnte Reich.

Lewscha Ach? Und wohl so – wie wenn ihr fliegt?

Der Chemiker-Mechaniker pfeift auf zwei Fingern,
der Aeroplan hebt sich.
Schreit Halt, halt!
Der Chemiker-Mechaniker kommt herunter. Lew-
scha tritt heran. Betrachtet das fliegende Instrument
von allen Seiten.
Ja-a . . . das ist – technisch! Ja-a! *Kratzt sich, denkt*
nach. Und falls . . . mal angenommen . . . was wäre
dann der Preis?

Chemiker-Mechaniker   In Silber – tausend, in Scheinen – hundert-
tausend.

Lewscha   Na, dann ist das bei uns außer allem übrigen . . .
unvergleichlich billiger: bei uns ist dafür der Preis
in Silber acht Kopeken.

Meister   Wie acht Kopeken? . . . Und was ist das für eine
Verwunderung?

Lewscha   Insofern bei euch, weiß ich nicht . . . bei uns ist
das . . . ein Besen, auf Russisch. Und in jedem Dorf,
nich? haben wir ein so ein Weib, sobenannte Hexe,
und auf diesem Instrument fliegt es – technisch! . . .
Ja . . . Und insofern für Männer . . . ist es genant
sogar, sich mit so einem Unfug abzugeben. Ja-a.
Der Chemiker-Mechaniker und der Meister sehen
sich an.

Chemiker-Mechaniker   Ergebensten Dank . . . Na, was auch immer,
aber so ein Ding – habt ihr im Leben nicht. Das ist
todsicher . . . Habt ihr solche Flinten hier? *Reicht*
ihm eine gewaltige Flinte.

Lewscha   Aha? *Tastet mit den Fingern in den Lauf, guckt*
hinein. Ts-ts-ts . . . *Anfangs entzückt* Na, das ist dir!
Technisch! *Befühlt es.* Ts-ts . . . Hach! *Seufzt, tastet*
im Lauf. Ihr reinigt mit Ziegelstaub, oder wie?

Meister   Du hast wohl Frost abgekriegt – mit Ziegel! Das
macht vielleicht ihr so – mit Ziegel, wie Samoware.
Bei uns mit einem Pulver, einem hochfeinen, so wie
Wanzenpulver, persisches.

Lewscha   *tastet innen mit dem Finger, guckt und schüttelt den*
Kopf Ts . . . ts . . . Das – wirklich, das ist mit unsern
unvergleichlich hervorragender. Wehe, es gibt
Krieg: Wohin kämen wir da – na so mit unseren
Schrotflinten? Hach. *Seufzt.*

Chemiker-Mechaniker *zwinkert dem Meister zu* Das ist es, Bruder. Hinterher gib an, nicht vorneweg! Also topp, ja?

Lewscha W-w-w-as topp?

Chemiker-Mechaniker Du – unser englisches Flintengeheimnis und wir – dein Tulaisches Flohgeheimnis.

Lewscha *als höre er nicht* Ts, ei-jei-jei! Das ist technisch bei euch, ja-a! *Stellt die Flinte hin.* Nun, Brüder, dann machts mal gut!

Meister Wieso denn das jetzt?

Lewscha Eben so. Obzwar schon freilich . . . ich euch ergebenst danke und so für die ganze Bewirtung, und natürlich bin ich bei euch mit allem sehr zufrieden, nur mehr kann ich nicht bei euch.

Chemiker-Mechaniker Wo treibt es dich hin? Guck auf das Warnometer: außer Rand und Band. *Das Barometer schwankt wie ein Baum im Wind.* Ertrinken wirst du.

Lewscha Das ist einzig und allein, alles Gottes Wille, technisch. Wir sind, na hier . . . getreu der Heimat, und ich habe zu Hause na doch . . . Eltern und so, mein altes Väterchen und altes Mütterchen. Beispielsweise, ich muß ein Gespräch mit den Eltern haben und vielleicht wer weiß, mit wem noch.

Chemiker-Mechaniker Das ist doch ein Kinderspiel, das kannst du auch von hier aus haben.

Lewscha *beleidigt* Von hier aus? Das kannst du mir nun nicht weismachen, Bruder. Ich bin vielleicht dies oder das, aber ich bin bei Verstand. Als ob man hören könnte von hier bis Tula!

Chemiker-Mechaniker Aber für das haben wir, Bruder, eine solche Verwunderung, das hast du bei der Geburt nicht gesehen, und wenn du stirbst, siehst dus auch nicht. Da – Telefonapparat heißt es.

Lewscha Rede-Sohn-Papadraht? Na, wenn das nur ein Rede-Sohn-Papadraht ist, dann kann man auch nur mit dem Papa reden damit. Und ich, wenn, beispielsweise, ich jetzt nicht mit Papa wünsche, sondern ganz entgegengesetzt?

Chemiker-Mechaniker Das ist alles ein Einziges. Hier bitte, du drückst darauf, drehst, läßt deine Stimme hören –

und dann sprich, mit wem du willst, mit den Eltern oder auch entgegengesetzt.

Lewscha So hier? *Drückt einen Knopf – Gebimmel, Funken. Lewscha zwinkert, geht in Igelstellung. Mit schüchterner Stimme* Maschka, du, Maschka! *Lauter* Maschka-a!

Mädel-Maschkas Stimme Lewscha, wirklich? du? Mein Schöner du!

Lewscha *die Mütze auf den Boden, sein Mund öffnet sich staunend* Pfui, die Erde verschluck dich! *Bekreuzigt sich.* Aber es stimmt. Meine Maschka, technisch! Bei Gott!

Mädel-Maschkas Stimme Lewscha, du, Lewscha!

Lewscha Sofort *Kratzt sich im Nacken, denkt nach. Hat einen Einfall. Zu den Engländern* Insofern es gewünscht wird, zeige ich euch gleich ein Wunderding ... abgesehen davon ... feiner noch als dieser Rede-Papadraht?

Chemiker-Mechaniker Wenn dem Esel zu wohl ist, geht er aufs Eis tanzen. Sieh zu, Bruder!

Lewscha Sieh selber zu! Ich höre auch ohne euren Draht. Ja. Nämlich meine Maschka ... nich? Sagt es noch nicht, ja? Und ich höre es schon, was sie noch nicht sagt.

Chemiker-Mechaniker So? Und was wird sie dir also sagen?

Lewscha Sie sagt ... *flüstert dem Chemiker-Mechaniker ins Ohr.*

Meister Was? Wo? *Der Chemiker-Mechaniker flüstert dem Meister ins Ohr.*

Mädel-Maschkas Stimme Lewscha, du, Lewscha!

Lewscha Was denn, Maschenka, meine Mutsche-Kuh?

Mädel-Maschkas Stimme Lewscha, gehn wir uns vergöttern!

Meister Daß du zerplatzt, es stimmt.

Chemiker-Mechaniker Bis aufs Tippel überm i!

Lewscha Bitte! In dem jedenfalls ... seid unbesorgt: ob so oder so – wir sind euch eben ... allemal ... technisch! *Knickt keck die Mütze ein.* Mal angenommen auch mit dem Floh, nich?: Eine derartige, sag ich euch ... außer allem übrigen ... Feinheit hab ich dort ... nich? ... vorgerichtet ... Nicht mal zu erkennen durch den Papadraht. Ja-a.

Meister Pfui, du Abgrund! Sag mal, läßt du uns mit Absicht zappeln? Raus mit der Sprache!

Lewscha *durch die Zähne* Ts ... *Singt dann* Tula-Tula-Tula-lu ... *plötzlich bricht er ab, nimmt die Mütze ab. Flehend* Brüder: tut mir die Liebe, sagt, in welcher Richtung und so liegt unser Tula? Ich kann nicht! Hier da drin ... nich? *Dreht seine Hand vor dem Herzen* ... Ach!

Chemiker-Mechaniker *zieht den Meister beiseite* Lauf, schnell, schaff dein englisches Mädel Mary her!

Meister Wozu das wieder?

Chemiker-Mechaniker Na, genau dazu. Verstanden?

Der Meister kehrt zurück, bringt das englische Mädel Mary.

Das Mädel Mary Da bin ich schon.

Meister Setz dich dort in die Ecke erst mal. Und wenn es an der Zeit ist, mach ich mit dem Finger zu dir so.

Mary geht in die Ecke. Sitzt dort wie ein Holzklotz.

Lewscha *knüllt die Mütze in den Händen* Brüder, laßt mich gehn, um Christi willen! Sozusagen ... ich halts nicht mehr aus bei euch. Zeigt mir, in welcher Richtung liegt unser Rußland?

Chemiker-Mechaniker Aber doch nicht Heimweh! Bleib bei uns, bei uns leben die Meister gut, haben Familie, auf jedes Mitglied vier Kubikmeter Luft ...

Lewscha Ich brauche eure Kubikluft nicht: bei mir gehts ohne russische Luft auf gar keinen Fall. Wiederum jedoch bin ich im Ledigenstand. Und mir hier in der Einsamkeit ... wird es sehr trostlos und so.

Chemiker-Mechaniker Na, das ist ein Klacks: einmal gezwinkert, zweimal geflüstert. Da sitzt sie, die Fee, guck, schön?

Lewscha *kratzt sich im Nacken* Sie ist zwar freilich schön, natürlich, mal von allem abgesehn ... *Betrachtet Mary.* Au, verflucht: Ähnelt meiner Maschka!

Chemiker-Mechaniker Ist ja fein: Ein Wörtchen laß fallen, was für ein Geheimnis ihr am Floh vollbracht habt, und sofort machen wir für dich alles klar mit unserem englischen Mädel. *Zum Meister* Also?

Meister Mary, komm her *macht ihr das Zeichen mit dem Finger.*

Mary *kommt* Guten Tag, schöner junger Mann.

Lewscha Sehr angenehm. *Lewscha hat die Mütze abgenom-*

men und knüllt sie grinsend, guckt unter der ge-
senkten Stirn hervor.

Mary *und das Telefon* He, Bedienung! Heißen Tee für vier Personen und Gebäck, was so da ist.

Die Stimme des Kellners Zu Befehl! *Der Tisch fährt vor, Bänke. Der Kellner kommt mit einem Tablett gelaufen, stellt es auf den Tisch. Mary kokettiert vor Lewscha.*

Mary *setzt sich an den Tisch* Tritt ein, tritt ein, mein **Gast** zu sein.

Alle setzen sich. Mary kokettiert. Lewscha läßt kein Auge von ihr.

Chemiker-Mechaniker Und, wie findest du die Kleine?

Lewscha Da gibts nichts! Das Mädel, ich sag dir! Und ob! Doch!

Meister Schau mal: gekleidet sind sie sauber bei uns, keine solche Schlampen, ordentliche. Hopp, Mary, zeig ihm, wie du . . . Füll ihm Tee ein.
Mary gießt Lewscha ein, gibt Zucker an den Tee, ein Stück, zwei, drei, fünf. Gießt den anderen ein. Sie trinken aus der Untertasse. Lewscha verzieht das Gesicht.

Mary Warum denn verziehen Sie Ihr Gesicht, schöner junger Mann? *Rückt Lewscha näher.*

Lewscha Weil man uns an sehr süß nicht gewöhnt hat. Bloß als Zuspeise so.

Meister Trink, wie dus kennst – von uns aus ist euch nichts verboten. Nur laß uns doch die Sache schnell fertigmachen. Ich hol die Schatulle, ja?

Lewscha Nicht doch . . . störst. *Ist beschäftigt, starrt Mary an, Mary rückt näher zu ihm. Lewscha rückt von ihr fort bis an die Wand. Weiter gehts nicht. Mary stößt Lewscha mit dem Ellbogen in die Seite, Lewscha weiß nicht, wohin, der Schweiß springt wie Hagel von ihm, er nimmt eine Serviette, trocknet den Schweiß ab.*

Mary Was ist mit Ihnen los, schöner junger Mann? Ich täubele mit dir, und du spielst den Birkhahn.

Lewscha *lacht* Hü-hü-hü.

Chemiker-Mechaniker So, Lewscha – zum Fluß die Fähre, zum Wort die Ehre: Trinken wir auf das Geschäft? Du sagst uns das Geheimnis vom Floh und wir verheiraten dich mit Mary.

Lewscha *Mary stößt ihn an* Au, oi! Nein, betreffs ehelichen euer englisches Mädel . . . Das ist mir nun irgendwie völlig unmöglich.

Meister Warum das denn?

Lewscha Bei euch nämlich ist . . . na, Dings . . . der Glaube unrichtig. Unsere Bücher sind gegen eure viel dicker, und der Glaube bei uns ist, demzufolge, vollständiger. Ja.

Meister So was! Wir können doch unser Mädel überführen in euren christlichen Glauben – das ist uns wie einmal Spucken. Was gibt es bei euch gegen unsere Mädel noch für Makel-Einwände?

Lewscha Also Dingens . . . na hier . . . ihre Kleidung ist so verwickelt . . . Man sieht nicht durch, was da und zu welcher Erforderung . . . beispielsweise . . .

Meister Wieso ist für dich da ein Hindernis – in der Kleidung?

Lewscha *verlegen* Äh, darum, weil . . . nämlich . . . ich habe Angst, das wird peinlich . . . da gucken und warten, bis sie aus dem ganzen Krempel rausgekommen ist . . . falls . . . ich meine . . . so Gott will . . . technisch . . .

Meister Na, das übertreibst du, Kamrad: das können sie bei uns erstklassig. Hopp, Mary, zeig ihm die nackte Technik.

Mary beginnt, Kleidungsstücke abzuwerfen. Lewscha will ausbrechen, um zu fliehen, aber es zieht ihn zu Mary. Der Meister hält ihn fest.

Lewscha Oh, lieber Gott, bitte nicht! Oh, ich habe die Maschka in Tula! Oh, ich halts nicht aus, halt mich fest! Oh, laßt mich los! Oh, Brüder, ich mach alles – sag euch das Geheimnis, holt den Floh, nur schnell! *Der Chemiker-Mechaniker und der Meister springen auf und laufen, aneinanderstoßend, nach dem Floh. Lewscha ist vom Tisch aufgesprungen, plumpst in den Sitz am Rad, pfeift auf zwei Fingern und fährt ab. Nimmt die Mütze ab, bekreuzigt sich.*

Chemiker-Mechaniker Eh, wohin – wohin! Zurück!

Meister Zurück! Halt! Ach, du Sargnagel!

Die andere Hälfte der Bühne wird beleuchtet. Dort, wo die englischen Wunderwerke waren, steht jetzt ein Schiff, vor dem Schiff – der Hilfskapitän.

Lewscha   *springt von dem Rad – im Laufschritt zum Hilfskapitän* Oh, schnell, schnell!

Hilfskapitän   Ich bin von diesem Schiff der Hilfskapitän. Womit, Lewscha, kann ich Ihnen behilflich sein?

Lewscha   Oh, gütiger Freund, Hilfskapitän, bring mich schnell nach Petersburg, in den Zarenpalast.

Hilfskapitän   Warum nicht, ohne weiteres, bitte.

Steigen ins Schiff, legen ab. Währenddessen laufen der Chemiker-Mechaniker und der Meister ratlos im Speiseempfangszimmer hin und her.

Chemiker-Mechaniker   *zum Meister* Na . . . Ochse! Nimm die Schatulle, wetze hinterher, mach.

Sie steigen über irgendeinen Turm und sehen Lewscha abfahren.

Lewscha   *schwenkt die Mütze* Bis dann!

Meister   He, Kutscher, Kutscher!

Der Kutscher   *fährt vor* Wohin belieben Euerlaucht?

Chemiker-Mechaniker   Petersburg. Fahr, was das Zeug hält – guck, das Schiff da. Holst dus ein – zwei Groschen Trinkgeld für Tee, und zwar nicht in Scheinen – in Silber!

Steigen ein, die Schatulle mit dem Floh auf dem Schoß.

Der Kutscher   Hü. Meine Guten.

Vorhang

Vierter Akt

Wie im ersten Akt – Petersburg und der Zaren-
palast. Der Hausknecht steht mit dem Besen, kaut
Sonnenblumenkerne, spuckt die Schalen auf die
Erde. Gähnt, geht weg. Lewscha und der Hilfs-
kapitän erklimmen die Stufen, beide angeheitert.

Lewscha Sind wir wirklich scheinbar schon da? *Sieht etwas*
auf den Stufen, hebt es auf. Sonnenblumen! Richtig! Rußland – was sonst! Ach, du Mutsche-Kuh, du
meine. Ach – du Graus! *Spielt Harmonika.* Verstehst du, eierköpfiges Individuum, was das ist –
Rußland?

Hilfskapitän Nein, das verstehn wir nicht.

Lewscha Woher auch: Hast ja die Schnute auch nicht. Aber
mal abgesehen davon – hab ich dich trotzdem liebgewonnen, mein gütiger Freund. Und wie: bis hier
die Geste von: es steht mir bis hier. Technisch!
Trinken wir eins zum Abschied, ja?
Der Hilfskapitän holt eine Flasche aus der Tasche.
Die wievielte ist es – an den Fingern oder nach
eurer Arithmetik berechnet?

Hilfskapitän *biegt bei sich zehn Finger ein, bei Lewscha drei*
Drei – die dreizehnte.

Lewscha Oh, Bruder: zwölf sind die Apostel, die dreizehnte
kommt auf den Teufel . . .!

Hilfskapitän Hat nichts zu sagen. Trink, Ruß. *Trinken.*
Hinter der Palastmauer hervor kriecht aus dem
Wasser der Rote Teufel auf die Stufen.

Lewscha *zum Hilfskapitän* Jesses, guck, guck! . . .

Hilfskapitän *ruhig* Guck an: Der Rothaarige.

Lewscha Bloß schnell, bekreuzige dich – dreh dich um, das
ist der Teufel Murin! Ich hab dir gesagt: die dreizehnte nicht!

Hilfskapitän	Was für ein Teufel? Bei uns ist nach der Arithmetik bewiesen: Teufel gibt es nicht. Das ist das Meerkatzenauge, er ist zahm, hab keine Angst. *Hält dem Teufel ein Stück Brot hin.* Na, friß! *Der Teufel ißt.*
Lewscha	*zieht die Füße höher* Das ist zwar freilich, natürlich, die Arithmetik – sozusagen, als wie . . . Aber frißt bei Gott Brot, was? Gib mal, gib mal, will mal sehn . . . *Nimmt Brot vom Hilfskapitän, hält es dem Teufel hin, wird bange, zieht die Hand zurück.*
Hilfskapitän	Glaub nur, er ist zahm. Guck – willst du: Ich schmeiß dich ins Meer, und er gibt dich mir auf der Stelle zurück?
Lewscha	Freund, mein lieber, komm, laß dich küssen – ja? *Küßt ihn.* Nu . . . nu, wenn du willst – nimm, schmeiß mich zu deinem Teufel . . . dem arithmetischen – komm, schmeiß! *Der Hilfskapitän hebt Lewscha hoch und will ihn dem Roten Teufel zuwerfen, welcher schon die Tatzen ausstreckt. Platow kommt gelaufen, der Rote Teufel taucht unter.*
Platow	*zu Lewscha* A-ah, Hundestrolch, jetzt hab ich dich! Ins Wasser? N-nee, vor mir versteckst du dich nicht in der Erde und nicht im Wasser, vom Meeresgrund hol ich dich mir! *Packt Lewscha am Kragen, stellt ihn vor sich hin.* Raus mit der Sprache: Wo ist der Floh? *Schüttelt Lewscha.* Na?
Lewscha	*schwenkt den ausgestreckten Arm* Do-do-do-dortso.
Platow	Wo – dortso?
Lewscha	Bei denen . . . den englischen Meistern noch . . . sozusagen.
Platow	Uuuh! du bringst mich um, du teuflisches Scheusal.
Lewscha	E-er ist z-z-zahm, demzufolge . . .
Platow	Wer ist zahm? . . .
Lewscha	Der Rote Teufel.
Platow	Du bist wohl früh schon duhn?
Lewscha	Gott behüte nicht! Aber demzufolge er Brot beispielsweise futtert . . . technisch?
Platow	Schn-nauze! Wo sind die englischen Meister?
Lewscha	Die kommen gleich. Auf dem schnellsten Wege hin-

ter uns, ohne Pause, wie – na, Jagdhunde so . . . Da bitte – die Glöckchen!

Man hört die Glöckchen, dann klettern dort, wo der Rote Teufel gewesen ist, der Chemiker-Mechaniker und der Meister von unten herauf.

Chemiker-Mechaniker und Meister   Phu, Gott sei Dank! Grad noch so – grad noch so eingeholt. Haben die Ehre, Donkosak Platow!

Platow   Schn-nauze! Wo ist die Schatulle?

Meister   Hier, bitte sehr. *Gibt sie ihm.* Die besagte.

Platow   Und habt ihr mir nicht heraus, was das Geheimnis ist – dann betet zu eurem Teufelsgott.

Chemiker-Mechaniker   Krieg was raus aus dem! *Zeigt auf Lewscha.* Du auf dem Baumstumpf – er auf dem Ast, du ins Wasser – er auf den Grund: wibbelig, wie der ist!

Lewscha   Wär gut, was?

Platow   *schüttelt Lewscha* Schn-nauze, du Sargnagel! *Mit veränderter Stimme* Recht so, Lewscha, hast Tula nicht blamiert und verraten! *Schüttelt ihn wieder.* Hopp, rede jetzt, Rotz und Wasser noch mal: Was für ein Geheimnis habt ihr gemacht mit dem Floh? Wenn nicht, ist deine Lebenszeit noch fünf Minuten: gleich wird der Zar gebracht, für mich das Ende und für dich der Sargdeckel.

Lewscha   Und wenn, im Fall, nachher gar kein Geheimnis ist? *Zutscht verächtlich durch die Zähne.* Kann aber auch so was wie sein. Gleich wird sich . . . na, dingens . . . alles klarstellen.

Platow   Schn-nauze! *Zu den Pfeifern.* Festung, unbefristet! Und sie *zeigt auf die Engländer* – Sibirien.

Chemiker-Mechaniker   Nein, tapferer Donkosak, uns nach Sibirien ist völlig unmöglich. Noch haben wir die Wunder nicht alle gezeigt, noch nicht zu Ende gespielt das Spiel.

Platow   Euch – das Spiel, und mir – die Schlinge. Uuuh!

In diesem Moment treten die Generäle ein, man führt den Zaren herein.

Zar   Tach auch, na da.

Generäle   Wohlgeruhtzammeistät!

Zar   *mustert sie* Wo ist denn der, mein . . . wie hieß er . . .

Generäle	*springen vor* Hier bin ich, Euer Meistät! – Hier, Meistät! – Hier . . .
Zar	Bleibt mir vom Leibe. Nein, dieser . . . Wie hieß er? – Platow.
Kesselbrodel	Kommt-kommt-kommt-kommt, Meistät. – Kanns kaum abwarten.
Zar	Aha. Na da. Ruf ihn, laß ihn kommen.
Kesselbrodel	*zu Platow* Nu, Freundchen, dein Stündlein ist da: Komm, der Zar verlangt nach dir.
Platow	Der Ofen ist aus – für nichts und wieder nichts. *Zu den Pfeifern, auf Lewscha und die Engländer deutend* Tja . . . aber haltet die hier solange, die Hundesöhne, haltet sie ja fest! Sonst . . . *Weist die Faust.*
	Kesselbrodel und Platow mit der Schatulle gehen in den Thronsaal. Lewscha, die Pfeifer und die Engländer bleiben auf der Treppe. Die Pfeifer bieten Sonnenblumenkerne an, alle setzen sich und kauen.
Zar	Nu, Donkosak Platow, Tach denn.
Platow	*brüllt* Wohlgeruhtzammeistät.
Zar	Wo gewesen, was gesehen?
Platow	So und so, gewesen, laut deinem eigenhändigen Zarenwort, am Stillen Don.
Zar	Berichte also, was bei euch dort die Kosaken für gegenseitige Gespräche unter sich führen.
Platow	Aber das kann ich demzufolge zwecks Heimlichkeit nur ins Öhrchen flüstern.
Zar	Hier, bitte, das Ohr, bediene dich.
	Platow tritt an den Thron, spricht dem Zaren ins Ohr.
Chemiker-Mechaniker	*von draußen, zu Lewscha* Hättst du bloß auf uns gehört, Kamrad, hättst unser englisches Mädel genommen dir, wir wohnten mitsammen von Tür zu Tür.
Lewscha	Nein, Brüder betreffs schließlichenfalls – so eröffne ich euch in meiner letzten Stunde den unmöglichen Grund: sozusagen ich habe mein schmuckes Mädel-Maschka in Tula. Und jetzt demzufolge – da werd ich wohl sterben, ohne sie wiederzusehen. Ach, Lewscha, mein Schöner du, das Schicksal richtete dich

zugrunde! *Winkt mit der Hand ab, beginnt leise auf der Harmonika eine zu Herzen gehende Weise. Geht ab, nach ihm die Engländer und die Pfeifer.*

Zar   *zu Platow* So-o? Na schön! Und mehr hast du mir, zum Beispiel, nicht zu sagen?

Platow   Öh ... chm!

Generäle   *stellen sich auf die Zehenspitzen, tuscheln* Na, paß auf. – Jetzt! – Bricht ein, Platow. – Der ist gewesen!

Kesselbrodel   *stellt sich vor Platow hin* Gestatten, Euer Majestät, die ungeziefrige Erinnerung ...

Platow zupft ihn von hinten. Kesselbrodel hält hinter dem Rücken die Hand auf. Platow steckt ihm etwas zu.

Kammerherrlicher General   So was! So was! Pfui!

Kesselbrodel   *hüstelt* ... daß ... ob es nicht gefällig ist, ein Kakerlaken-Rennen anzuschauen?

Zar   Zieh ab. *Zu Platow* Und du, Bruder, du komm, komm du näher. Warum sagst du über die Hauptsache nichts? *Drohend* Na-a-a? Wie haben sich deine Tulaer Meister denn nun bewährt gegen das englische Nymphosorium?

Generäle   Aus ists. – Bricht ein, Platow! – Mitka hieß er!

Platow   *plumpst auf die Knie* So und so: Willst du – laß mich hinrichten, willst du nicht – begnadige mich. Das Nymphosorium, das verfluchte, ist immer noch in selbiger Räumlichkeit und demzufolge konnten die Tulaer Meister nichts noch verwunderlicher machen.

Zar   Na, Bruder, das ist ja nun – Schmu! Du, der tapfere Kämpfer, trägst mir was vor – was ja gar nicht sein kann! Hörst du?

Platow   *brüllt* Jawohl, Euer Meistät, nicht sein kann. *Mit veränderter Stimme* Und wenn du platzt – es ist so.

Zar   Was, du ... Wie kannst du es wagen, mir verquer zu reden? Her damit!

Platow druckst.

Hörst du nicht? Hats dir die Ohren verstopft? Na? Wirds bald?

Platow gibt dem Zaren die Schatulle. Der Zar öffnet sie, guckt.

Zar Was Krötenschiß! Meiner Treu: Wie der Floh lag – so liegt er. Da stimmt was nicht: Hier haben die Tulaer Meister sicher etwas oberhalb der Vorstellung gemacht. Mal sehn ... *Versucht, ihn mit den Fingern zu fassen.* Ach, daß dich die Pest!

Generäle Das Fingerchen, das Fingerchen, mit Spucke! – Am Fingerchen lecken, Euer Meistät! – Mit dem Züngelchen, dem Züngelchen!

Kesselbrodel *liebedienerisch* Ich lecks an, wenns gefällig ist.

Kammerherrlicher General So was, so was!

Der Zar hält hin, Kesselbrodel versucht zu lecken – die Nase ist im Weg.

Zar Nicht mal das kannst du! Aus meinen Augen, mit deiner deutschen Nase! Nicht mehr sehn will ich dich. Halt-halt! Führ meine Lieblingstochter Anfissa zu mir.

Kesselbrodel geht. Draußen ertönt immer lauter Lewschas herzerweichendes Harmonikalied.

Zar *zu Platow* Wer treibt diese angenehme Musik da?

Platow Ach, bloß ... so ein Tulaer ... Hundsfott ... U-u-u *wird wütend.*

Zar Was ist, was hast du?

Platow Ach, das ist ... demzufolge ... von einer Kriegsverkühlung – die Zähne wackeln.

Zar Aha. Na da.

Die Zarentochter Anfissa *ein Pummelchen, dick, verschlafen – tritt auf* Zu was störst du mich aus dem Schlaf?

Zar Ja, meine Gute, guck, bei mir ist der Finger viel zu dick geworden, und bei dir – da geht er. Nimm das Schlüsselchen hier und zieh bei diesem Nymphosorium im Wänstchen das Bauchmaschinchen auf.

Zarentochter Anfissa Ach, Papachen, ich fürcht mich: Was, wenn es mich in den Finger beißt.

Zar *ärgerlich* Tu, was man dir sagt, Stubbenkopf du.

Die Zarentochter zieht den Floh auf. Alle, zum Haufen geschart, die Hälse reckend, sehen zu. Der Zar erhebt sich vom Thron.

Generäle Die Fühler, die Fühler bewegt er! – Zappelt mit den Beinchen! Gleich läuft er! – Na, na, na! Noch, noch ein Quentchen. – Läuft nicht! – Läuft nicht! Platow muß dran glauben.

Platow *schlägt sich an die Schenkel* So und so: tanzt nicht! Ach, die Scheusale haben ihn versaut. Ich werd ihn! *Läuft hinaus, und im Laufen* Jetzt versteh ich, warum er so stumm war wie das Grab. Den werd ich!

Zarentochter Anfissa *träge* Kann ich gehn, oder was?

Zar Geh, geh dahin, wo der Pfeffer wächst.

Die Zarentochter geht, watschelnd. Der Zar stochert ärgerlich mit dem Finger am Floh herum.

Platow *kommt zurück, zum Zaren* So und so: denen ihr Tulaer Lewscha sagt, man muß, spricht er, diesen Floh mit dem allerkleinsten Merkoskop begucken, dann enthüllt sich alles.

Zar *schreit ärgerlich* Das allerkleinste Merkoskop her!

Kesselbrodel Merkoskop her!

Zehn Generäle bringen im Trab unverzüglich ein riesiges Rohr, stellen es quer im Thronsaal auf – mit dem Guck-Ende zum Publikum; vor das andere Ende halten sie die Schatulle mit dem Floh.

Zar *ergrimmt* Na? Marsch-marsch! Schüttelt euch ruhig mal die Schinken durch!

Kesselbrodel Bitteschön, Euer Meistät. Alles steht auf dem Sprung, wie es heißt – die Quadriga bis Riga, das Zünglein an der Wolga.

Der Zar steigt vom Thron, geht, an den Ellbogen unterstützt, zum Merkoskop, guckt. Kesselbrodel hastet, kommt zum anderen Ende gelaufen, steckt seine lange Nase hinein – und sofort sehen der Zar und das Publikum eine riesige Nase.

Zar Graf, warum sitzt deine Nase verkehrt, hm? Ist ja nicht auszuhalten. Tu sie weg, in die Tasche.

Kesselbrodel steckt eilends die Nase in die Tasche.

Setz sie auf: hörst du, die Leute lachen.

Kesselbrodel setzt die Nase auf, der Zar blickt durch das Merkoskop.

Zu Kesselbrodel Ech! Nichts zu sehen! Her mit dem . . . na, diesem . . . dem Arzt-Apotheker.

Kesselbrodel Hol! Ruf!

Die Generäle laufen.

Arzt-Apotheker *tritt ein* Wünsche wohl geruht . . .

Zar	*ärgerlich* Das weiß ich, weiß ich! Kannst du in das Merkoskop das richtige Licht führen?
Arzt-Apotheker	Hinter das Licht führen – o ja, das können wir sehr gut. *Stellt das Merkoskop.* Eins, zwei, drei. Fertig! Bitte sehr!
	Der Zar blickt durch das Merkoskop. Jetzt sehen er und das Publikum – nicht die Generäle – einen riesigen Floh.
Zar	Aha. Da wolln wir mal sehen. Dreh den Rücken her. So, die Seite. So. Das Wänstchen . . . Hm. Was ist denn das hier! Alles, wie es war. *Zu Platow* Schaff den her, diesen Tulaer! *Platow druckst. Der Zar drohend* Na-a? *Stampft auf.* Bring den her, verstanden, oder du weißt Bescheid.
Platow	*läuft, betet im Laufen* Herr, gedenke König Davids und all seiner Demut – heilig, heilig, heilig!
	Die Pfeifer führen Lewscha herein. Er – in Pluderhosen, ein Hosenbein im, das andere über dem Stiefel, der Kragen ist zerrissen – tritt aber forsch auf – mit dem Mut der Verzweiflung oder im Rausch. Nach ihm der Hilfskapitän und Platow.
Platow	*stößt Lewscha in die Seite* So, Halunke, da geh – da steh Rede jetzt. U-u-u!
Lewscha	Na und: ich geh auch, ich steh auch Rede – technisch! *Zutscht verächtlich an den Zähnen. Mit seiner Harmonika unter dem Arm tritt er vor den Zaren – verbeugt sich.*
Zar	Na, Tach auch. Hm, das bist du also! Was ist das auf deinem Kopf – echt Federn?
Lewscha	Also das . . . sozusagen . . . bei der Lehre gerupft.
Zar	Aha. Das ist gut. Aber jetzt sag mal: Bruder, was soll das? Wir haben durch das Merkoskop rum und num geguckt und können nichts Bemerkenswertes ersehen. Schlecht arbeitet ihr – schlecht, schlecht, schlecht! Ja.
Lewscha	Ihr habt schon zwar freilich geguckt, aber gucken muß man, wolln mal sagen: mit Verstand, sonst nämlich der Ochs, in dem Fall, vor dem neuen Tor, der guckt auch. Ja.
Kammerherrlicher General	*stürzt zu Lewscha und zupft ihn von hinten* Pschschsch!

Generäle und Kesselbrodel	Bist du ... bist du noch ... Tollgeworden? – Kuhbauer!
Zar	Hört auf, klugzuscheißen über ihn. Soll er antworten, wie ers versteht. *Zu Lewscha* Hier, guck selbst: siehst nichts.
Lewscha	Hättet ihr nur die Augen besser aufgedeckelt, ja. So kann man nichts sehen natürlich. Weil nämlich unser Geheimnis – mal angenommen in dem Fall ... gegenüber diesem Maßstab, da ist es nicht zum Vergleich feiner.
Zar	Es gibt also ein Geheimnis?
Lewscha	*zutscht an den Zähnen* Ha! Scheinbar doch. Schließlich.
Zar	Und wie kriegt man es vor Augen – das Geheimnis?
Lewscha	Na, zum Beispiel, ein einzelnes Flohbeinchen ... na, ich meine ... durch dieses Merkoskop hindurch, technisch, und jede demjenige Flohhacke bloß mal. Und da, das, ist die Verwunderung ... Guten Tag, da bin ich. Ja.
Zar	*zu Lewscha, zeigt auf den Arzt-Apotheker* Dem gib Bescheid, der richtet sofort alles, aufgrund der Wissenschaft, her.
	Lewscha geht ohne Eile. Platow hinter ihm her mit Fäusten – vor Ungeduld zittert er am ganzen Leib.
Platow	Rühr dich, Waldschrat du ... U-u-u!
Zar	Mach hin, Bruder – kannst einen aber auch!
Lewscha	*zum Zaren* Mach, mach! Hast du schon mal gehört: Wenn man die Kinder zu eilig macht – werden sie blind geboren, beispielsweise.
Platow	Schn-nau ... *hält sich den Mund zu.*
Arzt-Apotheker	*stellt das Merkoskop ein* Fertig.
Lewscha	*zum Zaren* Na und jetzt guckt, wenn ihr wollt: Tut mir das was? *Geht zum Hilfskapitän, schenken sich ein, trinken.*
Zar	*zu den Generälen, die sich am Merkoskop drängeln und im Weg sind* Kusch! Beiseite!
	Die Generäle stieben auseinander. Der Zar blickt durch das Glas. Platow steht entfernt, will sich bekreuzigen – hält inne, setzt wieder an – hält wieder ein, läßt kein Auge vom Zaren. Und plötzlich sehen

der Zar und das gesamte Publikum eine riesige Flohhacke und darauf ein Hufeisen. Die Generäle und Platow sehen das nicht — sie stehen mit dem Rücken zur Bildwand.

Zar Da haben sie tatsächlich doch diesen Floh ... Na, das ist aber geschickt. Ach, da krepier! Ach-ach-ach!

Generäle, Platow und Kesselbrodel *stürzen hin* Was? — Was? — Was ist da?

Zar *strahlt* Guck doch nur! Diese Gauner, haben sich ausgeheckt, diesem englischen Floh Hufeisen zu versetzen. Das Nymphosorium beschlagen, ja? *Guckt wieder in das Merkoskop.* Halt-halt-halt! Was ist denn das noch? Dreh mal ran! *Das Hufeisen größer, man erkennt Buchstaben. Der Zar liest* Jegu. Pytsch. Sch.-Mtr. Sch-Mutter. *Zu Lewscha* Nicht gut, nicht gut! Wozu habt ihr das dort drauf geschrieben — Sch.-Mtr. Nicht in Ordnung!

Lewscha Wie kann man so ungebildet sein ... Mensch, Mutter! Meister heißt das. Das ist die Kurzschrift — weiß man doch. Sch.-Mtr. — Schmiedemeister. So unterschreibt man.

Zar Da hat er also dort noch unterzeichnet? Ach, du unreine Kraft! Je-je-je! Guckt euch das an! Solche Hundsfötte. *Alle stürzen hin, um zu gucken.*

Platow *schreit* La-aßt mich, laßt mich durch, ich schla-ag euch tot! *Wirbelt alle fort und saugt sich, die Ellbogen abspreizend, in das Merkoskop. Dann läuft er zu Lewscha.* Bruder du ... *Klopft sich vor die Brust, ihm fehlen die Worte, blickt anbetend auf Lewscha.* Ech! *Holt ein Gläschen aus der Tasche, hält es dem Hilfskapitän zum Einschenken hin, stößt mit Lewscha an.* Ach ... daß dich ... Mann. Na, laß gut sein, sollst leben, weil dus bist! Sauhund. Ich verzeihe dir, verzeihe dir alles!

Lewscha Werd witzig, die Welt ist spitzig. *Zum Hilfskapitän* Schenk ein. *Trinken. Spielt auf der Harmonika und singt* Tula, Tula, Tula-lu ...

Kammerherrlicher General *stürzt zu ihm* Hör auf! Was glaubst du, wo du bist, auf dem Jahrmarkt vielleicht?

Lewscha Ich hab meine Sache gemacht, und dann will ich auch ... technisch eben ...

Währenddessen schafft der Zar Ordnung am Merko-
skop.

Zar Ruhe hier. Anstellen. In die Schlange. *Ordnet die*
Reihe. Kesselbrodel, Prinzessin Anfissa hierher.
Alle hierher! Her mit ihnen!
Platow läuft die Engländer holen.

Chemiker-Mechaniker *wirft den Hut und die Brille des Arztes ab,*
läuft zum Zaren Da bin ich – der englische Chemiker-Mechaniker, und da sind meine teuren Genossen, die einen Floh und andere solche Verwunde-
rungstricks herstellen können innerhalb eines
Augenblicks.

Zar Aber jetzt, aber jetzt, da guck, was unsere Tulaer
Technik hier fertigbringt gegen euren wissenschaftlichen Floh. He, na, Arzt-Apotheker . . . wo ist denn
der?

Arzt-Apotheker *setzt den Hut auf, läuft in einem Bogen herum*
Hier, Euer Mei . . .

Zar Aha! Aber jetzt putz ihm die Nase, diesem Rotz
und Wasser, zeigs ihm!

Arzt-Apotheker Dem werd ich sie putzen. He, Rotz und Wasser –
guck! *Läuft zurück, nimmt Hut und Brille ab, guckt*
selbst.

Zar *dreht sich um, sucht nach dem Chemiker-Mechaniker*
Wo ist denn der nun?

Chemiker-Mechaniker Hier bin ich, Euer Mei . . . *Guckt.* Ach-ach-
ach!

Meister und Mary *gucken* Ach-ach-ach!

Zar *triumphierend* Volltreffer, was? *Zeigt den Englän-*
*dern die Feige.**
Lewscha fängt wieder das herzerweichende Lied
auf der Harmonika an. Der Zar erinnert sich Lew-
schas, geht zu ihm.
So, Bruder, paß auf: Getröstet hast du mich bis da
hinaus. Danke. *Umarmt und küßt ihn.*
Lewscha gleichgültig, wischt sich mit dem Ärmel
den Mund ab, hält dem Hilfskapitän das Gläschen
hin.
Bitte, Lewscha, um was dein Herz begehrt. Wenn du

* eine Faust mit dem Daumen zwischen Mittel- und Zeigefinger
als Zeichen für Spott und Herausforderung

willst – befördere ich dich sofort zu einem vollständigen General im Ruhestand.

Lewscha *trinkt, zeigt dann mit dem Finger auf die Generäle* W-w-wie die K-k-kahlköpfe da? *Zutscht verächtlich an den Zähnen.* Keine Zustimmung meinerseits, zum Kahlkopf. Weil mich die Maschka dann nicht ... nicht ... nicht vergöttern wird – darum.

Hilfskapitän *stark angeheitert, wackelt mit dem Kopf* Richtig, Kamrad!

Zar Wenn das so ist, belohne ich dich mit dem Sängerparadekaftan. Her mit dem Kaftan! Eh! Marschmarsch!

Man bringt den Kaftan, zerrt ihn Lewscha über. Der Kaftan hängt an ihm wie an einem Kleiderbügel. Lewscha nimmt gleichgültig die Harmonika vom Boden auf – er hatte sie während des Anziehens dort abgestellt – trinkt das Glas aus. Wischt sich den Mund ab. Kesselbrodel führt die Prinzessin Anfissa zum Merkoskop – stellt ihr ein Bänkchen unter. Musikanten treten auf.

Zar *ersteigt, gestützt von den kammerherrlichen Generälen, den Thron, feierlich* Graf Kesselbrodel, ich erkläre dir öffentlich: Gib ihm Geld, dem Gauner, soviel er will. Schütt aus – knausre nicht.

Kesselbrodel *tritt zu Lewscha* Hast du gehört? Bitte also, aber stell keine Ansprüche, mein Lieber.

Lewscha *die Zunge gehorcht ihm kaum* Für ... für ... Maschka ... will ich ... hundert Rubel in Tscherwonzen, dreißig Silber, Scheine ein Pud und drei Vvvv ... Viertel.

Kesselbrodel Also, und das Gesuch reichst du dann morgen ein. Jetzt belohnt dich der Zar mit einem Zwei-Groschen-Stück, aus eigener Tasche, wie man so sagt. Nu, geh, geh, mehr gibts nicht.

Lewscha *guckt auf das Zweigroschenstück* Ech, die Welt ist spitzig. Meine Maschka werd ich nicht kriegen. *Zum Hilfskapitän* Gehn wir weg von hier, gütiger Freund. *Gehen hinaus. Auf der Treppe zieht Lewscha die Harmonika lang.* T-Tula – Tula *setzt sich den Hut da andersrum auf* ...

Zar He, Musik! *Die Musikanten spielen.*

Reviervorsteher	*pflanzt sich auf der Treppe neben Lewscha auf* Was soll das heißen? Schschtreng unerlaubt!
Lewscha	*hört auf, klopft sich, auf sich zeigend, mit dem Finger auf die Brust* D-d-d-der ... K-k-kaftan sagt dir wohl nichts, du ... du ... zum Beispiel, technisch. Ech ... Stimmung! *Wieder auf der Harmonika* Tula, Tula, Tula-lu, meine Heimat, die bist du!
Reviervorsteher	Trrrr. *Pfeift, Gendarmen kommen gerannt.*
Lewscha	*zum Hilfskapitän* Guck, Bruder bei euch muß man Geld geben, bei uns sind die ... Phr-phr-pharaone unentgeltlich ... oder so ... I ... jech, Tula-Tula — schlägt mit dem Hut da in den Dreck. Ej, sum-sum-sum Kaluga ...
Reviervorsteher	*zu den Gendarmen* Hauts ihm! ...
Lewscha	Paß auf, der Kaftan ... der Kaf ... der Kaf ... *Verstummt.* *Die Gendarmen stellen sich dicht um ihn und schlagen ihn.*
Hilfskapitän	*rennt um sie herum, schreit* Halt-halt, nicht! Laßt ihm das Leben ... das Leben! Nicht!
Reviervorsteher	So, in die Fresse. Auf die Schnauze. Ins Genick. *Man sieht, wie Lewscha (Puppe) hochfliegt, fällt und die Treppe hinunter ins Wasser rollt.*
Hilfskapitän	*läuft an die Rampe* Oh, Allmächtiger, erschlagen haben sie ihn! Er ist ertrunken! Allmächtiger! *Läuft weg, die letzten Worte schon entfernt. Sogleich wird die Bühne dunkel.* *Auf dem Proszenium die Chaldäer; der das Mädel-Maschka ist, sitzt und jammert.*
Erster Chaldäer	Nu, was denn, was denn? Weiberdummheit! Was hast du da zu flennen?
Mädel-Maschka	Wegen Lewscha ist es mir. Ich seh ihn nie wieder, den Guten, bis an mein Ende nicht!
Erster Chaldäer	Und wozu bin ich da? Paß auf! *Pfeift auf zwei Fingern. Licht auf der Bühne. Aus dem Ofen fällt Lewscha mit der Harmonika heraus. Steht auf, hebt die Harmonika auf, klopft sich ab.*
Lewscha	Maschka! Wirklich du?
Mädel-Maschka	Lewscha, du mein Schöner, du.
Lewscha	*lacht freudig* Ühühühü! *Sie stehen, sind verlegen.*

Mädel-Maschka Lewscha, hörst du, Lewscha? Gehn wir uns vergöttern!

*Gehen langsam ab. Lewscha spielt auf der Harmo-
nika.*

Chemiker-Mechaniker *zum Publikum* Wir gratulieren hiermit zum
glücklichen Ausgang und empfehlen zu achten auf
unseren Aushang, wo die kommenden Zeiten geschrieben stehn, an denen wir hoffen, Sie wiederzu-
sehn.

1924

Daniil Charms
Jelisaweta Bam

Aus dem Russischen von Lothar Trolle

Personen

Jelisaweta Bam
ihre Mama
ihr Papa
Iwan Iwanowytsch
Pjotr Nikolajewitsch
ein Bettler
ein Stubenmädchen
Stimmen
zwei Köpfe
Musikinstrumente (Geige, Flöte, Trommel, Sirene,
eine Glocke)

Ort des Geschehens: ein Zimmer
(nicht groß, nicht tief, einfach)

1. Realistisches Melodrama

Jelisaweta Bam	Gleich ... jeden Augenblick ... geht dort die Tür auf, und sie kommen ... Darauf kann ich mich verlassen, sie kommen, sie schnappen mich und treten mich in den Dreck ... Was könnten sie mir vorwerfen? ... Was könnten sie mir vorwerfen? ... Wenn ich das nur wüßte! ... Abhaun ... Aber wie ... Die Tür führt auf die Treppe, und auf der Treppe stoße ich auf sie ... Durchs Fenster ... *Guckt aus dem Fenster. U! Schreckt zurück.* Zu hoch ... Springen ausgeschlossen! ... Was mache ich nur ... *Horcht.* ... Schritte! ... Sie! ... Ich schließe die Tür ab und mache nicht mehr auf. *Schließt die Tür ab.* ... Jetzt können sie klopfen, solange sie wollen. *Klopfen an der Tür, danach Stimme hinter der Bühne.*
Stimme	*drohend* Jelisaweta Bam, machen Sie auf. *Pause.* Jelisaweta Bam, aufmachen!
Stimme aus der Ferne	Da könnt ihr lange warten, die macht nicht auf!
Stimme hinter der Tür	Die macht auf! Jelisaweta Bam, aufmachen! *Jelisaweta Bam wirft sich aufs Bett und hält sich die Ohren zu. Stimmen hinter der Tür*
1. Stimme	Jelisaweta Bam, ich befehle Ihnen, machen Sie sofort die Tür auf!
2. Stimme	Sagen Sie ihr, wir schlagen ihr sonst die Tür ein! Weg, ich versuchs einmal.
1. Stimme	*laut* Wenn Sie nicht aufmachen, schlagen wir Ihnen die Tür ein.
2. Stimme	Vielleicht ist sie gar nicht da.
1. Stimme	*leise* Die ist da. Wo soll sie hin sein, sie ist die Treppe hochgerannt, und hier ist nur eine Tür, wo

soll sie also hin sein. *Laut* Jelisaweta Bam, ich sage Ihnen zum letzten Mal, machen Sie die Tür auf. *Pause.* Los!

Während versucht wird, unter dem Gesang von Stabreimen die Tür aufzubrechen, läuft Jelisaweta Bam zur Mitte der Bühne und horcht.

2. Stimme   Messer her!

Ein Schlag. Jelisaweta Bam horcht, die Schulter vorgeschoben.

1. Stimme   Versuchen Sie es einmal mit der Schulter.

2. Stimme   Rührt sich nicht. Moment, ich versuchs einmal so.

Die Tür kracht, hält aber stand.

Jelisaweta Bam   Ich mache Ihnen solange nicht auf, bis Sie mir erklären, was Sie mit mir vorhaben.

1. Stimme   Sie wissen doch, was Sie erwartet.

Jelisaweta Bam   Nein, weiß ich nicht. Wollen Sie mich umbringen?

1./2. Stimme   *gemeinsam* Auf Sie wartet eine Strafe, die es in sich hat! Uns entkommen Sie nicht!

Jelisaweta Bam   Aber vielleicht verraten Sie mir, was habe ich verbrochen?

1. Stimme   Das wissen Sie doch selber!

Jelisaweta Bam   *stampft mit dem Fuß auf* Nein, weiß ich nicht!

1. Stimme   Sie gestatten, aber wir glauben Ihnen nicht!

2. Stimme   Verbrecherin!

Jelisaweta Bam   *lacht* Und Sie denken, wenn Sie mich umbringen, ist Ihr Gewissen rein?

1. Stimme   Wir erledigen das aus Rücksicht auf unser Gewissen!

Jelisaweta Bam   Ja ... wenn das so ist ... o weh! ... aber Sie wissen doch überhaupt nicht, was das ist: Gewissen!

2. Realistische Komödie

2. Stimme	Wieso wissen wir nicht, was das ist: Gewissen? Pjotr Nikolajewitsch, sie behauptet, wir wüßten nicht, was Gewissen ist!
Jelisaweta Bam	Gerade Sie, Iwan Iwanowytsch, wann verspürten Sie schon jemals Gewissensbisse? Sie sind schlechtweg ein Ganove!
2. Stimme	Wer ist hier ein Ganove? Etwa ich? . . . Etwa ich? . . . Bin ich etwa ein Ganove! . . .
1. Stimme	Psst, psst, Iwan Iwanowytsch. Jelisaweta Bam, ich befehle Ihnen . . .!
	Jelisaweta Bam drückt die Hände gegen die Schenkel und streckt den Kopf in Richtung Tür.
2. Stimme	Also . . . nein! . . . Bin ich etwa ein Ganove!
1. Stimme	Nun fühlen Sie sich nicht gleich beleidigt! Jelisaweta Bam, ich bef . . .
2. Stimme	Nein! Stop! Pjotr Nikolajewitsch, jetzt sagen Sie mir, bin ich ein Ganove!
1. Stimme	Jetzt hören Sie schon auf!
2. Stimme	Bin ich Ihrer Meinung nach ein Ganove?
1. Stimme	Ja, ein Ganove!
2. Stimme	Ach, Sie meinen also auch, ich bin ein Ganove, das wollten Sie doch sagen!
	Jelisaweta Bam hetzt auf der Bühne hin und her.
1. Stimme	Zum Teufel mit Ihnen! Blödian! Und nimmt teil an einer derartig verantwortungsvollen Sache! Da fällt nur so ein Wort, und schon gehen Sie die Wände hoch! Wie wollen Sie denn hinterher dastehen! Idiot!
2. Stimme	Dilettant!
1. Stimme	Haun Sie bloß ab!
Jelisaweta Bam	Iwan Iwanowytsch ist ein Ganove!
2. Stimme	Das entschuldige ich Ihnen nie!

1. Stimme	Jetzt werfe ich Sie die Treppe runter!
2. Stimme	Probieren Sie es nur!
1. Stimme	Ich mache es, mache es, mache es!

Jelisaweta Bam öffnet die Tür, Iwan Iwanowitsch steht vor der Tür auf Krücken, und Pjotr Nikolajewitsch sitzt mit verbundener Backe auf einem Stuhl.

Jelisaweta Bam *nickt* Der Arm, zu kurz geraten!

Pjotr Nikolajewitsch   Ich, einen zu kurzen Arm!

Iwan Iwanowytsch   Sie, ja Sie. Nicht wahr, Sie meinten doch ihn?
Zeigt auf Pjotr Nikolajewitsch.

Jelisaweta Bam   Ja, ihn!

Pjotr Nikolajewitsch   Jelisaweta Bam, etwas Derartiges zu behaupten steht Ihnen nicht zu!

Jelisaweta Bam   Warum?

Pjotr Nikolajewitsch   Darum! Weil Sie ein abscheuliches Verbrechen begangen haben, weil man Ihnen die Stimme entzogen hat. Sie haben mir gegenüber keine Frechheiten zu äußern!
Sie . . . Kriminelle!

Jelisaweta Bam   Warum?

Pjotr Nikolajewitsch   Wieso warum!

Jelisaweta Bam   Warum bin ich für Sie eine Kriminelle?

Pjotr Nikolajewitsch   Weil man Ihnen die Stimme entzogen hat!

Iwan Iwanowytsch   Stimme entzogen hat.

Jelisaweta Bam   Nichts wurde mir entzogen.
Überprüfen können Sie das an der Uhr!
Der Hintergrund fährt davon und gibt Iwan Iwanowytsch und Pjotr Nikolajewitsch den Weg frei zur Tür.

3. Naiv komischer Kitsch

Pjotr Nikolajewitsch Dazu wird es nicht kommen! Ich habe einen Posten vor die Tür gestellt und beim leisesten Geräusch fängt Iwan Iwanowytsch an, laut zu schlukken.

Jelisaweta Bam Führen Sie es mir vor! Ach bitte, führen Sie es mir vor!

Pjotr Nikolajewitsch Dann aufgepaßt! Bitte umdrehen! Eins ... zwei ... drei ... *Stößt den Nachttisch um und geht auf die Vorbühne, Iwan Iwanowytsch folgt ihm unter lautem Schlucken und stellt dabei den Nachttisch wieder auf.*

Jelisaweta Bam Noch einmal, bitte.
Nach einer Pause stößt Pjotr Nikolajewitsch wieder den Nachttisch um und geht wieder auf die Vorbühne, und Iwan Iwanowytsch folgt ihm wieder unter lautem Schlucken und stellt den Nachttisch auf.

Jelisaweta Bam Wie stellen Sie das bloß an?

Pjotr Nikolajewitsch Ganz simpel. Iwan Iwanowytsch, zeigen Sie es ihr.

Iwan Iwanowytsch Avec Plaisir. *Geht auf allen vieren und schlägt dabei mit einem Bein aus.*

Jelisaweta Bam Wunderschön! *Ruft* Mama! Komm einmal her! Die Gaukler sind gekommen. Meine Mama kommt gleich.
Papa und Mama betreten die Bühne, setzen sich und gucken.

Jelisaweta Bam Darf ich vorstellen, Pjotr Nikolajewitsch, Iwan Iwanowytsch. Und jetzt führen Sie uns etwas vor!

Iwan Iwanowytsch Avec Plaisir!

Pjotr Nikolajewitsch Allez hopp!
Iwan Iwanowytsch versucht einen Kopfstand, fällt aber um.

Jelisaweta Bam Los, los!

Iwan Iwanowytsch *auf dem Fußboden sitzend* Ich kann mich hier nirgends aufstützen.

Jelisaweta Bam *kokettierend* Brauchen Sie vielleicht ein Handtuch?

Iwan Iwanowytsch Wozu?

Jelisaweta Bam Nur so . . . *Lacht.*

Iwan Iwanowytsch Ihr Äußeres ist sehr angenehm.

Jelisaweta Bam Ach ja? Und warum?

Iwan Iwanowytsch *unter lautem Schlucken* Weil . . . hü . . . Sie . . . hü . . . ein . . . hü . . . Vergiß . . . hü . . . mein . . . hü . . . nicht . . . hü . . . sind . . . hü.

Jelisaweta Bam Ich, ein Vergißmeinnicht? Ehrlich? Und Sie sind eine . . . *näselnd* . . . Tulpe.

Iwan Iwanowytsch Was?

Jelisaweta Bam Eine Tulpe.

Iwan Iwanowytsch *verdutzt* Sehr angenehm.

Jelisaweta Bam *näselnd* Wenn Sie erlauben, ich würde Sie gern pflücken.

Papa *im Baß* Jelisaweta, keine Dummheiten.

Jelisaweta Bam *zum Papa* Moment, Papa, Moment. *Sie hockt sich hin, stützt sich auf und spricht französelnd zu Iwan Iwanowytsch* Runter auf alle viere.

Iwan Iwanowytsch Wenn Sie erlauben, Jelisaweta Tarakowna, ich geh lieber nach Hause. Zu Hause erwartet mich meine Frau. Sie hat viele Kinder, Jelisaweta Schabe. Entschuldigen Sie, daß ich Sie gelangweilt habe. Vergessen Sie mich nicht. Ich bin halt so ein Mensch, den alle davonjagen. Fragt sich nur, warum? Bin ich etwa ein Dieb? Offensichtlich nicht. Jelisaweta Eduordowna, ich bin ein ehrlicher Mensch. Ich habe zu Hause eine Frau. Eine Frau mit vielen Kindern. Prachtvolle Kinder! Jedes hält in seinen Zähnen eine Streichholzschachtel. Entschuldigen Sie, Jelisaweta Michailowna, aber ich gehe jetzt.
Zieht seinen Pelz an und geht. Pjotr Nikolajewitsch geht zu Papa und Mama. Mama ist mit irgend etwas unzufrieden und geht auf die Vorderbühne. Während alle schweigen, knotet Jelisaweta Bam einen Strick um Mamas Fuß und bindet das andere Ende des Stricks an dem Stuhl fest.

Mama *singt zu einer Musik*
Und es flammte auf der Morgen,
und rot erstrahlten die Wasser,
und über den See flog
die schnelle Möwe . . .
*Singt das Lied zu Ende und geht an ihren Platz
zurück, den Stuhl hinter sich her ziehend.*
Pjotr Nikolajewitsch   Da wären wir also.
Papa   Gelobt sei der Herr.
Ab.

4. Realistische Milieukomödie

Jelisaweta Bam	Und du, Mama, hast du nicht Lust spazierenzu-gehen?
Mama	Du etwa?
Jelisaweta Bam	Schreckliche Lust!
Mama	Nein, ich geh' nicht.
Jelisaweta Bam	Spazierengehen. *Bettelt* bittebittebitte ...
Mama	Also, gehen wir, gehen wir.
	Ab.
	Bühne leer.

5. Radix – Rhythmus*

Iwan Iwanowytsch   Wo, wo, wo!
Pjotr Nikolajewitsch   *hereinrennend* Jelisaweta Bam!
                        Jelisaweta Bam!
                        Jelisaweta Bam!
                        Hier!
                        Hier!
                        Hier!
Iwan Iwanowytsch   Dort!
                    Dort!
                    Dort!
Pjotr Nikolajewitsch   *skandierend* Wo sind wir, Iwan Iwanowytsch?
Iwan Iwanowytsch   *skandierend* Man hat uns eingesperrt!
Pjotr Nikolajewitsch   *skandierend* Unverschämtheit!
Iwan Iwanowytsch   *skandierend* Da ham w' den Salat, fünf minus
                    fünf!
Pjotr Nikolajewitsch   *singend* Wo ist Jelisaweta Bam?
Iwan Iwanowytsch   *singend* Was wollen Sie von ihr?
Pjotr Nikolajewitsch   *singend* Umbringen!

* Charms und seine Freunde der Oberiu (Gesellschaft für
realistische Künste) nannten sich Radix (lat. Wurzel). Sie, die
Gesänge über die Kämpfe in der Natur (Maus gegen Käfer,
Bussard gegen Maus usw.) verfaßten und an Baumstämme
hefteten, träumten von einem »Theaterereignis, das (. . .) seine
eigene Sujetlinie und eigenen szenischen Sinn hat, (. . .) dessen
einzelne Elemente für sich existieren, (. . .) ihren eigenen Wert
behalten und sich nicht dem Schlag eines Theatermetronoms
unterwerfen«, bei dem »ein Schauspieler, der einen Minister
darstellt, plötzlich auf allen vieren über die Bühne läuft und
wie ein Wolf heult oder ein Schauspieler, der einen russischen
Bauern darstellt, eine lange Rede in Latein hält« und »die
Dekorationen, die Bewegungen des Schauspielers, die weg-
geworfene Flasche, ein Kostümfetzen (. . .) Schauspieler sind,
wie diejenigen, die mit den Köpfen wackeln und Sätze sagen.«
(Anmerkung des Übersetzers)

Iwan Iwanowytsch   *singend* Jelisaweta Bam sitzt dort auf der Bank!
Pjotr Nikolajewitsch   *singend* Los, dann sprinten wir jetzt dorthin
       zur Bank.

Während beide, auf der Stelle tretend, »losrennen«,
wird ein Holzstamm auf die Vorbühne getragen,
und »rennend« zersägen Pjotr Nikolajewitsch und
Iwan Iwanowytsch den Stamm.

Hopp, hopp,
gesprungen,
die Dämmerungen
hinter den Bergen
die rosaroten Wolken
bergen
      hu hu
        die Lokomotiven
        uhu uhu
   die Eule.

6. Milieu – Radix

Jelisaweta Bam Suchen Sie mich? *Steht auf und geht ab.*

Pjotr Nikolajewitsch Sie! Wanja, sie ist hier!

Iwan Iwanowytsch Wo, wo? Wo!

Pjotr Nikolajewitsch Hier, unterm Busch!

Ein Bettler tritt auf.

Iwan Iwanowytsch Dann hol sie vor!

Pjotr Nikolajewitsch Geht nicht.

Bettler *stotternd zu Jelisaweta Bam* Ge ... ge ... nos ... sin, ein ... eine klei ... ei ...ne Sp ... sp ... ende. Das nächs ... te ... te Mal k ... kann ichs sch ... sch ... schon b ... b ... b ... esser. Ich ü...ü...üb schon d ... die g ... g ... ganze Zeit.

Jelisaweta Bam *zum Bettler* Ich habe nichts.

Bettler *stotternd* U ... und w ... w ... enns n ... n ... nur n ... n ... ne Ko ... ko ... ko ... peke wäre!

Jelisaweta Bam Frag dort den Onkel. *Weist auf Pjotr Nikolajewitsch.*

Jelisaweta Bam Hier, hinter diesem Strich.

Pjotr Nikolajewitsch *stotternd zu Iwan Iwanowytsch* P ... p ... paß j ... j ... jetzt a ... a ... auf!

Ein Tisch wird auf die Bühne gefahren, Jelisaweta Bam schiebt den Stuhl an den Tisch und setzt sich.

Iwan Iwanowytsch Ich grabe Radix aus! Wurzel ... Wurr ... zel!

Bettler H ... h ... helft m ... m ... mir Ge ... ge ... ge ... nos ... nos ... sen!

Pjotr Nikolajewitsch *zum Bettler* Los, reinkriechen!

Iwan Iwanowytsch Stütz dich auf die Steine!

Pjotr Nikolajewitsch Laß man, das kriegt der schon hin!

Der Bettler kriecht unter die Kulissen.

Jelisaweta Bam Setzen Sie sich doch. Glotzt nicht so!

Pause.

Iwan Iwanowytsch Danke.

Pjotr Nikolajewitsch   Setzen wir uns.
> *Sie setzen sich und löffeln schweigend Suppe.*

Jelisaweta Bam   Mein Mann kommt überhaupt nicht wieder. Wo der nur wieder steckt?

Pjotr Nikolajewitsch   Der kommt. *Springt auf und rennt über die Bühne.* Weg! Weg!

Iwan Iwanowytsch   *lacht und rennt auf Pjotr Nikolajewitsch zu* Wo ist das Haus?

Jelisaweta Bam   Hier, hinter diesem Strich.

Pjotr Nikolajewitsch   *schlägt Iwan Iwanowytsch auf die Schulter* Du bist dran!
> *Papa kommt auf die Bühne mit einer Feder in der Hand.*

Jelisaweta Bam   Iwan Iwanowytsch, hierher.

Iwan Iwanowytsch   *lacht* Wie denn, ohne Füße?

Pjotr Nikolajewitsch   Auf allen vieren!

Papa   *ins Publikum* Von welcher geschrieben stand!

Jelisaweta Bam   Wer ist dran?

Iwan Iwanowytsch   Ich . . . *lacht* . . . in Hosen!
> *Jelisaweta Bam und Pjotr Nikolajewitsch lachen.*

Papa   Kopernikus war ein großer Gelehrter.

Iwan Iwanowytsch   Mir wachsen auf dem Kopf Haare!
> *Jelisaweta Bam und Pjotr Nikolajewitsch lachen.*

Iwan Iwanowytsch   *schmiegt sich an den Boden* Ich bin völlig down!
> *Jelisaweta Bam und Pjotr Nikolajewitsch lachen.*
> *Mama betritt die Bühne.*

Jelisaweta Bam   Oh, oh, ich kann nicht mehr!

Papa   *vortretend* Beim Kauf eines Huhnes achte man stets darauf, daß es keine Zähne hat. Hat es Zähne, ist es kein Huhn.

7. Feierliches Melodrama
(Von Radix angeheizt)

Pjotr Nikolajewitsch *die Hand hebend* Beachten Sie jetzt bitte jedes Wort, das ich sage. Ich beweise jetzt: Unglück tritt stets dann ein, wenn man es nicht erwartet. Als ich noch ein ganz junger Mann war, wohnte ich in einem kleinen Haus mit einer quietschenden Tür. Außer mir gab es dort nur Mäuse und Schaben. Die Schaben waren überall. Wenn die Nacht hereinbrach, schloß ich die Tür und löschte das Licht. Ich schlief und fürchtete nichts.

Stimme hinter der Bühne   Nichts.

Mama   Nichts.

Flöte   *flötet hinter der Bühne* I – – i

Iwan Iwanowytsch   Nichts.

Flügel   *flügelt* I – i

Pjotr Nikolajewitsch   Nichts. *Pause.* Nichts gab es dort, was ich zu fürchten hatte. Diebe hätten kommen und das ganze Häuschen durchstöbern können, was hätten sie gefunden? – Nichts!

Flöte   *flötet hinter der Bühne* I – i.
Pause.

Pjotr Nikolajewitsch   Und wer sonst noch hätte zu mir schleichen können, nachts! Ich wüßte keinen, der . . .! Oder!

Stimme hinter der Bühne   Ich wüßte keinen, der!

Pjotr Nikolajewitsch   Oder! Doch auf einmal werde ich munter . . .

Iwan Iwanowytsch   . . . sehe, die Tür steht offen, und in der Tür steht eine Frau. Starr sehe ich sie an. Sie steht. Es war schon ziemlich hell. Es muß gegen Morgen gewesen sein. Jedenfalls ihr Gesicht konnte ich genau erkennen. Und wer war es . . . *Zeigt auf Jelisaweta Bam.* Damals sah sie aus wie . . .
Alle verdecken einander.

Alle   Ich.

Iwan Iwanowytsch   Ich spreche, um zu sein. Dann denke ich, schon zu
                   spät. Sie hört zu. Sie sollte mir erklären, womit sie
                   es macht. Sie antwortete mir, sie hätten sich per
                   Säbel duelliert. Sie hätten, wie es sich gehört, die
                   Klingen gekreuzt, und es wäre nicht ihre Schuld
                   gewesen, daß sie ihn erstochen hätte. Hör mal,
                   warum hast du Pjotr Nikolajewitsch erstochen?
                   *Außer Jelisaweta Bam und Iwan Iwanowytsch alle
                   ab.*

Jelisaweta Bam   Hurra, ich habe niemanden erstochen!
Iwan Iwanowytsch   Kommt und schlachtet einen Menschen ab! So
                   etwas Heimtückisches, hurra, du hast es getan,
                   warum?

8. Sprengen der Dimensionen

Jelisaweta Bam *geht zur Seite und heult* Uuuuuuuuuuuuuu-uuu-uuuu-u.

Iwan Iwanowytsch   Wölfin!

Jelisaweta Bam *heult* Uuuuuuuuuuuuuuu-uuuu-u-u-

Iwan Iwanowytsch   Wö . . . ö . . . ö . . . ölfin!

Jelisaweta Bam *zitternd* U . . . u . . . u . . . u . . . u . . . u . . . u . . . u . . . getrocknete Pflaumen!

Iwan Iwanowytsch   Urrrgroßmutter.
          Die Hand.

Jelisaweta Bam   Frohlocken!

Iwan Iwanowytsch   Erledigt, für immer!
          Finger.

Jelisaweta Bam   Ein Rappe, und auf dem Rappen ein Soldat!

Iwan Iwanowytsch   *mit zitternder Hand, sich ein Streichholz anzündend* Jelisaweta, Täubchen.

Jelisaweta Bam   Meine Schultern sind wie die aufgehende Sonne.
          Steigt auf den Stuhl.

Iwan Iwanowytsch   Meine Füße sind wie Gurken.

Jelisaweta Bam   *höher kletternd* Hurra! Ich habe nichts ausgeplaudert!

Iwan Iwanowytsch   *sich auf den Boden legend* Nein, nein, nichts, nichts.

Jelisaweta Bam   *die Hand hebend* Ku . . . ni . . . na . . . ga . . . ni . . . li . . . wa . . . ni . . . bauu.

Iwan Iwanowytsch   *auf dem Boden liegend* Ordinär!
          Murka, das Kätzchen
          Kochte Milch
          Sprang auf das Kissen
          Sprang auf den Ofen
          Spring, spring
          Hüpf, hüpf.

Jelisaweta Bam   *schreit* Zwei Gartentüren! Ein Hemd! Ein Strick!

213

Iwan Iwanowytsch *sich erhebend* Zwei Tischler kommen und möch-
        ten gern wissen, um was es hier geht.

Jelisaweta Bam Buletten, Warwara Semjona!

Iwan Iwanowytsch *schreit, die Zähne fletschend* Seiltänzerin!

Jelisaweta Bam *springt auf den Stuhl* Ich erstrahle!

Iwan Iwanowytsch *läuft zur Mitte der Bühne* Ich kriege nicht heraus,
        wie groß der Rauminhalt dieses Zimmers ist!

        Die Kulissen öffnen sich zu einer Landschaft, kip-
        pen um und geben den Blick auf Papa und Mama
        frei.

Jelisaweta Bam Die Sache regeln wir unter uns.

9. Ein Stück Landschaft

Iwan Iwanowytsch *heulend* Das Allerbeste, den pensilvanischen
Hir ... Hir ... Hir ...!

Jelisaweta Bam *springt auf den Stuhl* Iwan Iwaa ... a ... a!

Papa *mit einer kleinen Schachtel* Ein Schächtelchen aus
Ho ... Ho ... Ho ...!

Iwan Iwanowytsch Bis da ... da ... da ...!

Papa Nicht hi ... hi ... hi!

Mama Lu ... u ... u ... u!

Jelisaweta Bam Ich fand einen Birkenpi ... pi ... pi!

Iwan Iwanowytsch Gehn wir zum See!

Papa Hal ... ll ... oo ... o!

Jelisaweta Bam Hal ... ll ... oo ... o!

Iwan Iwanowytsch Gestern habe ich Kolja getroffen!

Mama Nicht möglich!

Iwan Iwanowytsch Doch, doch. Es stimmt. Ich gucke, Kolja kommt!
Mit Äpfeln! Ach, sage ich, gekauft. Ja, sagte er, gekauft. Und ging weiter.

Papa Sagen Sie bit ... te ... te ... te ...

Iwan Iwanowytsch Tja. Ich frage ihn, also was ist, gekauft oder geklaut. Gekauft. Und ging weiter.

Mama Wo wird der wohl jetzt stecken?

Iwan Iwanowytsch Keine Ahnung. Sagte nur: die Äpfel, sagte er,
habe ich gekauft, nicht geklaut. Und ging weiter.

10. Monolog zur Seite gesprochen (Zweidimensional)

•

Papa Mit dieser etwas mißlungenen Begrüßung führte ihn die Schwester auf einen freieren Platz, wo zusammengepfercht goldene Tische und Stühle standen und Stücker fünfzehn schöner junger Mädchen lustig miteinander plapperten, sitzend auf dem, was Gott ihnen mitgegeben hatte. Genannte Jungfrauen benötigten alle dringend ein heißes Bügeleisen und konnten, ohne das Geplapper eine Minute lang zu unterbrechen, ihre Augen so seltsam verdrehen.
Ein Stubenmädchen kommt herein, bringt ein Tischtuch und ein Körbchen Proviant.

11. Speech

Iwan Iwanowytsch   Freunde, wir alle haben uns hier versammelt.
Hurra!

Jelisaweta Bam   Hurra!

Mama und Papa   Hurra!

Iwan Iwanowytsch   *zitternd, sich ein Streichholz anzündend* Ich
möchte euch mitteilen, daß seit dem Tag, an dem
ich geboren wurde, 38 Jahre vergangen sind.

Mama und Papa   Hurra!

Iwan Iwanowytsch   Genossen! Ich besitze ein Haus! In dem Haus
hockt meine Frau! Sie hat viele Kinder. Ich habe sie
durchgezählt – Stücker 10.

Mama   *auf der Stelle trampelnd* Darja! Marja! Fjodor!
Pelageja! Nina! Alexander, und dann noch vier!

Papa   Was, lauter Jungs?

12. Theater der Gesellschaft der realistischen Künste (Oberiu)

Jelisaweta Bam	*auf die Bühne rennend*
	Losgerissen, los von allem
	Losgerissen und jetzt abhaun
	Losgerissen und abgehaun.
Mama	*hinter Jelisaweta Bam her rennend*
	Brot, ißt du?
Jelisaweta Bam	Suppe, ißt du?
Papa	Fleisch, ißt du?
Mama	Milch, ißt du?
Iwan Iwanowytsch	Kohlrüben, ißt du?
Jelisaweta Bam	Hammelfleisch, ißt du?
Papa	Buletten, ißt du?
Mama	Oh, meine Beine, sind die müde!
Iwan Iwanowytsch	Oh, meine Arme, sind die müde.
Jelisaweta Bam	Oh, meine Schere, ist die müde.
Papa	Oh, meine Federn, sind die müde.
	Hinter der Bühne tritt der Chor auf mit dem Leitmotiv der Ouvertüre.
Mama	Die Balkontür steht offen.
Iwan Iwanowytsch	Ich würde jetzt am liebsten bis zum vierten Stock hochspringen.
Jelisaweta Bam	Losgerissen und abgehaun!
	Losgerissen und abgehaun
	Die Musiker betreten die Bühne.
Papa	Meine rechte Hand und die Nase sind wie die linke Hand und das Ohr.
	Sie rennen alle einer nach dem anderen von der Bühne.
Chor	*zur Musik des Leitmotivs der Ouvertüre*
	Auf Wiedersehen! Auf Wiedersehen!
Trommel	*trommelt*
	Bumm bumm – bumm,
	Bumm bumm – bumm.

Chor	Auf dem Berg, sagte sie, steht eine Fichte.
	Und rundherum, sagte sie, herrscht Nacht.
	Auf der Fichte, sagt sie, steht ein Bett.
	Und in dem Bett, da schläft ihr Mann.
	Auf Wiedersehen! Auf Wiedersehen!
Trommel	*trommelt*
	Bumm – bumm,
	Bumm – bumm.
Chor	Als wir einmal kamen . . .
Trommel	*trommelt*
	Bumm – bumm.
Chor	In das riesengroße Haus.
	Guckte von oben in das Fenster.
	Mit seiner Brille ein junger alter Mann.
	Auf Wiedersehen! Auf Wiedersehen!
Trommel	*trommelt*
	Bumm bumm – bumm,
	Bumm bumm – bumm.
Chor	Auf ging das Tor.
	Und es trat hervor . . .
Trommel	*trommelt*
	Bumm – bumm.
	Licht aus. Ouvertüre.

13. Radixtheater

Iwan Iwanowytsch   *während das Licht nur auf Pjotr Nikolajewitsch*
     scheint
     Du bist kaputt,
     Dein Stuhl ist kaputt.
Geige   *geigt*
     na na ni na,
     na na ni na
Iwan Iwanowytsch   Steh auf, berlinere,
     Steck dich in deine Pelerinere.
Geige   *geigt*
     na na ni na,
     na na ni na
Iwan Iwanowytsch   Acht Minuten
     vergehen, ohne daß man etwas merkt.
Geige   *geigt*
     na na ni na,
     na na ni
Iwan Iwanowytsch   Sie sind hier Dirigent,
     Lassen Sie jetzt wecken,
          Zug oder Rotte,
          wer trägt das MG
Trommel   *trommelt*
     Bumm – bumm,
     bumm – bumm,
     bumm – bumm-bumm-bumm.
Iwan Iwanowytsch   Die Fetzen flogen,
     Woche für Woche.
Sirene und Trommel   *heulen und trommeln*
     Hui – a, bumm,
     hui – a, bumm.
Iwan Iwanowytsch   Den seemännischen Lärm des ersten
     überhörte die schnittige Braut.

Das Licht wird allmählich heller.

Sirene *heult* Hui – a, hui – a, hui – a.

Iwan Iwanowytsch   Hilfe! Hilfe!

Salat und Wasser kommen über mich!

Die Bühne ist inzwischen hell.

Geige *geigt*

na na ni na,

na na ni na.

In den Kulissen erscheint Iwan Iwanowytsch.

14. Klassisches Pathos

Iwan Iwanowytsch   Sagen Sie, Pjotr Nikolajewitsch, waren Sie schon
     jemals dort oben auf jenem Berg?

Pjotr Nikolajewitsch   *deklamierend*
     Ich komm grad von dort!
     Herrlich ist es dort,
     Blumen blühn, Bäume rauschen.
     Eine Hütte – ein Holzhäuschen,
     Und in der Hütte brennt ein Feuer.
     In das Feuer fliegen die Motten,
     Ans Fenster klopfen nächtliche Mücken,
     Und unterm Dach huscht hin und her
     Der Ziegenmelker, der alte Räuber.
     Mit der Kette wiegt die Luft der Hund
     Und bellt vor sich hin ins Leere,
     Und unsichtbare Libellen murmeln ihm zur Antwort
     Beschwörungen in allen Sprachen.

Iwan Iwanowytsch   Und in diesem Häuschen, das aus Holz ist,
     Das man Hütte nennt,
     In der ein Feuer tanzt und strahlt,
     Wer wohnt in diesem Häuschen.

Pjotr Nikolajewitsch   Keiner wohnt darin,
     Und keiner öffnet die Tür!
     Nur die Mäuse reiben darin mit ihren Händen
      das Mehl,
     Nur die Lampe strahlt darin wie Rosmarin,
     Und als Eremit auf dem Ofen
     Hockt den ganzen Tag die Schabe.

Iwan Iwanowytsch   Und wer zündet die Lampe an?

Pjotr Nikolajewitsch   Keiner, sie brennt von allein!

Iwan Iwanowytsch   Aber so etwas gibts doch gar nicht!

Pjotr Nikolajewitsch   Leere, dumme Worte!

Die unendliche Bewegung gibt es,
Den Atem der leichten Elemente gibt es,
Die Bahn der Planeten und die Umdrehung
   der Erde gibt es,
deutet es mit der Hand an
Den wilden Wechsel von Tag und Nacht gibt es,
Die Verbrüderungen der tauben Natur gibt es,
Der ungezähmten Tiere Zorn und Kraft gibt es,
Und die Unterwerfung der Gesetze von Licht und
   Welle
Durch den Menschen gibt es.

Iwan Iwanowytsch   *sich ein Streichholz anzündend*
Jetzt versteh ich, versteh ich, versteh ich!
Ich bedanke mich und mache einen Knicks
Und interessiere mich dafür wie immer.
Entschuldigen Sie, aber wissen Sie zufällig,
   wie spät es ist?

Pjotr Nikolajewitsch   16 Uhr. Oh, Zeit fürs Mittagessen!
Iwan Iwanowytsch, kommen Sie.
Doch denken Sie daran, morgen nacht
Muß Jelisaweta Bam sterben!

Papa   *hereinkommend*
Welche Jelisaweta Bam?
Welche meine Tochter ist?
Welche Sie kommende Nacht ermorden
Und an die Kiefer hängen.
Die so hoch gewachsen ist,
Daß es alle Tiere ringsum sehen
Und das ganze Land?
Kraft meines starken Arms,
Ich befehle Ihnen:
     Vergessen Sie Jelisaweta Bam,
     Den Gesetzen zum Trotz!

Pjotr Nikolajewitsch   Versuche nur,
Uns etwas zu verbieten,
Auf der Stelle werde ich dich zertrampeln,
Mit roten Peitschen werde ich
Dir die Gelenke auseinanderschlagen,
Ich werde dich zerstückeln, zerfetzen
Und dem Wind übergeben
Wie einen Hahn!

Iwan Iwanowytsch   Alles hier ringsum kennt er,
                        Er ist mein Herrscher und mein Freund!
                        Er bewegt mit einem Flügelschlag die Meere,
                        Mit einem Axtschlag
                        Fällt er Bäume und Berge,
                        Und nirgends ist er zu fassen
                        Mit seinem Atem!
      Papa   Dann laß uns kämpfen, Zauberer!
                        Du mit dem Wort, ich mit dem Arm!
                        Eine Minute vergeht, eine Stunde,
                        Und dann noch eine,
                        Du fällst, ich falle,
                        Ganz still wird es dann sein im Land,
                        Doch frohlocken wird meine Tochter
                        Jelisaweta Bam!

15. Pathetische Ballade

Iwan Iwanowytsch   Der Zweikampf der Recken!
         Text – Immanuel Kraisdaiterik,
         Musik – Veliopag, niederländischer Hirt,
         Choreographie – ein unbekannter Wanderer,
         Beginn – mit dem Läuten der Glocke.
         Zwei Tischchen werden auf die Bühne getragen.

Stimmen aus verschiedenen Ecken des Saals
         – Der Zweikampf der Recken!
         – Text – Immanuel Kraisdaiterik,
         – Musik – Veliopag, niederländischer Hirt!
         – Choreographie – ein unbekannter Wanderer!
         – Beginn – mit dem Läuten der Glocke!

Glocke   *läutet*
         Bumm, bumm, bumm, bumm, bumm.

Pjotr Nikolajewitsch   Kurabur, doramur
         Dyndiri,
            sassakatyr, palaradagu
            da ky tschiri, kiri, kiri
            andudylas chabakula
                 ch . . . e . . . el
            Changu anan kudy
            Para vy na lyjtena
                 ch . . . e . . . el
            Tachapu, agapali
            Tsachapatlai mar
            mabaletschina
                 ch . . . e . . . el.
         Hebt den Arm.

Papa   Fliegt zur Sonne
         Der gefiederte Papagei,
         Verlischt
         Der goldene, weite Tag,

Bricht durch den Wald
Der Hufe Klang und Schlag,
    Und fällt mit Gekreisch vom Rad
    Der Koffer des Fundaments
Greift nach seinem Schwert
Der Ritter am Tisch,
    Erhebt den Becher und ruft:
Ich erhebe diesen Becher
Zu meinen flammenden Lippen
Und trinke auf die beste,
Ich trinke auf Jelisaweta Bam,
Deren weiße duftende Hände
Streichelten meine Weste . . .!
Jelisaweta Bam, lebe,
Lebe hunterttausend Jahr!

Pjotr Nikolajewitsch   Na gut, fangen wir jetzt an.
Bitte, verfolgen Sie jetzt genau
Das Hin und Her unserer Säbel,
Wer wohin die Klinge schlägt
Und wer wohin sticht.

Papa   Ich steche links, ich steche rechts,
Rette sich wer kann.
Schon rauscht rings der Eichenwald
Und wachsen ringsum Gärten.

Pjotr Nikolajewitsch   Nicht in die Luft geglotzt!
Attention der Bewegung
Der eisernen Mittelpunkte und der Zusammen-
    rottung
Der tödlichen Kräfte!

Papa   *erhebt die Klinge und schlägt mit ihr im Takt der
Deklamation um sich*
Hoch der Stahl, und das,
Was Stahl schärft!
Er befestigt Straßen
Und quält den Feind zu Tode,
Leuchtend als elektrisches Licht!
Hoch der Stahl! Ein Hohelied der Schlacht!
Sie erregt den Räuber,
Macht zum Jüngling den Säugling
Und quält den Feind zu Tode!
O Ruhm den Federn! Ruhm den Federn!

Sie fliegen durch die Luft,
Verkleistern den Ungläubigen die Augen
Und quälen den Feind zu Tode!
O Ruhm den Federn! Dem Stein Weisheit!
Er schlummert unter der ernsten Kiefer,
Und unter ihm rauscht Wasser
Hinunter zum getöteten Feind.
Pjotr Nikolajewitsch fällt.

Pjotr Nikolajewitsch   Ich falle, besiegt, zur Erde,
Adios, Jelisaweta Bam,
Geh du auf den Berg in mein Häuschen,
Und dort leg dich zur Ruh,
Und spazieren werden über dich
Und über deine Hände – Mäuse
Und der Eremit, die Schabe.
      Hörst du es, bimm, bamm,
      Auf dem Turm die Glocke läutet!
      Verzeih mir! Vergib!
      Jelisaweta Bam.
Die Glocke läutet.

Iwan Iwanowytsch   Der Zweikampf der Recken
Ist
Aus.
Pjotr Nikolajewitsch wird hinausgetragen.

16. Glockenspiel

Jelisaweta Bam *hereinkommend* Ach, Papa, hier bist du. Ein Glück. Ich komme gerade aus dem Konsum, ich habe gerade Konfekt eingekauft, jetzt fehlt mir zum Tee nur noch ein Stück Torte.

Papa *sich den Kragen aufknöpfend* Verdammt, bin ich k.o.

Jelisaweta Bam Wieso denn das?

Papa Tja, . . . hab Holz gehackt, und bin jetzt schrecklich k.o.

Jelisaweta Bam Iwan Iwanowytsch, gehen Sie doch bitte in die halbe Kneipe und besorgen Sie uns eine Flasche Bier und Erbsen.

Iwan Iwanowytsch Okay, Erbsen besorgen und eine halbe Flasche Bier, in die Kneipe gehn und von dort wieder retour kommen hierher.

Jelisaweta Bam Nein, nicht eine halbe Flasche, sondern eine, und Sie sollen nicht in die Kneipe gehn, sondern in die Erbsen.

Iwan Iwanowytsch Ich fliege, ich verscheure meinen Pelz in der halben Kneipe und stülp mir danach eine halbe Erbse auf den Kopf.

Jelisaweta Bam Nein, nein, nicht nötig. Beeilen Sie sich nur, Papa ist vom Holzhacken völlig k.o.

Papa O diese Weiber, die verwechseln auch alles, wo andere ihren Grips haben, findet man bei denen nur ein Vakuum.

17. Physiologisches Pathos

Mama	*hereinstürzend* Genossen! Dieses Miststück hier hat meinen Sohn abgemurkst!
	Zwei Köpfe steigen aus den Kulissen.
Köpfe	Wer? Wer?
Mama	Die hier, mit diesen Lippen!
Jelisaweta Bam	Mama, Mama, was erzählst du da!
	Iwan Iwanowytsch zündet ein Streichholz an.
Mama	Nur wegen dir ging sein Leben so belanglos zu Ende!
Jelisaweta Bam	Verrate mir endlich, von wem du sprichst!
Mama	*mit steinernem Gesicht* Jich . . . jich . . . jich!
Jelisaweta Bam	Sie ist verrückt geworden!
	Papa holt ein Taschentuch heraus und tanzt auf der Stelle.
Mama	Ich bin ein Tintenfisch.
	Aus der Landschaft fahren Kulissen ins Zimmer und verschlucken Papa und Mama.
Jelisaweta Bam	Jeden Augenblick werden sie hier sein, was habe ich getan?
Mama	3 mal 27 = 81.
	Bühne wie zu Beginn.

18. Trocken, realistisch

Jelisaweta Bam	Darauf kann ich mich verlassen, sie kommen, sie schnappen mich und treten mich in den Dreck! Abhaun! Ich muß abhaun! Aber wie! Dort die Tür führt auf die Treppe, und auf der Treppe stoße ich auf sie! Durchs Fenster! *Guckt aus dem Fenster.* Oh! Oh! Oh! *Schreckt zurück.* Zu hoch, Springen ausgeschlossen! Aber was mache ich jetzt! *Horcht.* Schritte! Sie! Ich schließe die Tür ab und mache nicht mehr auf. *Schließt die Tür ab.* Jetzt können sie klopfen, solange sie wollen. *Stille.*
1. Stimme	Ich befehle Ihnen, machen Sie die Tür auf! *Stille.*
2. Stimme	Wir schlagen Ihnen sonst die Tür ein!
1. Stimme	Jelisaweta Bam, öffnen Sie, sonst schlagen wir Ihnen die Tür ein!
Jelisaweta Bam	Was haben Sie mit mir vor?
1. Stimme	Auf Sie wartet eine Strafe, die es in sich hat!
Jelisaweta Bam	Wofür? Warum sagen Sie mir nicht, was Sie mir vorwerfen?
1. Stimme	Sie sind angeklagt wegen Mord an Pjotr Nikolajewitsch!
2. Stimme	Und dafür werden Sie büßen!
Jelisaweta Bam	Ich habe niemanden umgebracht.
1. Stimme	Darüber entscheidet das Gericht.
Jelisaweta Bam	Ich bin in Ihrer Gewalt.
Pjotr Nikolajewitsch	Im Namen des Gesetzes, Sie sind verhaftet.
Iwan Iwanowytsch	*ein Streichholz anzündend* Folgen Sie uns.
	Jelisaweta Bam öffnet die Tür, herein Pjotr Nikolajewitsch und Iwan Iwanowytsch verkleidet als Feuerwehrleute.

19. Opernfinale

Bewegung der Schauspieler, Kulissen, Requisiten und Prospekte.

Jelisaweta Bam *schreit* Fesselt mich! Zerrt mir an den Haaren! Haut mich durch ein Sieb! Ich habe niemanden umgebracht! Ich brings nicht fertig, jemanden umzubringen!

Pjotr Nikolajewitsch Jelisaweta Bam, Ruhe!

Iwan Iwanowytsch Blick nach vorn gerichtet in die Ferne! *Schluckt laut auf.*

Jelisaweta Bam Und das Häuschen, das auf dem Berg steht, ist schon geheizt. Mit ihren Schnurrhärchen spielen die Mäuse, und auf dem Ofen in einem Hemd mit rotem Kragen und in der Hand eine Axt wärmt sich die Schabe Tarakan Tarakanowitsch!

Pjotr Nikolajewitsch Jelisaweta Bam! Die Arme nach vorn gestreckt! Den Blick, der sich in die Ferne richtet, einwärts geschlagen! Und jetzt kommen Sie! Lassen Sie Ihre Sehnen triumphieren und setzen Sie Ihre Gelenke in Gang.

Es ist dunkel.

Mir nach.

Langsam ab.

Vorhang.

Geschrieben: 12.–24. Dezember 1927

Michail Bulgakow
Adam und Eva

Aus dem Russischen von Thomas Reschke

Das Los der Kühnen, die da wähnten,
Gas nicht fürchten zu müssen,
war stets das gleiche – der Tod!

»Kämpferische Jahre«

»Und ich will hinfort nicht mehr
schlagen alles, was da lebt,
wie ich getan habe.«
»Solange die Erde steht, soll nicht
aufhören Saat und Ernte.«

Aus einem unbekannten Buch,
aufgefunden von Markisow

Personen

Eva Woikewitsch, *23 Jahre*
Adam Krassowski, *28 Jahre*
Alexander Ippolitowitsch Jefrossimow,
Akademiemitglied, 41 Jahre
Daragan, *Flieger, 37 Jahre*
Pontschik-Ohnesieg, *Schriftsteller, 35 Jahre*
Sachar Sewastjanowitsch Markisow, *aus der
Gewerkschaft ausgeschlossen, 32 Jahre*
Anja, *Hausangestellte, 23 Jahre*
Guller 1 ⎫
Guller 2 ⎭ *Vettern*
Klawdia Petrowna, *Psychiaterin, 35 Jahre*
Pawlow, *Flieger*

1. Akt

*Mai in der STADT. Ein Zimmer im Erdgeschoß,
das offene Fenster geht auf den Hof. Das auffäl-
ligste Einrichtungsstück ist eine über dem Tisch
hängende Lampe mit dichtem Schirm. Darunter
würde es Spaß machen, eine Patience zu legen. Aber
jeder Gedanke daran ist ausgeschlossen, sobald bei
der Lampe das Gesicht von Jefrossimow oder Krassowski auftaucht. Ferner fällt ein Lautsprecher auf,
aus dem sang- und klangvoll die Oper »Faust«
tönt, eine Übertragung aus dem Operntheater. Auf
dem Hof hört man von Zeit zu Zeit Harmonika-
spiel. An das Zimmer schließt sich die Diele mit
dem Telefon an.*

Adam   *küßt Eva* »Faust« ist doch eine wunderschöne Oper.
Liebst du mich?

Eva   Ja, ich liebe dich.

Adam   Heute läuft »Faust«, und morgen abend fahren wir
ans Schwarze Meer, zum Grünen Kap! Ich bin
glücklich! Als ich nach den Fahrkarten anstand, war
ich ganz heiß und verschwitzt, und da habe ich begriffen, das Leben ist schön!

Anja   *tritt plötzlich ein* Ach . . .

Adam   Anja! Sie könnten doch . . . na ja . . . anklopfen!

Anja   Adam Nikolajewitsch, ich dachte, Sie sind in der
Küche!

Adam   In der Küche? In der Küche? Wozu soll ich in der
Küche sitzen, wenn »Faust« läuft?
Anja verteilt Geschirr auf dem Tisch.
Anderthalb Monate auf dem Grünen Kap! *Jon-
gliert mit einem Glas und läßt es fallen.*

Eva   So!

Anja   So. Ein fremdes Glas. Gehört Daragan.

Adam	Ich kaufe ihm ein neues. Ich kaufe Daragan fünf Gläser . . . Sie haben eigentlich recht, Anna Timofejewna. Ich müßte jetzt in der Küche sitzen, denn ich wollte ja die gelben Schuhe putzen. *Ab.*
Anja	Ach, ich beneide Sie, Eva Artemjewna. Er sieht gut aus, ist Ingenieur und in der Partei.
Eva	Wissen Sie, Anja, ich bin wohl wirklich glücklich. Obwohl . . . na ja . . . weiß der Teufel! Ja, warum heiraten Sie denn nicht, wenn Sie es so gern möchten?
Anja	Ich gerate immer wieder an Halunken, Eva Artemjewna. Alle Frauen bekommen gute Männer, aber ich krieg irgend so eine Nulpe, das ist die reinste Lotterie! Und säuft, der Hundesohn!
Eva	Er säuft?
Anja	Er sitzt in Unterhosen da, einen blauen Zwicker auf der Nase, liest den »Grafen von Monte Christo« und säuft mit Kubik.
Eva	Er ist ein kleiner Rowdy, aber sehr originell.
Anja	Und wie originell! Ein Bandit mit Harmonika. Nein, den heirat ich nicht. Vorige Woche hat er den Bürohengst aus Wohnung zehn verprügelt, da haben sie ihn aus der Gewerkschaft gefeuert. Außerdem hat er die Baranowa sitzengelassen und muß jetzt Alimente zahlen. Das ist kein Leben!
Eva	Doch. Ich prüfe mich selbst und bin, scheints, wirklich glücklich.
Anja	Dafür ist Daragan unglücklich.
Eva	Weiß ers schon?
Anja	Ich habs ihm gesagt.
Eva	Das ist gemein, Anja!
Anja	Warum denn? Meinen Sie, er erfährts nicht sowieso? Heut hat er mich gefragt, ob Eva am Abend zu Adam kommt. Da hab ich gesagt: »Sie kommt und bleibt.« – »Wieso?« – »Na so«, sag ich, »sie haben heut geheiratet!« – »Was?« Aha, aha, Sie werden rot! Sie haben die ganze Wohnung verführt!
Eva	Was Sie sich ausdenken! Wen habe ich verführt?
Anja	Hören Sie doch auf! Gleich kommt Pontschik. Der ist auch verliebt!
Eva	Zum Grünen Kap! Keine Sekunde Verzögerung,

morgen abend, Polsterklasse, und nichts ist mit Pontschik!

Anja fegt die Scherben zusammen und geht ab.

Adam *eilt herein* Gefällt dir mein Zimmer?

Eva Ich glaube schon. Ja, es gefällt mir.

Adam küßt sie.

Gleich kommt Anja wieder rein . . . warte doch!

Adam Niemand kommt rein, niemand. *Küßt sie.*

Plötzlich vor dem Fenster Stimmen. Stimme Markisows: »Bourgeois!« Stimme Jefrossimows: »Rowdy!« Stimme Markisows: »Was? Wer ist hier ein Rowdy, hä?« Vom Hof her springt Jefrossimow aufs Fensterbrett, zuckend vor Erregung. Er ist mager, glattrasiert, in seinen Augen ist Nebel, in dem Nebel spielen Lichter. Er trägt einen hocheleganten Anzug, so daß sofort zu sehen ist, daß er vor kurzem auf Dienstreise im Ausland war. Seine makellose Wäsche zeigt, daß er Junggeselle ist und sich nicht um seine Sachen zu kümmern braucht, weil irgendein altes Mütterchen, das ihn für einen Halbgott hält, für ihn wäscht und bügelt, ihn an alles erinnert und ihm morgens die Sachen hinlegt. Jefrossimow trägt an einem Riemen über der Schulter einen kleinen Apparat, der einem Fotoapparat sehr ähnlich ist. Die Anwesenden bestaunen seine seltsame Intonation und Gestikulation.

Jefrossimow Verzeihen Sie bitte!

Adam Was ist denn?

Jefrossimow Ich werde von betrunkenen Rowdys verfolgt! *Springt ins Zimmer.*

Auf dem Fensterbrett erscheint Markisow. Er trägt, wie Anja es beschrieben hat, Unterhosen und einen blauen Zwicker sowie trotz des schwülen Abends einen Mantel mit Fellkragen.

Markisow Wer ist hier ein Rowdy? *Zum Fenster herein.* Bürger, haben Sie gehört, daß ich ein Rowdy bin? *Zu Jefrossimow* Gleich knall ich dir eins ans Maul, dann wirst du schon sehen, wer hier ein Rowdy ist!

Adam Markisow, verschwinden Sie sofort aus meinem Zimmer!

Markisow Einen Hut hat er auf! Wie findet ihr das?

Jefrossimow	Um Gottes willen, er zerschlägt den Apparat!
Eva	Raus aus dem Zimmer! *Zu Adam* Ruf sofort die Miliz an!
Anja	*kommt hereingelaufen* Schon wieder Sachar?
Markisow	Ich entschuldige mich, Anna Timofejewna! Man hat mich beleidigt, ich hab nichts gemacht! *Zu Eva* Spät am Abend die Miliz behelligen? Und Sie wollen Gewerkschaftsmitglied sein?
Anja	Geh, Sachar!
Markisow	Ich geh schon. *Zum Fenster hinaus.* Waska, Freund! Und du, Kubik! Meine treuen Sekundanten! Stellt euch vor der Haustür auf. Gleich kommt der Schmarotzer mit dem fliederblauen Jackett raus. Ein Alkoholiker und Fotograf. Ich werde mich mit ihm duellieren. *Zu Jefrossimow* Sie ausländischer Graf, ich rate Ihnen, nicht rauszugehen. Stell dir ein Klappbett in dieser Wohnung auf und trag dich bei uns im Hausbuch ein. Bis bald. *Verschwindet.* *Anja läuft hinaus.*
Jefrossimow	Mir tut nur leid, daß die Sowjetregierung bei dieser Szene nicht zugegen war, dann hätte ich ihr gezeigt, mit was für Menschenmaterial sie die klassenlose Gesellschaft aufbauen will! *Durchs Fenster fliegt ein Ziegelstein.*
Adam	Markisow, du kommst ins Kittchen wegen Rowdytum!
Eva	Ach, so ein Dreckskerl!
Jefrossimow	Ich Alkoholiker? Ich Alkoholiker? Ich trinke keinen Tropfen, das versichere ich Ihnen! Allerdings rauche ich, sehr viel sogar.
Eva	Beruhigen Sie sich, beruhigen Sie sich! Er ist einfach ein Schweinehund!
Jefrossimow	*zuckend* Ich bin ganz ruhig! Mir ist nur peinlich, daß ich Sie behelligt habe. Wie lange werde ich es wohl in der Belagerung aushalten müssen?
Adam	Machen Sie sich keine Sorgen. Diese Sekundanten werden sich bald verziehen. Notfalls ergreife ich Maßnahmen.
Jefrossimow	Haben Sie vielleicht ... dieses ... wie heißt es gleich ... Wasser?
Eva	Bitte, bitte.

Jefrossimow	*trinkt* Erlauben Sie mir, mich vorzustellen. Mein Name ist . . . hm . . . Alexander . . . den Nachnamen habe ich vergessen!
Adam	Sie haben Ihren Nachnamen vergessen?
Jefrossimow	Ach mein Gott! Entsetzlich! Verdammt, wie war doch gleich mein Name? Ein bekannter Name. Mit R . . . mit R . . . Gestatten Sie: Cyanbrom . . . Phenyldichlor . . . Jefrossimow! Ja. Das ist mein Name. Alexander Ippolitowitsch Jefrossimow.
Adam	Sososo . . . Erlauben Sie, das sind Sie?
Jefrossimow	Ja, genau. *Trinkt Wasser.* Ich bin, kurz gesagt, Chemieprofessor und Akademiemitglied Jefrossimow. Sie haben doch nichts dagegen?
Eva	Wir freuen uns sehr.
Jefrossimow	Und Sie? Zu wem bin ich durchs Fenster gestiegen?
Adam	Adam Krassowski.
Jefrossimow	Sind Sie in der Partei?
Adam	Ja.
Jefrossimow	Sehr gut. *Zu Eva* Und Sie?
Eva	Ich bin Eva Woikewitsch.
Jefrossimow	Auch in der Partei?
Eva	Nein. Ich bin parteilos.
Jefrossimow	Sehr sehr gut. Entschuldigen Sie, wie war Ihr Name?
Eva	Eva Woikewitsch.
Jefrossimow	Das kann doch nicht wahr sein!
Eva	Warum nicht?
Jefrossimow	Und Sie? Äh . . .
Eva	Das ist mein Mann. Wir haben heute geheiratet. Ja, wirklich, Adam und Eva!
Jefrossimow	Aha! Das ist mir gleich aufgefallen. Jetzt werden Sie mich für verrückt erklären.
Eva	Niemand sagt das!
Jefrossimow	Ich sehe, daß Sie es denken. Aber nein! Keine Sorge, ich bin normal. Mein Aussehen freilich, das muß ich zugeben . . . Als ich durch die Stadt ging, haben diese . . . schon wieder vergessen . . . Na, klein . . . gehen in die Schule . . .
Eva	Kinder?
Jefrossimow	Jungen! Ja, Jungen. Sie haben hinter mir her gepfiffen. Und diese . . . na, sie beißen . . . zottig . . .

Adam	Hunde?
Jefrossimow	Ja, sie haben sich auf mich gestürzt. Und diese . . . an den Kreuzungen . . .
Adam und Eva	*zusammen* Milizionäre!
Jefrossimow	Die haben scheel geguckt. Vielleicht bin ich im Zickzack gegangen. In Ihrem Haus bin ich, weil ich Professor Buslow besuchen wollte, aber er ist nicht daheim. Er ist in die Oper gegangen, »Faust«. Erlauben Sie mir, mich ein Weilchen auszuruhen. Ich bin erschöpft.
Eva	Bitte, bitte. Sie können bei uns auf Buslow warten.
Adam	Wir wollen gerade was essen . . .
Jefrossimow	Ich danke Ihnen! Sie sind wirklich zauberhaft!
Adam	Ist das da ein Fotoapparat?
Jefrossimow	Nein. Ach! Ja, doch. Natürlich ein Fotoapparat. Und wissen Sie, da mich das Schicksal nun einmal zu Ihnen geführt hat, möchte ich Sie knipsen!
Eva	Eigentlich . . .
Adam	Ich weiß nicht . . .
Jefrossimow	Setzen Sie sich, setzen Sie sich . . . Ja, aber, Verzeihung . . . *Zu Adam* Ihre Frau hat einen guten Charakter.
Adam	Ich finde ihn großartig.
Jefrossimow	Sehr schön! Das nehme ich auf! Das muß erhalten bleiben.
Adam	*leise* Hol ihn der . . . Ich möchte nicht geknipst werden.
Jefrossimow	Sagen Sie, Eva, lieben Sie das Leben?
Eva	Ja, sehr.
Jefrossimow	Fabelhaft! Hervorragend. Setzen Sie sich.
Adam	*leise* Zum Teufel, zum Teufel, ich will nicht geknipst werden, er ist verrückt!
Eva	*leise* Er ist ein Original, wie alle Chemiker. Hör auf! *Laut* Los, Adam, ich bitte dich!
	Adam setzt sich mürrisch neben Eva. Es klopft, aber Jefrossimow ist mit seinem Apparat beschäftigt, Adam und Eva mit ihren Posen. In der Tür erscheint Pontschik-Ohnesieg, und am Fenster klettert vorsichtig Markisow hoch.
Jefrossimow	Achtung *Aus dem Apparat zuckt ein blendender Strahl.*

Pontschik	Ach! *Verschwindet geblendet.*
Markisow	Ach, daß dich! *Verschwindet vom Fenster. Der Strahl erlischt.*
Eva	Aha, Magnesium!
Pontschik	*klopft zum zweitenmal* Adam, darf man?
Adam	Man darf, man darf. Komm rein, Pawel! *Pontschik kommt herein. Er ist ein kleiner Mann mit blitzenden Augen hinter der Hornbrille, trägt Knickerbocker und karierte Strümpfe.*
Pontschik	Grüß dich, Alter! Ach, Eva ist auch hier? Ihr habt euch knipsen lassen! Zu zweit? Hä-hä-hä! So ist das also! Ich komm gleich wieder, bring mich bloß in Ordnung. *Verschwindet.*
Eva	Kriegen wir einen Abzug?
Jefrossimow	Oh, natürlich, natürlich. Nur nicht gleich, etwas später.
Adam	Ein sonderbarer Apparat. Ausländisches Fabrikat? Solch einen seh ich zum erstenmal. *In der Ferne heult wehmütig ein Hund.*
Jefrossimow	*beunruhigt* Wieso heult der Hund? Hm ... Was machen Sie, Eva ...
Eva	Artemjewna. Ich studiere Fremdsprachen.
Jefrossimow	Und Sie, Adam ...
Adam	Nikolajewitsch. Ich bin Ingenieur.
Jefrossimow	Sagen Sie mir irgendeine einfache Formel, zum Beispiel die für Chloroform.
Adam	Chloroform? Chloroform. Eva, weißt du noch die Formel für Chloroform?
Eva	Die habe ich noch nie gewußt.
Adam	Schauen Sie, ich bin Spezialist für Brückenbau.
Jefrossimow	Ach, was für ein Unsinn. Ich meine die Brücken, die sind jetzt Unsinn. Geben Sie sie auf! Wer kann denn jetzt noch an Brücken denken! Gradezu lächerlich. Sie brauchen zwei Jahre für den Bau einer Brücke, und ich sprenge sie Ihnen in drei Minuten in die Luft. Was hat es noch für einen Sinn, dafür Material und Zeit zu verschwenden? Puh, ist das schwül! Aus irgendwelchen Gründen heulen die Hunde! Wissen Sie, ich habe zwei Monate im Labor gesessen und bin heute das erstemal wieder an der frischen Luft. Darum bin ich so sonderbar, darum

	habe ich die einfachsten Wörter vergessen. *Lacht.* Aber ich stelle mir die Gesichter in Europa vor! Adam Nikolajewitsch, denken Sie daran, daß es Krieg geben wird?
Adam	Natürlich denke ich daran. Krieg ist möglich, weil die kapitalistische Welt voller Haß auf uns ist.
Jefrossimow	Die kapitalistische Welt ist voller Haß auf die sozialistische Welt, und die sozialistische Welt ist voller Haß auf die kapitalistische Welt, mein teurer Brückenbauer, und die Formel für Chloroform lautet CHCl$_3$! Es wird Krieg geben, weil es heute schwül ist! Es wird Krieg geben, weil ich jeden Tag in der Straßenbahn höre: »Ha, einen Hut hat er aufgesetzt!« Es wird Krieg geben, weil sich einem beim Zeitunglesen *holt zwei Zeitungen aus der Tasche* die Haare sträuben und man an einen Alptraum glauben möchte. *Zeigt auf die Zeitung.* Was steht da gedruckt: »Der Kapitalismus muß vernichtet werden.« Ja? Und dort *er zeigt irgendwohin in die Ferne*, was ist dort? Dort wird gedruckt: »Der Kommunismus muß vernichtet werden.« Grauenhaft! Ein Neger wird auf dem elektrischen Stuhl hingerichtet. Ganz woanders, weiß der Teufel wo, in der Provinz Bombay, schneidet jemand den Telegrafendraht durch, in Südafrika wird hingerichtet, in Spanien, in Berlin geschossen. Morgen wird in Pennsylvanien geschossen. Ein Angsttraum! Junge Mädchen mit Gewehren – junge Mädchen! – gehen vor meinen Fenstern die Straße entlang und singen: »Karabiner, schieß, hurra! Immer schieß auf die Bourgeois!« Tagein, tagaus! Unter dem Kessel brennt Feuer, das Wasser zieht Blasen, welcher Blinde könnte da noch denken, es werde nicht loskochen?
Adam	Haben Sie etwas gegen dieses Lied?
Jefrossimow	Ich habe überhaupt etwas gegen das Singen auf den Straßen.
Adam	Hä-hä-hä . . . Stark! Sie vergessen, Professor Jefrossimow, daß die UdSSR eine große Idee auf ihrer Seite hat!
Jefrossimow	Durchaus möglich, daß es eine große Idee ist, aber

es gibt auf der Welt Menschen mit einer anderen Idee, und die besteht darin, Sie mit Ihrer Idee zu vernichten.

Adam   Na, das wollen wir erst mal sehen!

Jefrossimow   Ich fürchte sehr, viele werden das eben nicht mehr sehen können. Schuld daran sind die alten Männlein!

Eva   Was für alte Männlein?

Jefrossimow   *geheimnisvoll* Saubere alte Männlein mit Zylinder laufen herum. Diesen alten Männlein sind im Grunde sämtliche Ideen gleichgültig mit Ausnahme der einen, daß ihre Wirtschafterin ihnen pünktlich den Kaffee serviert. Sie sind nicht anspruchsvoll! Einer von ihnen, müssen Sie wissen, hat im Labor gesessen und sich aus jungenhafter Neugier mit Blödsinn beschäftigt: In einem Kolben hat er lauter Mistkram so wie dieses Chloroform zusammengemixt, Schwefelsäure und solches Zeug, und das hat er erhitzt, um zu sehen, was dabei herauskommt. Herausgekommen ist, daß er noch nicht mal seinen Kaffee ausgetrunken hatte, als schon Tausende von Menschen nebeneinander lagen, blau anliefen wie Pflaumen und dann mit Lastautos zu einer Grube gefahren wurden. Interessanterweise waren das alles junge Menschen, Adam Nikolajewitsch, ganz und gar unschuldig an sämtlichen Ideen. Ich habe Angst vor Ideen! Jede Idee ist an und für sich gut, aber nur bis zu dem Moment, wo solch ein altes Männlein, ein Professor, sie technisch wappnet. Gott liefert die Idee, der Wissenschaftler liefert das Arsen dazu!

Eva   *traurig, unter der Lampe* Ich habe Angst. Sie wollen dich vergiften, mein Adam!

Adam   Keine Angst, Eva, keine Angst! Ich setze eine Gasmaske auf, dann sollen sie nur kommen!

Jefrossimow   Mit dem gleichen Nutzen können Sie sich Ihren Hut vors Gesicht halten! Oh, mein lieber Ingenieur! Es gibt ein entsetzliches Wort, das Wort »Super«. Ich kann mir einen Menschen vorstellen, einen Helden sogar, einen Idioten in seinem Zimmer. Aber einen Superidioten? Wie sieht er aus? Wie trinkt er Tee?

Was vollbringt er für Handlungen? Ein Superheld? Verstehe ich nicht! Da verblaßt die Phantasie! Die Kernfrage ist doch, wonach das riechen wird. Das alte Männlein konnte sich noch solche Mühe geben, immer hat es nach etwas gerochen, mal nach Senf, mal nach Mandeln, mal nach verfaultem Kohl, mal sogar zart nach Geranien. Das war ein böser Geruch, Freunde, aber noch nicht »Super«! »Super« wird es erst sein, wenns im Labor nach gar nichts riecht, keinen Lärm macht und rasch wirkt. Dann malt das alte Männlein ein schwarzes Kreuzchen auf das Reagenzglas, ums nicht zu verwechseln, und sagt: »Ich habe getan, was ich konnte. Der Rest ist eure Sache. Jetzt können die Ideen zusammenstoßen!« *Flüsternd* Also, Adam Nikolajewitsch, soweit ist es schon: Es riecht nach nichts, explodiert nicht und wirkt rasch.

Eva Ich möchte nicht sterben! Was sollen wir tun?

Jefrossimow In die Erde! Hinunter! In die Hölle, Urmutter Eva! Statt Brücken zu bauen, solltet ihr eine unterirdische Stadt graben und hinunterflüchten!

Eva Ich will das alles nicht! Adam, laß uns schnell zum Grünen Kap fahren!

Jefrossimow Ach, mein Kind! Ich habe Sie verstört? Beruhigen Sie sich doch! Vergessen Sie alles, was ich gesagt habe. Es wird keinen Krieg geben. Warum? Weil sich endlich jemand finden wird, der sagt: Wenn schon der Strom der Ideen nicht gestoppt werden kann, der Ideen, die auch auf Adam Nikolajewitsch einstürmen, dann muß man die alten Männlein zügeln. Aber mit der Gasmaske ist denen nicht beizukommen! Dazu wird etwas Radikales gebraucht. Schauen Sie her *er legt eine Hand flach gegen die andere*, das ist eine menschliche Körperzelle. Und jetzt *er schiebt die Finger ineinander*, was ist geschehen? Dieselbe Körperzelle, nur sind die Spalten zwischen ihren Teilen verschwunden. Aber durch diese Spalten, Adam Nikolajewitsch, ist das alte Männlein eingedrungen! Unverständlich? Ganz ruhig! Fahrt zum Grünen Kap! Ich segne euch, Adam und Eva!

In der Tür erscheint lautlos Daragan. Er ist schwarz gekleidet, doch quer über die Brust ist ein silberner fliegender Vogel gestickt. Wenn jemand eine Methode findet, die Finger ineinanderzuschieben, dann, Adam Nikolajewitsch, wird der chemische Krieg nicht stattfinden und folglich überhaupt kein Krieg mehr. Die Frage ist nur, wem man diese Erfindung geben müßte...

Daragan *plötzlich* Leicht zu beantworten, Professor. Diese Erfindung müßte man sofort dem Revolutionären Kriegsrat der Republik geben!

Adam Ah, Daragan! Darf ich vorstellen: Andrej Daragan.

Daragan Ich kenne den Professor. Sehr angenehm.

Adam Also, Daragan, ich gestehe – Eva und ich haben heute geheiratet.

Daragan Weiß ich schon. Na, ich gratuliere, Eva. Sie sind zu uns gezogen? Dann sind wir ja Nachbarn. Ich habe Sie einmal gehört, Professor, Sie haben vor unseren Kommandeuren einen Vortrag über das Aufspüren von Arsen als Kampfstoff gehalten. Glänzend!

Jefrossimow Ach ja, richtig! Na ja... Aber was heißt Aufspüren, läßt sich das etwa aufspüren?

Daragan Wie schön, daß es in der Republik der Werktätigen solch gewaltige wissenschaftliche Köpfe gibt wie Sie.

Jefrossimow Danke. Und was machen Sie bitte?

Daragan Ich? Ich diene der Republik als Kommandeur eines Jagdgeschwaders.

Jefrossimow Ach so...

Daragan Professor, sagten Sie nicht gerade, daß eine Erfindung denkbar wäre, die einen chemischen Krieg ausschließt?

Jefrossimow Ja.

Daragan Erstaunlich! Und Sie fragten sogar, wem man sie geben müßte?

Jefrossimow *verzieht das Gesicht* Ja. Das ist eine quälende Frage. Ich glaube, man müßte sie, um die Menschheit vor dem Unglück zu bewahren, allen Ländern gleichzeitig geben.

Daragan *sich verfinsternd* Was? *Pause.* Allen Ländern? Professor, was sagen Sie da? Den kapitalistischen Län-

	dern eine Erfindung von gewaltiger Bedeutung geben?
Jefrossimow	Nun, was soll man sonst machen Ihrer Meinung nach?
Daragan	Ich bin bestürzt. Meiner Meinung nach . . . Entschuldigen Sie, Professor, aber ich möchte Ihnen sehr abraten, das auch nur auszusprechen . . . wahrhaftig . . .

Adam macht ihm hinter Jefrossimows Rücken Zeichen, die bedeuten sollen – Jefrossimow ist nicht bei Verstand.

Daragan	*mit einem schrägen Blick auf Jefrossimows Apparat* Übrigens ist das eine sehr schwierige Frage. Ist das eine einfache Erfindung?
Jefrossimow	Ich glaube, sie wird einfach sein. Vergleichsweise...
Pontschik	*kommt geräuschvoll herein* Ich grüße euch, Genossen, ich grüße euch! Da bin ich! Eva! *Küßt ihr die Hand.*
Eva	Machen Sie sich bekannt.
Jefrossimow	Jefrossimow.

Alle setzen sich zu Tisch.

Pontschik	Ihr könnt mir gratulieren, Freunde! Die Stadt hat eine große literarische Neuigkeit.
Eva	Was denn?
Pontschik	Mein Roman ist zum Druck angenommen. Zweiundzwanzig Verlagsbogen! So ist das!
Adam	Lies vor.
Eva	Wir essen jetzt.
Pontschik	Ich kann auch beim Essen vorlesen.
Adam	Bei uns gibt es auch eine literarische Neuigkeit: Wir haben heute geheiratet, mein Lieber.
Pontschik	Wo?
Adam	Wo schon – auf dem Standesamt.
Pontschik	So. *Pause.* Gratuliere.
Daragan	Wo wohnen Sie, Professor?
Jefrossimow	Ich wohne . . . na ja, in Nummer sechzehn . . . das Haus ist braun . . . Verzeihung. *Holt ein Notizbuch hervor.* Aha, da. Shurawski-Straße. Nein, dagegen muß ich was tun.
Daragan	Sie sind wohl grade erst eingezogen?

Jefrossimow	Nein, vor drei Jahren. Verstehen Sie, ich hatte den Straßennamen vergessen.
Eva	Das kann jedem passieren!
Daragan	Und ob!
	Pontschik sieht Jefrossimow mit wilden Augen an.
Adam	Also, den Roman, den Roman!
Pontschik	*holt das Manuskript hervor* Aber vielleicht ist es Ihnen langweilig?
Eva	Nein, bitte lesen Sie.
Daragan	Machen Sie schon!
Pontschik	*bewaffnet sich mit dem Manuskript, und unter der Lampe wird es sogleich gemütlich. Liest* Die roten Grünfluren. Roman. Erstes Kapitel. »Da, wo früher die erdgrauen Gesichter der Bauern des Fürsten Barjatinski die karge Erde furchten, zeigen sich heute die frischen Wänglein der Kolchosbäuerinnen. ›Ach, Wanja, Wanja!‹ zwitscherte es auf dem Feldrain . . .«
Jefrossimow	Ich bitte tausendmal um Entschuldigung. Eine Frage: Das war doch in der gestrigen Abendzeitung abgedruckt?
Pontschik	Verzeihung, wieso in der Abendzeitung? Ich lese aus dem Manuskript!
Jefrossimow	Entschuldigen Sie. *Holt die Zeitung hervor, zeigt sie Pontschik.*
Pontschik	*mit einem Blick in die Zeitung* So ein gemeiner Kerl! Nicht?
Adam	Wer?
Pontschik	Marjin-Rostschin! Der! Nein, so hören Sie doch! *Liest aus der Zeitung vor* »Da, wo früher die hungrigen Bauern des Grafen Scheremetjew die mageren Felder beackerten . . .« Ach, dieser Halunke! *Liest* ». . . arbeiten jetzt Kolchosbäuerinnen mit roten Armbinden. ›Jegorka!‹ rief es auf dem Feldstreifen . . .« Dieser Hundesohn!
Eva	Hat er abgeschrieben?
Pontschik	Wie hätte er das tun sollen? Nein! Wir sind in derselben Schriftstellerbrigade zum Kolchos gefahren, da hat er sich an mich gehängt wie ein Schatten, und wir haben dieselben Bilder gesehen.

Daragan	Wem hat denn nun das Gut gehört? Scheremetjew oder Barjatinski?
Pontschik	Dondukow-Korsakow hat es gehört.
Jefrossimow	Na und? Soll doch das Publikum entscheiden, wem von den beiden die Bilder besser gelungen sind.
Pontschik	So . . . so . . . Wem die Bilder besser gelungen sind? Einem Schönfärber, Zudringling und Graphomanen oder Pawel Pontschik-Ohnesieg?
Jefrossimow	*treuherzig* Dem Graphomanen sind sie besser gelungen.
Pontschik	Merci, Adam, merci. *Zu Jefrossimow* Apollo Akimowitsch persönlich hat mir in Moskau gesagt: »Gut gemacht! Ein starker Roman!«
Jefrossimow	Wer ist das, Apollo Akimowitsch?
Pontschik	Guten Morgen! Danke, Adam. Vielleicht weiß der Mann auch nicht, wer Saweli Saweljewitsch ist? Vielleicht hat er »Krieg und Frieden« nicht gelesen? Er war nie in der Hauptverwaltung Literatur, aber kritisieren!
Eva	Pawel Alexandrowitsch!
Daragan	Genossen, ein Gläschen Wodka! *In der Diele klingelt das Telefon. Daragan läuft hinaus und zieht den Vorhang zu, der das Zimmer von der Diele trennt.* Ja . . . Am Apparat. *Pause. Erbleicht.* Der Wagen ist schon unterwegs? *Pause.* Sofort! *Hängt den Hörer auf, ruft leise* Pontschik-Ohnesieg! Pontschik!
Pontschik	*geht hinaus in die Diele* Was ist denn das da drin für ein Vogel?
Daragan	Das ist unser berühmter Chemiker Jefrossimow.
Pontschik	Hol ihn der Teufel! Von Chemie versteht er vielleicht was.
Daragan	Warten Sie, Pontschik, hören Sie zu: Ich fahre jetzt sofort zum Flughafen. Sie tun folgendes: Sie rufen nirgendwo an und sagen Adam, daß der Professor auf keinen Fall hier weggehen darf, dann machen Sie sich auf den Weg und melden – erstens, ich habe den Verdacht, daß Professor Jefrossimow eine Erfindung von größter militärischer Tragweite gemacht hat. Diese Erfindung trägt er in Form eines Apparats bei sich. Er ist hier. Soweit erstens. Zweitens –

	ich habe den Verdacht, daß er psychisch verwirrt ist und in Richtung Ausland größtes Unheil stiften kann. Drittens – man soll sofort herkommen und das alles nachprüfen. Das wärs. Aber, Pontschik-Ohnesieg, wenn der Professor mit dem Apparat hier weggeht, werden Sie es nach dem Gesetz über Staatsverrat verantworten.

Pontschik   Genosse Daragan, ich bitte Sie. *Es klopft scharf an der Wohnungstür.*

Daragan   *öffnet* Dann kenne ich keine Gnade. Ich muß weg. *Verschwindet ohne Mütze.*

Pontschik   Genosse Daragan, Sie haben Ihre Mütze vergessen!

Daragan   *von draußen* Zum Teufel damit!

Pontschik   Da hab ich ja eine schöne Geschichte am Hals. *Leise* Adam! Adam!

Adam   *kommt heraus in die Diele* Was gibts?

Pontschik   Hör zu, Adam. Du mußt dafür sorgen, daß dieser verdammte Chemiker mit seinem Apparat hier nicht weggeht, bis ich zurück bin!

Adam   Was bedeutet das?

Pontschik   Ich und Daragan sind dahintergekommen, daß er eine staatlich und militärisch wichtige Erfindung gemacht hat. Den Apparat!

Adam   Das ist ein Fotoapparat!

Pontschik   Von wegen Fotoapparat!

Adam   Ach so!

Pontschik   Ich komme nicht allein. Und merk dir: Du bist verantwortlich! *Stürzt zur Tür hinaus.*

Adam   *zur Tür* Wo ist Daragan?

Pontschik   *von draußen* Keine Ahnung.

Adam   Der Abend ist verdorben! *Kehrt erschüttert ins Zimmer zurück.*

Eva   Wo sind Pontschik und Daragan?

Adam   Einkaufen gegangen.

Eva   So was! Wir haben doch alles.

Adam   Sie kommen gleich wieder.
Pause.

Jefrossimow   *plötzlich* Mein Gott! Jacques! Jacques! Ach, ich Idiot! Ich habe ja vergessen, Jacques rauszuholen ... als erstes! Du meine Güte, mein Kopf muß vernebelt gewesen sein. Aber es wird ja nicht gleich schlagartig in dieser Minute losgehen. Eva, beruhigen Sie mich! Was, »Faust« läuft noch? Ach, ach . . . *Geht ans Fenster und blickt hinaus.*

Adam   *leise zu Eva* Hältst du ihn für normal?

Eva   Für völlig normal.

Jefrossimow   »Faust« läuft noch?

Eva   Gleich. *Schaltet den Lautsprecher ein, und man hört die letzten Takte der Kirchenszene, dann beginnt der Marsch.* Ja, läuft noch.

Jefrossimow   Und wozu braucht der Physiologe Buslow heute Faust?

Eva   Mein lieber Alexander Ippolitowitsch, was ist denn passiert? Regen Sie sich doch nicht auf, trinken Sie einen Schluck!

Jefrossimow   Moment mal, Moment mal! Hören Sie? Schon wieder . . .

Adam   *beunruhigt* Was denn? Ein Hund heult. Die Harmonika ärgert ihn.

Jefrossimow   Ach nein, nein. Sie heulen schon den ganzen Tag. Wenn Sie wüßten, wie mich das beunruhigt! Ich werde von zwei Wünschen hin und her gerissen: Auf Buslow warten oder zu Jacques laufen.

Adam   Wer ist Jacques?

Jefrossimow   Ach, ohne Jacques wäre ich gänzlich einsam auf dieser Welt, denn meine Tante, die mir die Hemden bügelt, die zählt ja nicht. Jacques verschönt mir das Leben. *Pause.* Jacques ist mein Hund. Eines Tages sah ich vier Männer einen kleinen Hund tragen und lachen. Sie wollten ihn aufhängen! Da habe ich ihnen zwölf Rubel gegeben, damit sie ihn nicht aufhängten. Jetzt ist er erwachsen, und ich trenne mich nie von ihm. An ungiftigen Tagen sitzt er bei mir im Labor und sieht zu, wie ich arbeite. Wie kann man einen Hund aufhängen?

Eva   Alexander Ippolitowitsch, Sie sollten unbedingt heiraten.

Jefrossimow   Ach, ich werde bestimmt nicht heiraten, ehe ich weiß, warum sich die Hunde entwickelt haben! Also raten Sie mir: auf Buslow warten oder Jacques holen?

Eva   Lieber Alexander Ippolitowitsch, so geht das nicht!

Was soll denn mit Ihrem Jacques passieren? Das ist ja die reinste Neurasthenie! Natürlich warten Sie auf Buslow, reden mit ihm, gehen dann ruhig nach Hause und legen sich schlafen!

Es klingelt. Adam geht öffnen. Hereinkommen Guller 1, Guller 2 und Klawdia Petrowna. Als letzter tritt sorgenvoll Pontschik ein.

Guller 1   Grüß dich, Adam! Wir haben von deiner Eheschließung gehört und wollen dir gratulieren! Guten Tag!

Adam   *verwirrt, denn er sieht Guller zum erstenmal im Leben* Guten Tag! Kommen Sie herein.
Alle betreten das Zimmer.

Guller 1   Stell mich deiner Frau vor!

Adam   Eva, das ist . . . äh . . .

Guller 1   Guller, Adams Freund. Er hat Ihnen bestimmt schon viel von mir erzählt?

Eva   Nein, er hat nichts gesagt.

Guller 1   Dieser Halunke! Darf ich vorstellen, mein Vetter, ebenfalls Guller.

Guller 2   Guller.

Guller 1   Eva Artemjewna, wir haben Klawdia mitgebracht. Machen Sie sich bekannt! Nun, sie ist eine gelehrte Frau, Ärztin, Psychiaterin. So ist das. Auch nichts erzählt? Schöner Freund! Ach, Adam! *Zu Eva* Sind Sie auch nicht ärgerlich über die ungebetenen Gäste?

Eva   Nein, nein, wieso denn? Adams Freunde sind mir immer sympathisch. Anja! Anja!

Guller 1   Nein nein, keine Umstände! Mein Vetter Guller versteht was vom Haushalt.

Guller 2   Guller hat recht. *Wickelt ein Bündel auf.*

Eva   Aber was soll denn das? Wir haben doch alles.
Anja kommt herein, nimmt Päckchen entgegen und geht wieder ab.

Eva   Pontschik, setzen Sie sich! Wo ist denn Daragan? Nehmen Sie Platz, Genossen!

Klawdia   Mein Gott, diese Hitze!

Eva   Adam, mach doch bekannt . . .

Guller 1   Mit wem? Alexander Ippolitowitsch? Ich bitte Sie! Wir kennen uns bestens.

Guller 2	Guller, Alexander Ippolitowitsch scheint dich nicht zu erkennen.
Guller 1	Das kann nicht sein!
Jefrossimow	Entschuldigen Sie, ich bin so zerstreut ... ich erkenne Sie wirklich nicht ...
Guller 1	Aber wie denn ...
Klawdia	Lassen Sie das, Guller, bei dieser Hitze erkennt man ja den eigenen Bruder nicht. Im August schmilzt mir richtig das Gehirn. Ach, dieser August!
Jefrossimow	Entschuldigen Sie, aber wir haben doch nicht August?
Klawdia	Nicht August? Welchen Monat haben wir denn Ihrer Meinung nach?
Guller 1	Das Ding ist gut! Klawdia ist von der Schwüle übergeschnappt. Alexander Ippolitowitsch, sagen Sie ihr um Gottes willen, welchen Monat wir haben.
Jefrossimow	Jedenfalls nicht August, sondern diesen ... wie heißt er gleich ... *Pause.*
Guller 1	*leise und bedeutsam* Mai haben wir in der UdSSR, Alexander Ippolitowitsch ... Sie wohnten auf der Datsche bei der Witwe Marja Ofizerskaja und ich nebenan bei den Koslows. Sie sind mit Jacques baden gegangen, ich habe Ihren Jacques sogar einmal ausgeführt!
Jefrossimow	So ein Zufall ... Vollkommen richtig, Marja Ofizerskaja ... Mein Gedächtnis scheint ja völlig zu versagen!
Guller 2	Ach, du Fotograf, du bist eben keine besonders einprägsame Persönlichkeit. Schau lieber, was der Professor für einen großartigen Apparat hat!
Guller 1	Guller, das ist kein Fotoapparat!
Guller 2	Was erzählst du da! Das ist ein ausländischer Fotoapparat.
Guller 1	Guller!
Guller 2	Es ist einer!
Guller 1	Und ich sag, es ist keiner!
Guller 2	Es ist ein Fotoapparat.
Jefrossimow	Sehen Sie, Bürger Guller, das ist ...
Guller 1	Nein nein, Professor, er verdient eine Lehre. Wettest du um fünfzehn Rubel?

Guller 2	Einverstanden!
Guller 1	Nun, Professor, was ist das für ein Apparat? Ein Fotoapparat?
Jefrossimow	Wissen Sie, es ist kein Fotoapparat.
Eva	Was?
	Anja kommt herein, nimmt Geschirr aus dem Büfett. Im Lautsprecher singen mächtige Chöre mit Orchesterbegleitung: »Der Heimat Ruhm wird nicht geschmälert!«
Anja	*läßt Geschirr fallen* Au ... mir ist schlecht! *Fällt hin und stirbt.*
	Draußen ertönen kurze, schnell erlöschende Schreie. Die Harmonika verstummt.
Guller 1	Ach! *Fällt hin und stirbt.*
Guller 2	Bogdanow, nimm den Apparat. *Fällt hin und stirbt.*
Klawdia	Ich sterbe. *Fällt hin und stirbt.*
Pontschik	Was ist das? Was ist das? *Weicht zurück, stürzt davon, verschwindet aus der Wohnung, knallt die Tür zu.*
	Die Musik im Lautsprecher zerbröckelt. Man hört qualvolles Stimmengewirr, das jedoch sogleich aufhört. Völlige Stille tritt ein.
Jefrossimow	Oh, mein Vorgefühl! Jacques! *Verzweifelt* Jacques!
Adam	*stürzt zu Klawdia, blickt in ihr Gesicht, geht dann langsam auf Jefrossimow zu. Mit drohender Miene* Solch ein Apparat ist das also! Sie haben sie getötet! *Schreit wie rasend* Zu Hilfe! Nehmt den Mann mit dem Apparat fest!
Eva	Adam! Was soll das?
Jefrossimow	Wahnsinniger! Was machen Sie! Begreifen Sie doch endlich! Eva, reißen Sie den wilden Kerl von mir los!
Eva	*blickt zum Fenster hinaus* Oh, was ist das? Adam, schau aus dem Fenster! Da liegen ja Kinder!
Adam	*läßt von Jefrossimow ab, läuft zum Fenster* Erklären Sie mir, was ist das?
Jefrossimow	Das da *in Jefrossimows Augen ist dichter Nebel*, das da? Das ist der Neger auf dem elektrischen Stuhl! Das ist das Lied: Karabiner, schieß, hurra! Das ist der Krieg! Das ist das Sonnengas!
Adam	Was? Ich höre wohl nicht recht. Gas? *Packt Eva am*

	Arm. Mir nach. Rasch in den Keller! Mir nach!
	Zieht Eva zur Tür.
Eva	Adam, rette mich!
Jefrossimow	Bleiben Sie! Nicht weglaufen! Ihnen droht nichts mehr! Begreifen Sie doch endlich, daß dieser Apparat vor dem Gas rettet! Ich habe ihn erfunden! Ich! Ich! Jefrossimow! Sie sind gerettet! Halten Sie Ihre Frau zurück, sonst verliert sie noch den Verstand!
Adam	Und die da sind tot?
Jefrossimow	Die sind tot.
Eva	Adam, Adam! *Zeigt auf Jefrossimow.* Er ist ein Genie! Er ist ein Prophet!
Jefrossimow	Sagen Sie das noch mal! Ein Genie? Ein Genie? Jemand, der die Lebenden inmitten der Toten gesehen hat, soll Evas Worte wiederholen!
Eva	*in einem Anfall von Furcht* Ich habe Angst vor den Toten! Rettet mich! In den Keller! *Läuft hinaus.*
Adam	Wo willst du hin? Bleib! Bleib! *Läuft ihr nach.*
Jefrossimow	*allein* Sie sind tot ... Und die Kinder? Die Kinder? Sie wären groß geworden und hätten Ideen entwickelt. Was für Ideen? Einen kleinen Hund aufzuhängen? Ach, mein Freund Jacques! Was hattest du für Ideen außer der einen, niemandem Böses zu tun, mir zu Füßen zu liegen, mir in die Augen zu sehen und dich satt zu futtern! Wie kann man einen Hund aufhängen?
	Das Licht wird allmählich schwächer, in der STADT bricht Dunkelheit herein.

Vorhang.

2. Akt

Ein großes Warenhaus in der STADT. Darin eine Treppe. Die gigantischen Scheiben unten sind zerschlagen, eine Straßenbahn ist dort hineingefahren. Die Wagenführerin ist tot. Auf einem Treppchen vor einem Regal ein toter Verkäufer, ein Hemd in der Hand. Eine tote Frau, über den Verkaufstisch gebeugt. Am Eingang ein Toter, der stehend gestorben ist. Aber mehr Tote sind nicht zu sehen. Die Kunden sind wohl aus dem Warenhaus geflohen und dann auf der Straße gestorben. Der Fußboden ist mit zertrampelten Einkäufen übersät. In den gigantischen Fenstern des Warenhauses Hölle und Paradies. Das Paradies oben ist von der Morgensonne beschienen, die Hölle unten von dichtem rotem Widerschein erfüllt. Dazwischen hängt Rauch, darin eine geisterhafte Quadriga über Ruinen und Brandstätten. Es herrscht eine wahre Totenstille.

Eva kommt durch das zerschlagene Fenster von der Straße her herein. Ihr Kleid ist zerrissen. Sie ist sichtlich psychisch geschädigt.

Eva *spricht der Straße zugewandt* Aber ich sage euch, ich bleibe höchstens eine Viertelstunde allein! Hört ihr! Ich kann doch wohl so wie Jacques Mitleid und Fürsorge beanspruchen! Ich bin eine junge Frau, und ich bin schließlich schwach und feige! Ihr Lieben, ihr Guten, na schön, ich mache ja alles, aber geht nicht so weit weg, damit ich eure Anwesenheit spüre! In Ordnung? Sie sind weg! *Setzt sich auf die Treppe. Erst mal rauchen . . . Feuer . . . Wendet sich an den toten Verkäufer. Feuer! Sucht in seinen Taschen, holt Streichhölzer hervor, raucht.* Sie haben sich wohl mit der Kundin gestritten? Haben Sie womöglich Kinder? Na schön. *Steigt das Treppchen hinauf und sucht sich im Regal Hemden aus.*

Von oben die Geräusche eines Absturzes, Scherben klirren die Treppe herunter, dann kommt Daragan die Treppe herabgelaufen. Er steckt bis zum Hals in einem ölverschmierten Anzug. Der Anzug ist zerrissen und blutig. Auf der Brust leuchtet eine Lampe. Die Haare sind grau. Daragan läuft tastend und unsicher. Er ist blind.

Daragan Zu mir! Zu mir! He, Genossen! Ist jemand hier? Zu mir! *Läuft, stürzt am Fuß der Treppe.*

Eva *kommt zu sich, schreit durchdringend* Ein Lebender! *Hält die Hände vors Gesicht.* Ein Lebender! *Schreit zur Straße hin* Männer, kommt zurück! Adam! Der erste Lebende! Ein Flieger! *Zu Daragan* Ihnen wird gleich geholfen! Sind Sie verletzt?

Daragan Eine Frau? Ja? Eine Frau? Sprechen Sie lauter, ich bin taub!

Eva Ich bin eine Frau, ja, eine Frau!

Daragan Nein, berühren Sie mich nicht! Ich habe den Tod in mir!

Eva Für mich ist das Gas nicht gefährlich!

Daragan Zurück, oder ich schieße! Wo bin ich?

Eva Im Warenhaus!

Daragan Ein Offizier soll zu mir kommen! Schnell! He, Frau, holen Sie einen Offizier!

Eva Hier ist keiner!

Daragan Nehmen Sie Papier und Bleistift!

Eva Hab ich nicht.

Daragan Ach, verdammt! Ist denn wirklich niemand hier außer einer Putzfrau, die nicht schreiben kann!

Eva Sie können nicht sehen? Sie sehen nichts?

Daragan Ach, dumme Frau! Ich bin blind. Ich bin auf den Rücken gefallen. Ich sehe nichts mehr. *Wendet ihr das Gesicht zu.*

Eva *erkennt ihn* Daragan! Daragan!

Daragan Oh, wie ich leide! *Legt sich hin.* Ich habe innere Geschwüre . . .

Eva Sie sind Daragan! Daragan!

Daragan Was? Vielleicht . . . Ich hab Ihnen gesagt, kommen

Sie mir nicht zu nahe! Hören Sie, Frau, ich bin
vergiftet und verrückt, und ich sterbe. Ach...
Stöhnt Nehmen Sie Papier und Bleistift! Können
Sie schreiben?

Eva Ich will Ihnen den Anzug ausziehen. Sie sind ja
ganz blutig!

Daragan *wütend* Verstehen Sie nicht? Zurück! Ich bin gefährlich!

Eva Was ist das bloß? Adam! Adam! Erkennen Sie
mich nicht an der Stimme?

Daragan Was? Lauter, lauter, ich höre ganz schwach. Schreiben Sie: Ich melde. Wir haben die Luftabwehr
durchbrochen. Unsere Bomber sind durchgekom-
men. Aber alle Besatzungen des Geschwaders außer
mir sind vernichtet mitsamt ihren Flugzeugen. Weiter: Die Stadt brennt, das faschistische Wespennest
steht in Flammen. In Flammen! Aber Daragan ist
gasvergiftet, erblindet und abgestürzt. Ich bin un-
verheiratet. Meine Rente soll der Staat bekommen,
denn Daragan ist alleinstehend. Den Orden möchte
man ihm in den Sarg mitgeben. Außerdem bittet
er... bittet er... zu benachrichtigen... ausfindig
zu machen... ach, vergessen... Eva soll erfahren,
daß Daragan... Datum, Uhrzeit und zum Stab.
Schreit He, he, Genossen! *Springt auf, ringt die
Hände, geht.* Irgendwer! Im Namen der Barmher-
zigkeit! Erschießt mich! Im Namen der Barmher-
zigkeit! Ich kann die Qualen nicht ertragen! Gebt
mir einen Revolver! Trinken! Trinken!

Eva Ich gebe Ihnen keinen Revolver! Trinken Sie!

Daragan *versucht aus der Feldflasche zu trinken, kann aber
nicht schlucken* Einen Revolver! *Tastet suchend.*

Eva Nein! Nein! Halten Sie aus! Gleich kommen Männer!

Daragan Ich verbrenne! Ich verglühe!
Im Lautsprecher plötzlich ein Trompetenstoß.

Eva Schon wieder das Signal! *Schreit* Von wo? Von wo?
Der Lautsprecher verstummt.

Daragan Laßt keine Ärzte an mich heran! Ich erschieße die
Halunken! Warum hat denn niemand Mitleid mit

	einem Blinden? Holt irgendwen! Oder bin ich viel-
	leicht in Gefangenschaft?

Eva Kommen Sie endlich zur Besinnung! Ich bin Eva! Eva! Sie kennen mich doch! Oh, Daragan, ich kann Ihre Leiden nicht mitansehen! Ich bin Eva!

Daragan Ich erinnere mich an nichts! Ich kenne niemand! Zu Hilfe!

Man hört das Motorgeräusch eines Automobils.

Eva Da sind sie! Da sind sie! Ein Glück! Adam, Adam, hierher! Hierher! Hier ist ein lebender Mensch!

Adam und Jefrossimow kommen hereingelaufen.

Jefrossimow Gott der Gerechte!

Adam Alexander Ippolitowitsch, das ist Daragan! Wo kommt der denn her?

Eva Er ist hier mit dem Flugzeug abgestürzt!

Daragan Alle zurück! Zurück! Ich habe den Tod in mir!

Jefrossimow Mit welchem Gas sind Sie vergiftet? Welches Gas?

Eva Lauter, lauter! Er ist taub.

Jefrossimow Taub? *Drückt die Knöpfe seines Apparats.*

Daragan Genosse, ich melde, ich habe Rauchsäulen gesehen, nicht zu zählen!

Eva Er ist wahnsinnig, lieber Adam! Er erkennt keinen! Lieber Adam, schnell, sonst stirbt er!

Jefrossimow richtet den Strahl aus dem Apparat auf Daragan.

Daragan *liegt eine Weile unbeweglich und stöhnt, kommt dann zu sich, setzt sich auf* Aaah . . .

Eva *weint, ergreift Jefrossimows Hände* Lieber, gelieb-ter, großer, wunderbarer Mann, ich möchte deine fliederblauen Augen küssen! *Streichelt Jefrossimow den Kopf, küßt ihn.* So ein kluger Mann!

Jefrossimow Jawohl! Jawohl! Gebt mir noch einen Vergifteten! Noch einen! *Läßt den Strahl schweifen, richtet ihn auf den toten Verkäufer.* Nein, der ist tot! Nein! Jacques wird nie wieder sein!

Adam Professor, Professor! Was reden Sie da? Ganz ruhig!

Jefrossimow Ja, ja, danke. Sie haben recht. *Setzt sich hin.*

Daragan Ich kann wieder sehen. Wieso, ist mir schleierhaft. Wer sind Sie? *Pause.* Eva?

Eva Ja, ich bins, ich.

Daragan	Kommen Sie mir nicht zu nahe, ich ziehe den Anzug selber aus. *Zieht ihn aus.* Adam?
Adam	Ja, ich.
Daragan	Bleiben Sie mir vom Leibe! Sie vergiften sich! Wie kommen Sie hierher? Ach ja. Entschuldigung, verstehe: Ich bin hier abgestürzt, und Sie waren zufällig in dem Warenhaus. Mir brummt der Schädel! Sie wollten also einkaufen . . . und . . .
Adam	Nein, Daragan, so war es nicht.
Jefrossimow	Sagen Sie ihm nicht gleich die Wahrheit, sonst werden Sie nachher nicht mit ihm fertig.
Adam	Ja, das stimmt.
Daragan	Nein, mir ist nicht alles klar. *Trinkt.*
Adam	Wo kommen Sie denn her?
Daragan	Als ich zurückkam von . . . na ja, als ich meinen Einsatzauftrag erfüllt hatte . . . *Im Lautsprecher ertönt ein Militärmarsch.* Warum die Musik?
Eva	*weinend* Schon wieder! Schon wieder! Der Tod fliegt fetzenweise durch die Welt – mal schreit er in fremden Sprachen, mal klingt er wie Musik!
Adam	Eva, sofort bist du still! *Rüttelt sie an der Schulter.* Sei still! Kleinmütige Eva! Wenn du den Verstand verlierst, wer soll dich jetzt kurieren?
Eva	Ja, ja. *Wird still.*
Daragan	Ist das Jefrossimow?
Adam	Ja.
Daragan	Moment mal, der hat doch, ja, er hat einen Apparat erfunden. Es ist Krieg, aber das wissen Sie wohl schon? *Schaut sich um, erblickt die Straßenbahn.* Was bedeutet das? *Steht auf, geht zu der Wagenführerin, guckt.* Was? Tot? Entgleist? Eine Bombe? Ja? Führen Sie mich zum Stab.
Adam	Hören Sie, Daragan, in der STADT ist kein einziger Mensch.
Daragan	Was, kein einziger Mensch? Ach, mein Kopf ist noch nicht klar . . . Ich bin im Bilde. Wann bin ich losgeflogen? Ja, gestern abend, da hatte grade jemand von den Bauern eines Fürsten vorgelesen. Hören Sie, die ganze Welt führt Krieg!
Eva	Daragan, in der STADT ist kein Mensch außer uns!

	Aber bleiben Sie ruhig, damit Sie nicht den Verstand verlieren!
Daragan	*schlaff* Wo sind die denn alle geblieben?
Eva	Gestern abend, Sie waren kaum weg, da kam das Gas und hat alle erstickt.
Jefrossimow	Übrig sind nur Eva und ihr Adam und ich.
Daragan	Eva! Adam? Übrigens, Sie sind mir schon gestern ein bißchen sonderbar . . . gemütskrank vorgekommen.
Jefrossimow	Nein, nein, ich bin mit den Nerven runter, aber ich habe nicht mehr Angst, verrückt zu werden, im Gegensatz zu Ihnen. Denken Sie lieber an gar nichts. Legen Sie sich hin, decken Sie sich zu.
Daragan	*mit schiefem Grinsen* In der STADT waren zwei Millionen Einwohner, alle zum Teufel! Ich weiß mehr über den Angriff als er . . . fragen Sie ihn! Er wird Ihnen erklären, was für Gas notwendig ist, um eine STADT zu ersticken!
Eva	Ich weiß, ich weiß. *Zeigt ein Kreuz aus zwei Fingern.* Schwarz. *Weint.*
	Daragan sieht sich unruhig um, überlegt, geht zu den Fenstern, sein Gang ist der eines Kranken. Er blickt lange hinaus, greift sich an den Kopf.
Adam	*unruhig* Daragan, Daragan, hören Sie auf!
Daragan	*ruft halblaut* Ein Flugzeug brauch ich! He, Genossen! He, ein Flugzeug für den Kommandeur! *Sucht in den Taschen, holt eine kleine Bonbonniere hervor, zeigt sie Jefrossimow.* Schon gesehen? Schon gesehen? Ach, ihr dachtet, die Sowjetmenschen wären wie die Mäuse auf dem Feld? Bettler in Bastschuhen, was? Einfaltspinsel, was? Zwei Millionen Menschen, Fabriken, Kinder, weg damit, was? Siehst du das hier? Siehst du das Kreuz? Ohne Befehl des Revolutionären Kriegsrats darf ich sie nicht abwerfen? Ich gebe den Befehl – aufschrauben, abwerfen!
Adam	Wohin? Wohin?
Daragan	Na, mitten hinein! Peng, ruckzuck, immer drauf. Ich kenne die Adresse, ich weiß, wohin damit!
Eva	Adam, Adam, halt ihn fest!

Daragan	*steckt die Bonbonniere ein, setzt sich geschwächt. Sagt streng* Warum brennt die STADT?
Adam	Die Straßenbahnen sind noch eine Stunde gefahren, haben sich gegenseitig gerammt, und die Autos mit den toten Fahrern . . . Das Benzin hat gebrannt.
Daragan	Wie sind Sie heil geblieben?
Adam	Der Professor hat uns mit dem Strahl angeleuchtet, und danach nimmt der Organismus kein Gas mehr auf.
Daragan	*sich erhebend* Staatsverräter!
Eva	Was reden Sie da, Daragan!
Daragan	Gib mir den Revolver!
Adam	Nein!
Daragan	Was? *Sucht in den Taschen, holt aus dem abgelegten Anzug eine Bombe mit Griff.* Zur Verantwortung! Professor Jefrossimow zur Verantwortung! Ich hatte schon am Abend so eine Ahnung, was er da erfunden hat! Folgendes: Wieviel Menschen in der STADT übriggeblieben sein mögen, ihr zwei werdet Zeugen sein, wie sich Professor Jefrossimow vor Daragan verantwortet! Ich schwöre, er ist ein Verbrecher!
Jefrossimow	*sich regend* Was ist?
Daragan	Sie brauchen nicht beleidigt zu sein. Gleich wissen wir Bescheid. Aber wenn was nicht stimmt, gehen Sie mit mir aus dem Warenhaus. Warum haben Sie Ihren Apparat nicht rechtzeitig dem Staat übergeben?
Jefrossimow	*schlaff* Ich verstehe die Frage nicht. Was heißt das, rechtzeitig?
Daragan	Antworten Sie!
Eva	Adam, Adam! Warum siehst du zu? Professor, warum sagen Sie nichts?
Adam	Ich verbiete es! Legen Sie sofort die Bombe weg.
Daragan	Wer bist du, daß du mir was verbieten willst?
Adam	Ich, der erste Mensch, der in der STADT überlebt hat, Parteimitglied Adam Krassowski, ich habe die Macht in der STADT übernommen, und ich habe diesen Fall bereits untersucht. Ich verbiete, Jefrossimow anzugreifen! Trotzdem, Professor, antworten Sie ihm, um ihn zu beruhigen.

Jefrossimow	Er hat mich . . . wie sagt man . . . erschreckt . . .
Eva	Sie haben ihn erschreckt!
Jefrossimow	Ich habe am ersten Mai die Entdeckung gemacht . . . wie sich sämtliche Giftstoffe außer Gefecht setzen lassen. Damit sind sie reif zum Wegwerfen. Die lebendige Zelle nimmt nach der Bestrahlung keine Giftstoffe mehr auf, ja, sogar ein schon vergifteter Organismus, ein Lebewesen kann noch gerettet werden, wenn es nur nicht schon tot ist. Da begriff ich, daß es keinen Gaskrieg geben würde. Ich habe mich selbst bestrahlt. Aber erst am Morgen des Fünfzehnten brachte mir der Handwerker das Gehäuse, in das ich die Gläser mit Kaliumpermanganatlösung und den polarisierten Strahl einbaute. Ich ging auf die Straße und war am Abend bei Adam. Eine Stunde nach meiner Ankunft wurde die STADT vergiftet.
Daragan	Aber Sie wollten den Strahl ins Ausland geben?
Jefrossimow	Wollen kann ich, was ich will.
Daragan	*legt sich hin* Hörst du, Adam, was der Spezialist sagt?
Jefrossimow	Ich wollte . . . allen Ländern gleichzeitig . . .
Daragan	Ich bin geschwächt. Ich zittere . . . Dabei müßte ich aufstehen und fliegen. Aber mein Flugzeug! Mein Flugzeug! Ob es heil ist? Meine Knochen sind gebrochen! Aber das innere Brennen hat aufgehört! Wie ist das bloß alles möglich? Wir sind doch auf ihr Geschwader gestoßen und haben es aufgerieben!
Adam	*beugt sich zu Daragan* Daragan, das waren die Falschen. Die andern sind weiter oben in der Stratosphäre durchgekommen.
Daragan	Na schön. Ich werde fliegen . . . ich werde fliegen.
Jefrossimow	Sie werden nicht fliegen! Das hätte gar keinen Sinn!
Daragan	Wie ist es ausgegangen? Ich will wissen, wie es ausgegangen ist! Ich weiß, wie es ausgehen wird! Schweigen Sie!
Jefrossimow	Sie dürfen nicht mal sitzen, geschweige denn fliegen. Sie werden lange liegen müssen, wenn Sie nicht sterben wollen.
Daragan	Ich hatte noch nie eine Frau an meiner Seite. Ich

	möchte in einem sauberen Bett liegen, und auf dem Stuhl soll Tee mit Zitrone stehen. Ich bin krank! Und wenn ich wieder gesund bin, fliege ich so hoch es geht, und am Abend ... *Zu Adam* Und Moskau?
Adam	Moskau schweigt!
Eva	Wir hören nur Bruchstücke von Musik und wirre Worte in fremden Sprachen! Alle Länder führen Krieg gegeneinander.
Adam	Heute früh sind wir fünfzehn Kilometer mit dem Auto gefahren und haben nur Leichen gesehen und Splitter von einer Glasbombe. Jefrossimow sagt, da wären Pestbazillen drin gewesen.
Daragan	Nicht schlecht! Aber ich will nichts mehr hören. Erzählen Sie mir nichts mehr. *Pause. Zeigt auf Adam.* Er soll befehlen, ich werde mich fügen.
Adam	Eva, hilf mir, ihn aufzuheben. *Sie heben Daragan auf.*
	Eva ergreift das Bündel.
Daragan	Wohin?
Adam	In die Wälder. Benzin besorgen.
Daragan	Und ein Flugzeug!
Adam	Na schön, fahren wir. Vielleicht finden wir einen Flugplatz. Dann kommen wir hierher zurück, um Kleinigkeiten zu holen. Und ab! Sonst kommen wir überhaupt nicht mehr raus. *Ab.*
	Lange Pause. Man hört das Auto rattern und wegfahren. Nach einiger Zeit kommt Pontschik-Ohnesieg ins Warenhaus gelaufen. Sein Jackett ist zerrissen, er ist schmutzig.
Pontschik	*wie wahnsinnig* Hauptsache, klaren Verstand bewahren und nicht den Kopf zerbrechen, warum ich als einziger am Leben geblieben bin. Herrgott! Herrgott! *Bekreuzigt sich.* Vergib mir, daß ich für die Zeitschrift »Der Gottlose« geschrieben habe. Vergib mir, lieber Gott! Vor den Menschen könnte ich leugnen, denn ich habe mit Pseudonym gezeichnet, aber dich will ich nicht belügen – das war ich! Aus reinem Leichtsinn! Ich sage es nur dir, lieber Gott, ich bin ein gläubiger Mensch bis auf die Knochen und hasse den Kommunismus. Und ich verspreche dir vor dem Angesicht der Toten: Wenn du

mir den Weg weisest, wie ich aus der STADT komme und mein Leben rette, dann will ich ... *Holt das Manuskript hervor.* Mutter Gottes, auf die Kolchose bist du doch nicht böse? Was ist schon dabei? Früher waren die Bauern einzeln, na, und jetzt werden sie zusammen sein. Was macht das für einen Unterschied, lieber Gott? Sie werden schon nicht zugrunde gehen, die Verfluchten! Blicke herab, o Herr, auf deinen sterbenden Knecht Pontschik-Ohnesieg und rette ihn! Ich bin rechtgläubig, o Herr, und mein Großvater hat im Konsistorium gearbeitet. *Erhebt sich von den Knien.* Was ist das bloß mit mir? Ich bin wohl übergeschnappt vor Angst, ich gestehe es. *Schreit auf.* Macht mich nicht verrückt! Was suche ich? Wenn wenigstens einer da wäre, der mir sagen könnte ...

Man hört Markisow in der Ferne schwach rufen: »Hilfe!«

Das kann nicht sein! Ich träume! In der STADT lebt keiner mehr!

Markisow kriecht in das Warenhaus. Auf dem Rükken trägt er einen Quersack, das eine Bein ist entblößt, und man sieht, daß der Fuß voller Geschwüre ist.

Markisow   Bis hierher habe ich mich geschleppt. Hier werde ich sterben. Mir tut alles weh! Ich schwimme in Tränen, und keiner kann mir helfen, und das Bein verfault! Alle waren mit einem Schlag tot, und ich muß mich quälen. Wofür? Na, ich werde schreien wie ein Unglücklicher hinter Gittern, bis meine Stimme erschöpft ist. *Ruft schwach* Hilfe!

Pontschik   Ein Mensch! Ein Lebender! Mein Gebet ist erhört! *Stürzt zu Markisow, umarmt ihn.* Aber Sie sind ja Markisow?

Markisow   Ja, ich bin Markisow! Sie sehen, Bürger, ich sterbe! *Umarmt Pontschik und weint.*

Pontschik   Nein, ich bin wohl doch nicht verrückt. Ich habe Sie erkannt! Sie mich auch?

Markisow   Wer sind Sie?

Pontschik   Warum erkennen Sie mich denn nicht? Mein Gott!

	Erkennen Sie mich, ich flehe Sie an! Dann wird mir leichter.
Markisow	Ich kann irgendwie schlecht sehen, Bürger.
Pontschik	Ich bin der bekannte Schriftsteller Pontschik-Ohnesieg! Erinnern Sie sich um Gottes willen, wir haben doch im selben Haus gewohnt! Ich erinnere mich gut an Sie, Sie wurden aus der Gewerkschaft rausgeworfen wegen Rowdy . . . Kurz und gut, Sie sind Markisow!
Markisow	Wegen was haben sie mich aus der Gewerkschaft rausgeworfen? Wegen was? Weil ich einen Bürohengst verprügelt hab? Wie sollte ich den Misthund nicht verprügeln? Wer hätte ihn bestraft, wenn nicht ich? Weil ich trinke? Wie sollte ein Bäcker nicht trinken? Alle meine Vorfahren haben getrunken, mein Großvater und mein Urgroßvater. Vielleicht weil ich Bücher gelesen hab? Aber wer bringt einem Bäcker was bei, wenn er nicht selber liest? Na, macht nichts. Ein Weilchen noch. Ich werf mich selber raus. Sie sind schon ganz von Nebel verschleiert, Bürger, ich gehe bald ab.
Pontschik	Jetzt bete ich schon um etwas anderes: Erhalte dem Bürger Markisow das Leben! Ich flehe nicht für mich, sondern für einen anderen.
Markisow	Schauen Sie zum Fenster hinaus, Bürger, und Sie werden sehen, es gibt überhaupt keinen Gott. Soviel steht fest.
Pontschik	Wenn nicht der dräuende Gott, wer hat dann die sündige Erde gestraft?
Markisow	*schwach* Sie haben Gas abgelassen und die UdSSR erstickt. Ich kann nichts mehr sehen.
Pontschik	Stehen Sie auf, stehen Sie auf, mein Bester! Oh, wie ist das hart – zu erscheinen und wieder zu verschwinden!
	Jefrossimow erscheint mit Bündel und Tasche. Beim Anblick von Pontschik und Markisow erstarrt er. Als Pontschik Jefrossimow erblickt, weint er vor Freude.
Jefrossimow	Wo kommt ihr her, Leute? Wie seid ihr in die STADT gekommen?
Pontschik	Professor . . . Jefrossimow?

Jefrossimow	*zu Pontschik* Waren Sie nicht gestern abend bei Adam? Sie hatten doch über Kolchosbäuerinnen geschrieben?
Pontschik	Ja, ja! Ich bin Pontschik-Ohnesieg!
Jefrossimow	*bückt sich zu Markisow* Und der? Was hat er? Das ist doch der, der mich angegriffen hat! Also waren Sie zum Zeitpunkt der Katastrophe in der STADT. Wie haben Sie überlebt?
Markisow	*dumpf* Ich bin die Straße entlanggelaufen, dann hab ich in einem Keller gesessen und Zander gegessen, und jetzt sterbe ich.
Jefrossimow	Ah . . . die Tür hat geklappt! Ich erinnere mich. *Zu Pontschik* Antworten Sie – als ich Adam und Eva geknipst hab, kamen Sie da nicht grade rein?
Pontschik	Ja, Sie haben mich geblendet!
Jefrossimow	So, alles klar. *Zu Markisow* Aber Sie, Sie – unbegreiflich! Wie konnte der Strahl Sie treffen? Sie waren doch gar nicht im Zimmer?
Markisow	*schwach* Der Strahl? Ich war doch zum Fenster hochgeklettert.
Jefrossimow	Aaah . . . Was für ein Schicksal. *Er zündet den Strahl im Apparat, richtet ihn auf Markisow. Der regt sich, öffnet die Augen, setzt sich auf.* Sehen Sie mich?
Markisow	Jetzt ja.
Jefrossimow	Und das Bein?
Markisow	Besser. Oh, ich kann atmen.
Jefrossimow	Aha. Sie sehen jetzt . . . Sie haben mich Bourgeois genannt. Aber ich bin kein Bourgeois, o nein! Und dies ist kein Fotoapparat. Ich bin kein Fotograf und kein Alkoholiker!
Markisow	Sie, Bürger Gelehrter, Sie sind doch kein Alkoholiker! Ich möchte Ihnen die Hand küssen . . . Gedichte aufsagen . . . Das Gas ist wie Hagel über die STADT gekommen, aber der Gelehrte hat mich gerettet. Geben Sie mir Ihre Hand!
Jefrossimow	Scheren Sie sich zum Teufel! Ich trinke nicht. Ich rauche nur . . .
Markisow	Ach, Sie sind so böse . . . Eine Zigarette? Rauchen Sie bitte.
Jefrossimow	*hysterisch* Was haben Sie für ein Recht, mich Alko-

	holiker zu nennen! Wie konnten Sie es wagen, mir die Faust ins Gesicht zu stoßen? Ich habe mein Leben lang im Labor gesessen und war noch kein einziges Mal verheiratet, und Sie bestimmt schon dreimal. Sie sind ein Alkoholiker! Das behaupte ich in Gegenwart aller, und ich fordere Sie vor Gericht. Ich zeige Sie an!
Pontschik	Professor, was haben Sie?
Markisow	Bürger, lieber Mensch, beruhige dich! Von wegen dreimal! Mich haben sie durch die Gerichte gezerrt, mich buchstäblich zuschanden gehetzt! Ach, großer Mensch! Ich atme . . . Nehmen Sie einen Schluck!
Jefrossimow	Ich trinke nicht.
Markisow	Wie kann man nicht trinken . . . Da sterben Sie doch von den Nerven. *Die Musik im Lautsprecher hört auf.* Ich versteh schon . . . Ich bin in die Straßenbahn gesprungen, und die Schaffnerin war tot. Ich hab ihr zwanzig Kopeken zugesteckt . . . *Flößt Jefrossimow Wodka ein.*
Jefrossimow	Können Sie frei atmen?
Markisow	Ja. *Atmet.* Ganz und gar frei. Wissen Sie, ich wollte mich erstechen.
Jefrossimow	Sie haben eine Gangrän.
Markisow	Wieso auch nicht? Und ob! Schon selbst bemerkt. Na, bis zur Hochzeit ist das wieder weg.
Jefrossimow	Verstehen Sie, eine Gangrän! Wer soll Ihnen jetzt das Bein amputieren? Ich werde es tun müssen. Aber ich bin ja kein Arzt.
Markisow	Ich habe Vertrauen zu Ihnen. Schneiden Sie!
Jefrossimow	Dummkopf! Sie hätten sich mit beiden Beinen aufs Fensterbrett stellen sollen! Der Strahl hat den Fuß nicht erreicht.
Markisow	Das ist ja meine Rede. Aber die Unwissenheit! Die Unwissenheit! Ich – mit einem Bein . . . Ach, hols der Teufel! *Deklamiert.* Großer Mann, dich, den Weisen, wird noch das Jahrhundert preisen!
Jefrossimow	Bitte ohne Geschrei. Reißen Sie sich zusammen, sonst schnappen Sie über. Nehmen Sie sich ein Beispiel an mir.

Pontschik	*in plötzlicher Raserei* Ich verlange, daß Sie mich bestrahlen! Warum haben Sie mich vergessen?
Jefrossimow	Verrückt! Sie sind doch schon bestrahlt, Sie Rasender! Beherrschen Sie sich ... und lassen Sie den Apparat los!
Markisow	Laß den Apparat los, du Satan! Du machst ihn kaputt!
Pontschik	Dann erklären Sie mir wenigstens, was das für ein Wunder ist.
Jefrossimow	Ach, das ist kein Wunder. Kaliumpermanganat und ein polarisierter Strahl.
Markisow	Permanganat, verstehe. Und du grapsch nicht nach dem Apparat! Rühr nichts an, wovon du keine Ahnung hast! Ach, ich atme, ich atme ...
Jefrossimow	Sehen Sie mich nicht so an! Sie beide haben hysterische Augen. Es wird einem schlecht, und man bekommt Angst! Papier und Bleistift her, sonst vergesse ich noch, was ich aus dem Warenhaus mitnehmen muß. Was haben Sie da in der Tasche?
Pontschik	Mein Manuskript.
Jefrossimow	Ach, das nicht. Zum Teufel mit Ihrem Apollo Akimowitsch.
Markisow	Wir haben kein Papier. Gib her! *Nimmt Pontschik das Manuskript weg.*
Jefrossimow	Schreiben Sie ... diese ... ach Gott ... womit man Holz hackt!
Pontschik	Beile?
Markisow	Beile!
Jefrossimow	Beile. Medikamente ... Nehmen Sie alles, alles, was Ihnen in die Hände fällt, alles, was man zum Leben braucht. *Man hört das Rattern eines Lastautos.* Da sind sie! Sie sind da! *Läuft durchs Fenster, ruft* Eva! Adam! Ich habe noch zwei Lebende gefunden. *Als Antwort ein dumpfer Ruf Adams.* Ja, zwei Lebende! Da sind sie! *Läuft hinaus.*
Pontschik	*hält sich an ihm fest* Hier sind wir! *Läuft mit Jefrossimow hinaus.*
Markisow	Hier sind wir! *Will laufen, kann aber nicht.* Sehen Sie auch mich an, mich! Ich bin auch lebendig! Ich bin lebendig! Ach, du hast dein Pensum noch nicht

gelaufen, Markisow, und du wirst nie wieder laufen. *Schreit* Verlaßt mich nicht, verlaßt mich nicht!
Gut, ich warte!

*Lautlos stürzt vor dem Fenster ein ganzer Häuser-
block ein, und es zeigen sich eine zweite Säulen-
reihe und irgendwelche Pferde in seltsamer Beleuchtung.*

Leute, seht durchs Fenster!

Vorhang.

3. Akt

Das Innere eines großen Zeltes am Rande eines jahrhundertealten Waldes. Das Zelt ist voll von verschiedenen Gegenständen: Holzklötze zum Sitzen, ein Tisch, ein Radio, Geschirr, eine Harmonika, ein Maschinengewehr und ein prächtiger Palastsessel. Das Zelt ist aus allem möglichen Zeug gemacht: Planen, Brokat, Seidenstoff, Wachstuch. Eine Seite des Zeltes ist hochgeschlagen, und man sieht über dem Wald einen glühenden Regenbogen.

Es ist Mittag. Markisow sitzt mit Krücke und dem blauen Zwicker in dem Sessel, ein verbranntes und zerrissenes Buch in der Hand.

Markisow *liest laut* »Es ist nicht gut, daß der Mensch allein sei; ich will ihm eine Gehilfin machen, die um ihn sei.« Theoretisch richtig, aber woher nehmen! Hier fehlt ein Stück Seite. *Liest* »Und sie waren beide nacket, der Mensch und sein Weib, und schämeten sich nicht.« An der interessantesten Stelle hat das Buch ein Brandloch. *Liest* »Und die Schlange war listiger denn alle Tiere auf dem Felde . . .« Und Schluß. Die nächsten Seiten sind rausgerissen.

Auftritt Pontschik-Ohnesieg. Er trägt wie Markisow einen Bart, ist abgerissen und naß vom Regen. Er wirft das Jagdgewehr von der Schulter, schleudert einen geschossenen Vogel in einen Winkel.

Das gilt für dich: »Die Schlange war listiger denn alle Tiere auf dem Felde.«

Pontschik Was für eine Schlange? Geh doch zum Teufel! Ist das Mittagessen fertig?

Markisow In einem halben Stündchen, Euer Durchlaucht.

Pontschik Na, dann laß uns ein Gläschen kippen und ein Häppchen essen.

Markisow	Weißt du, Adam kontrolliert unsere Alkoholvorräte.
Pontschik	Hä-hä-hä! Der soll seine Nase nicht in Dinge stecken, die ihn nichts angehen! Bei uns ist jeder der Adam in seinem Bereich. Über dich kann ich mich nur wundern – wehe, wenn man dich über sich hat. Bist du der Verpflegungschef? Bist du! Also kannst du auch verfügen. Ich bin daran gewöhnt, vor dem Mittagessen ein Gläschen zu trinken, und ich arbeite nicht weniger, vielleicht sogar mehr als die anderen . . . Adams!
Markisow	Richtig, sehr wohl, Herr Schlange!
Pontschik	*plötzlich* Moment mal. *Läuft zum Radio, knipst es an, daß die Lämpchen aufleuchten, dreht die Knöpfe.*
Markisow	Da ist nichts drin, ich versuchs schon den ganzen Vormittag. Alles leer, Bruder Schlange!
Pontschik	Hör auf mit dieser Masche, mich Schlange zu nennen.
	Sie trinken.
Markisow	Weißt du, ohne Lesen ist es mir langweilig. Wie ich den Grafen von Monte Christo geschmökert hab, mein lieber Mann! Da, das hab ich im Keller aufgelesen! Aber mehr ist nicht übrig als das hier, übrigens handelts von unsern Leuten, von Adam und Eva.
Pontschik	*blickt in das Buch* Was für ein mystischer Quatsch!
Markisow	Langweilig, wenn keine Menschen auf der Welt sind!
Pontschik	Ich bemerke mit Freuden, daß du dich seit dem Untergang sehr verändert hast. Sag, was du willst, ich führe das auf meinen Einfluß zurück. Die Literatur ist eine große Sache!
Markisow	Ich habe mich wegen meinem Bein verändert. Ich hinke, kann mich nicht mehr prügeln und lese deshalb alles, was mir in die Hände fällt. Leider ist mir außer diesem zerrissenen Buch nichts in die Hände gefallen.
Pontschik	Dann wollen wir noch einmal meinen Roman lesen!
Markisow	Den haben wir doch schon zweimal gelesen.
Pontschik	Hör ruhig noch einmal zu. Kannst du noch? *Holt*

	das Manuskript hervor, liest »Erstes Kapitel. Da, wo früher die erdgrauen, ausgemergelten . . .« Du siehst, ich verbessere nach und nach. Ich habe das Wort »ausgemergelt« eingesetzt. Wie klingt das?
Markisow	Nicht übel.
Pontschik	Tja . . . »ausgemergelten Gesichter der Bauern des Fürsten Wolkonski . . .« Ich habe nach langem Nachdenken den Fürsten Barjatinski durch den Fürsten Wolkonski ersetzt. Hast dus gemerkt?
Markisow	Hab ich.
Pontschik	Kannst was lernen! »Wolkonski die karge Erde furchten, zeigen sich heute die frischen Wänglein der Kolchosbäuerinnen. ›Ach, Wanja, Wanja!‹ zwitscherte es auf dem Feldrain . . .«
Markisow	Stop! Pause! Ich sehe, du bist ein großer Mann. Du schreibst schmissig, du hast Genie. Erklär mir mal, warum ist Literatur immer so langweilig?
Pontschik	Ich sage dir, du bist ein Dummkopf!
Markisow	Gegen Gedrucktes will ich ja nichts sagen. Gedrucktes möchte man immer lesen, aber diese Literatur . . . »Ach, Wanja, Wanja« – nur so was. Feldrain und Kolchos!
Pontschik	Mein Gott, einen Quatsch hat dieser Mann im Kopf, dem kannst du noch so lange was beibringen wollen! Du meinst also, Literatur muß immer was Handschriftliches sein? Und wieso . . . nur Feldrain und Kolchos? Hast du viel gelesen?
Markisow	Massenhaft.
Pontschik	Als du in der STADT randaliert hast, wie? Sie haben dich bestimmt fürs übermäßige Lesen aus der Gewerkschaft gefeuert.
Markisow	Was hast du dauernd an mir rumzumeckern? Das Buch nennt dich mit Recht »Schlange im Felde«! Über mich aber steht gedruckt *erinnert sich* »Meine Vergangenheit, Graf, ist tot«.
Pontschik	Oh, wie recht hatte doch der verstorbene Apollo Akimowitsch, als er in einer Diskussion sagte: »Genossen, werft nie Perlen vor die Säue!« Ein historischer Satz! *Schmeißt das Manuskript hin. Trinkt. Pause.*
Markisow	Sie liebt ihn nicht.

Pontschik	Wer liebt wen nicht?
Markisow	*geheimnisvoll* Eva liebt Adam nicht.
Pontschik	Was geht das dich an?
Markisow	Ich sehe kommen, daß sie mich lieben wird.
Pontschik	Was?
Markisow	*flüstert* Sie liebt Adam nicht. Ich bin in der Nacht an ihrem Zelt vorbeigegangen und habe gehört, wie sie weinte.
Pontschik	*flüsternd* Du treibst dich in der Nacht herum?
Markisow	Sie liebt auch Daragan nicht und auch dich nicht, und der große Jefrossimow . . . na, der ist groß, was hat der hierbei zu suchen? Also ist mir das Glück sicher.
Pontschik	Aber . . . hör mal zu: Als damals die STADT brannte, bin ich in der Bank gewesen, wo ich mein Konto habe, und habe das hier aus meinem Schließfach geholt. *Zieht ein Päckchen hervor.* Das sind Dollars. Ich gebe dir tausend Dollar, wenn du dich aus dieser Sache raushältst.
Markisow	Was zum Henker soll ich mit Dollars?
Pontschik	Glaube weder Adam noch Daragan, wenn sie dir einreden wollen, Devisen wären nichts mehr wert auf dem Erdball. Der sowjetische Rubel – unter uns gesagt – ist nur noch einen Dreck wert. Aber dort *zeigt in die Ferne,* keine Bange, dort leben noch Menschen. Und solange wenigstens zwei Menschen übrig sind, behalten Dollars ihren Wert bis zum Ende des Lebens. Siehst du den klugen alten Mann, der auf der Banknote abgedruckt ist? Das ist der ewige Weise! Sobald Daragan eine Verbindung mit der übrigen Welt hergestellt hat, kannst du mit den Dollars eine Frau heiraten, daß alle nur so den Mund aufreißen. Nicht zu vergleichen mit der verstorbenen Anja. Bei Eva ist nicht dein Platz, du hinkender Teufel! Es gibt nur zwei Kräfte auf der Welt: die Dollars und die Literatur.
Markisow	Ich armer Krüppel werd überall beiseitegeschoben! Mit dem Genie willst du mich kleinkriegen! *Steckt die Dollars ein, spielt auf der Harmonika einen Walzer, legt dann die Harmonika weg.* Lies weiter aus dem Roman.

Pontschik	Aber gern! *Liest* ». . . die frischen Wänglein der Kolchosbäuerinnen. ›Ach, Wanja, Wanja!‹«
Eva	*erscheint plötzlich* ». . . zwitscherte es auf dem Feldrain!« Eine verwunschene Stelle. Aber wie könnt ihr in solch einer Stunde lesen, Freunde? Bleibt euch nicht das Herz stehen?
	Man hört auf der fernen Lichtung einen Flugzeugmotor brummen.
	Hört ihr?
	Der Motor verstummt. Eva geht zum Radio, läßt die Lämpchen aufleuchten, dreht die Knöpfe, horcht.
	Nichts! Nichts!
Markisow	Rein gar nichts, ich mache seit dem Morgen Dienst. *Holt den Strauß hervor.* Ich habe dir Blumen gepflückt, Eva.
Eva	Es reicht, Markisow, ich habe das ganze Zelt voller Sträuße. Ich komm ja mit dem Gießen und Wegschmeißen nicht mehr nach.
Pontschik	Wirklich wahr! Dieser Strauß sieht erstens wie ein Pferdeschwanz aus, und zweitens hat es keinen Zweck, das Zelt mit dem Gemüse vollzustopfen. *Nimmt Markisow den Strauß aus der Hand und wirft ihn weg. Sagt leise* Das ist Gaunerei. Du hast doch das Geld genommen, du unmoralisches Subjekt.
Eva	Was gibts?
Markisow	Nichts, gar nichts, ich schweige. Ich bin gekauft.
Eva	Wahrhaftig, geht doch beide zum Teufel! Eure Heimlichkeiten in letzter Zeit habe ich satt! Ist das Mittag fertig?
Markisow	Ich seh gleich mal nach der Suppe.
Pontschik	Tu das, Koch, alle sind hungrig.
Eva	Wenn du einem lernwilligen Menschen helfen willst, bring ihn nicht durcheinander. Koch heißt nicht Kock, sondern Cook.
Pontschik	Es gibt verschiedene Aussprachen.
Eva	Lüge nicht.
Markisow	Koch heißt Cook. Das schreib ich mir auf. *Notiert.* In welcher Sprache?
Eva	Englisch.

Markisow So. Ich komm gleich wieder. *Ab.*
Pontschik Eva, ich muß mit dir sprechen.
Eva Ich möchte nicht . . .
Pontschik Doch, hör mich an!
Eva Also?
Pontschik Wer ist es, der hier im tiefen Walde mit dir spricht?
Ich war vor der Katastrophe nicht der letzte Mann
in der sowjetischen Literatur. Heute, wo Moskau
ebenso untergegangen ist wie unsere STADT, bin
ich der einzige. Wer weiß, vielleicht hat mich das
Schicksal ausersehen, die Geschichte des Untergangs
für die künftigen Generationen im Gedächtnis zu
bewahren und aufzuschreiben? Hörst du mir zu?
Eva Ich höre mit Interesse zu. Ich dachte schon, du
willst mir eine Liebeserklärung machen, aber dies
ist interessant!
Pontschik *leise* Ich kenne dein Geheimnis.
Eva Was für ein Geheimnis?
Pontschik Du bist unglücklich mit Adam.
Eva Was geht dich das an? Außerdem, woher willst du
das wissen?
Pontschik Ich kann sehr oft nachts nicht schlafen. Und weißt
du warum? Weil ich grüble. Über wen, das kannst
du dir denken. So ist das. Eines Nachts habe ich lei-
ses Frauenweinen gehört. Wer kann nachts in die-
sem verfluchten Wald weinen? Du bist ja die ein-
zige Frau hier!
Eva Leider, leider!
Pontschik Worüber kann diese einzige, zarte Frau weinen?
Oh, meine Eva!
Eva Ich möchte eine lebendige Stadt sehen! Wo sind
Menschen?
Pontschik Sie leidet. Sie liebt Adam nicht! *Versucht Eva zu
umarmen.*
Eva *lustlos* Geh weg.
Pontschik Wieso stecken die da mit dem Aeroplan fest? *Geht
hinaus.*
Eva *nimmt die Kopfhörer* Nichts, nichts!
Markisow *kommt herein* Gleich fertig. Wo ist Pontschik?
Eva Ich habe ihn weggejagt.

Markisow	Was du nicht sagst. Ich hab ein kleines Anliegen. Eine wichtige Neuigkeit.
Eva	Ich kenne hier alle Neuigkeiten.
Markisow	Nein, diese kennst du nicht. Ein Geheimnis. *Leise* Ich sage dir, ich bin ein reicher Mann.
Eva	Wenn einer vor Hitze den Verstand verliert, kann ich das verstehen, aber es hat doch geregnet. Aha, du riechst nach Wodka.
Markisow	Ach was! Baldrian hab ich genommen, denn die Schmerzen hatten wieder angefangen. Hör zu. Geld wird wieder was wert sein. Glaube Adam und Daragan nicht. Solange zwei Menschen auf der Erde sind, werden sie Handel treiben. Das ist nicht zu bestreiten. Ein Gesetz! Übrigens habe ich in einem vollkommen unbekannten Werk gelesen, daß schon einmal nur zwei Menschen auf der Erde waren – Adam und Eva. Sie haben sich sehr geliebt. Wie es weiterging, weiß man nicht, denn in dem Buch fehlen viele Seiten. Verstehst du?
Eva	Ich verstehe kein Wort.
Markisow	Warte mal. Diese Theorie paßt hier nicht. Denn du liebst deinen Adam nicht. Du brauchst einen anderen Adam. Einen außenstehenden. Schrei mich nicht an. Meinst du, ich habe gemeine Hintergedanken? Nein. Ich bin ein geheimnisvoller und sehr reicher Mann. Ich lege dir tausend Dollar zu Füßen. Steck sie weg.
Eva	Sachar, wo hast du die Dollars her?
Markisow	In meinem früheren Leben gespart.
Eva	Sachar, wo hast du die Dollars her? Du hast sie in der STADT geklaut. Sieh bloß zu, daß Adam nichts davon erfährt! Du bist ja ein Marodeur! Ach, Sachar, Sachar!
Markisow	Hier, schlag mich tot, ich habe sie nicht geklaut!
Eva	Aha, dann hat Pontschik sie dir gegeben, stimmts?
Markisow	Pontschik-Ohnesieg.
Eva	Wofür? *Pause*. Raus mit der Sprache!
Markisow	Damit ich dich in Ruhe lasse.
Eva	Und du bringst sie mir. Ihr seid ja rührende Geschäftemacher. Nun hör mir mal zu: Begreifst du, daß ihr eine Frau quält? Ich habe jede Nacht den

gleichen Lieblingstraum: Ein schwarzes Pferd mit schwarzer Mähne trägt mich hinaus aus diesen Wäldern! Unglückliches Schicksal! Warum wurde nur eine Frau gerettet? Warum ist die arme Anja nicht unter den Strahl geraten? Dann könntest du sie heiraten und wärst glücklich!

Markisow schluchzt plötzlich.

Was hast du? Was hast du? Markisow, hör auf!

Markisow Sie haben Anja erstickt!

Eva Vergiß es, vergiß es, Sachar! Erinnere mich nicht daran, sonst muß ich auch weinen, und was soll daraus werden? Genug! *Pause.* Das Pferd trägt mich davon, und ich bin nicht allein . . .

Markisow Mit wem bist du denn?

Eva Nein, nein, ich habe Spaß gemacht, vergiß es. Jedenfalls bist du kein schlechter Mensch, Markisow. Laß uns ein Abkommen treffen – du wirst mir nicht mehr nachstellen. Du willst doch nicht, daß ich in den Wäldern hier sterbe?

Markisow Aber nein, Eva, wo denkst du hin!

Eva Ach übrigens: Warum trägst du eigentlich diesen grauenhaften Zwicker?

Markisow Ich habe schwache Augen, und außerdem bin ich nicht schlechter als andere Gelehrte.

Eva Das mit den Augen ist gelogen. Versteh doch, du siehst nicht wie ein Gelehrter aus, sondern wie ein Gauner. Ich gebe dir den gutgemeinten Rat – schmeiß ihn weg.

Markisow Gut gemeint?

Eva Gut gemeint.

Markisow Da. *Gibt ihr den Zwicker.*

Eva *wirft den Zwicker weg. Wieder Motorengeräusch* Mir werden richtig die Hände kalt. Sachar, hier hast du ein Blümchen zur Erinnerung an den großen Tag! Ich will Menschen sehen! Also, bleiben wir Freunde?

Markisow Ja, Freunde!

Eva Blase, Sachar, blase, es ist Zeit!

Markisow *nimmt die Trompete* Sie kommen, sie kommen. *Herein kommen Daragan und Adam. Adam hat sich einen Bart stehenlassen, er hat sich sehr verändert,*

scheint der älteste zu sein. Er ist gereift und kon-
zentriert. Daragan ist glattrasiert und grauhaarig.
Hinter ihnen bringt Pontschik die Suppenterrine.

Eva Red, spann mich nicht auf die Folter! Geschafft?

Daragan Ja.

Eva *fällt ihm um den Hals* Ach, ich hab Angst, Daragan! Alexander Ippolitowitsch, wo bist du? Komm essen!

Adam Ich finde, anläßlich des großen Ereignisses können alle ein Gläschen Wodka trinken außer Daragan. Sachar, wie stehts mit dem Alkoholvorrat?

Markisow Was soll sein? Minimal.

Jefrossimow *hinterm Zelt* Sachar, was willst du damit sagen? Wenig oder viel?

Markisow Ich . . . Viel.

Jefrossimow Dann mußt du sagen: maximal. *Kommt herein, trocknet sich die Hände mit dem Handtuch. Er trägt ein schmutziges Hemd und zerrissene Hosen und ist glattrasiert.*

Eva Bitte Platz zu nehmen.
Alle setzen sich, trinken, essen.

Pontschik Wirklich, nicht schlecht, die Suppe. Was gibts als Hauptgericht?

Markisow Geflügel.

Jefrossimow Was quält mich so? Moment mal . . . Richtig. Der Wodka? Nein: minimal und maximal! Besser wäre ganz einfach: viel Wodka oder wenig Wodka. Man sollte einfacher leben. Aber für alle Fälle wollen wir festhalten: Ein Minimum ist eine kleine Größe, ein Maximum die größte Größe.

Markisow Diese verdammten Wörter verwechsle ich immer wieder! Belehre mich, Freund Professor. Komm, ich schenk dir Suppe nach! *Pause.* Zwei Brüder: Minimum – der kleinere, mager, parteilos, steht vor Gericht, und Maximum – ein rotbärtiger Dicker, Divisionskommandeur.

Adam Gratuliere, Genossen, Sachar ist übergeschnappt!

Jefrossimow Ach wo! Das ist eine gute Methode, sich etwas zu merken.

Adam Mal herhören! Es ist Mittag. Ich erkläre die Sitzung der Kolonie für eröffnet. Pontschik-Ohnesieg, du führst Protokoll. Auf der Tagesordnung steht der

	Flug Daragans zwecks Aufklärung, was in der Welt geschieht. Gibt es Fragen?
Eva	Die Hände, die Hände!
Daragan	Genossen, mein Ehrenwort, ich bin vollkommen gesund.
Eva	Daragan, streck die Hände vor!
Daragan	Genossen, ihr seid schließlich keine Ärzte! Aber von mir aus. *Streckt die Hände vor, alle schauen hin.*
Eva	Nein, sie zittern nicht. Alexander, sieh genau hin – zittern sie?
Jefrossimow	Nein. Er kann fliegen.
Pontschik	Hurra! Hurra!
Eva	Daragan fliegt! Daragan fliegt!
Adam	Also, soll er fliegen. Daragan, wie verhältst du dich, falls der Krieg noch andauert?
Daragan	Falls der Krieg noch andauert, nehme ich den Kampf mit den feindlichen Kräften auf, sobald ich auf sie treffe.
Adam	Richtig. Da kann es keine Einwände geben.
Daragan	Professor, warum sagst du gar nichts? Begreifst du nicht, daß die UdSSR siegen muß? Du weißt aus den Sendungsfetzen im Radio, daß der Krieg auf der ganzen Welt zum Bürgerkrieg geworden ist, und kapierst nicht, auf wessen Seite die Wahrheit ist? Ach, Professor, du schweigst, und in deinem Gesicht zuckt kein Muskel, aber ich spüre von weitem, daß da ein fremder Mensch sitzt! Wie nennt man das wissenschaftlich? Instinkt? Na schön. *Er verwandelt sich: legt den ölverschmierten Anzug an, hängt Fernglas und Mauser um, probiert die Lampe auf der Brust, macht sie wieder aus.* Ach, Professor, ich möchte deine Bildung haben, um zu begreifen, wie es kommt, daß du mit deinem scharfen Verstand und deinem gewaltigen Talent nicht fühlst, wo du hingehörst. Aber das ist jetzt überflüssig. Ich will eine friedliche Demonstration machen. Ich werde leise und bescheiden vorführen, daß unser Land hinlänglich gerüstet ist, so gerüstet wie nötig. Unsere sowjetischen Städte darf keiner anrühren. Gib mir jetzt den Apparat, Professor.

Jefrossimow	Bitte sehr. *Nimmt die Erfindung ab und gibt sie Daragan.*
Daragan	Und die schwarzen Kreuze aus dem Laboratorium.
Jefrossimow	Die Gasbomben wirst du nicht mitnehmen.
Daragan	Wie soll ich das verstehen?
Jefrossimow	Ich habe sie vernichtet.
	Pause.
Adam	Das kann nicht sein!
Daragan	Du machst böse Scherze, Professor!
Jefrossimow	Aber nein, nein. Ich hab das Gas zersetzt. Schau her: leere Bonbonnieren. Ich scherze nicht. *Wirft die blanken Kugeln auf den Tisch.*
Daragan	Waaas? *Zieht die Mauser.*
Pontschik	He-he! Was ist los?
Eva	Untersteh dich! Adam!
	Daragan hebt die Pistole. Markisow schlägt mit der Krücke nach der Pistole und umklammert Daragan.
Daragan	*schießt, das Lämpchen im Radio geht aus* Adam, schlag dem hinkenden Satan die Krücke über den Schädel! Sachar, ich bring dich um!
Markisow	*keuchend* Versuchs doch!
Pontschik	Daragan, du triffst noch mich!
Eva	*stellt sich vor Jefrossimow* Dann erschieße gleich uns beide! *Holt einen Browning hervor, schreit* Achtung, ich schieße!
	Pause.
Daragan	Was, was, was?
Adam	Ich habe dir die Waffe gegeben, damit du dich wehren kannst, wenn du auf ein Raubtier triffst, und du stellst dich auf die Seite eines Verbrechers!
Eva	Mord in der Kolonie! Zu Hilfe! Zu Hilfe!
Daragan	*zu Markisow* Laß mich los! Laß mich los, du Satan! *Reißt sich aus Markisows Umklammerung los.* Nein, das ist kein Mord! Adam, schreib das Urteil: Tod durch Erschießen! Unter uns ist ein Feind.
Jefrossimow	Bei einem kriegerischen Zusammenstoß, in völligem Wahnsinn haben sich die Menschen gegenseitig erstickt, und dieser Mann will die Erdbevölkerung um eine weitere Einheit verringern. Vielleicht erklärt ihm jemand, wie absurd das ist?
Daragan	Stell dich nicht vor ihn, Eva! Er entgeht seiner

	Strafe ja doch nicht – eine Minute später oder früher!
Jefrossimow	Ich verstecke mich nicht, aber ich will eine Gerichtsverhandlung, bevor man mich umbringt.
Daragan	Adam, du bist der erste Mensch. Halte Gericht über ihn!
Adam	Ja, ja, ich begreife erst jetzt richtig, was er angerichtet hat. Er . . . Pontschik, Sachar, an den Tisch! Wir urteilen den Verräter ab.
Pontschik	Genossen, wartet, mir ist so schlecht . . .

Markisow trinkt vor Aufregung ein Glas Wodka.

Adam	Genossen! Hört alle zu! Die verfaulende Welt, die Welt der widerwärtigen Unterdrückung hat unser Land überfallen. Warum ist das geschehen? Warum, sagt mir das! Eva, meine Frau, geh weg von ihm. Ach, meine Frau, meine Frau!
Eva	Ich gehe von Jefrossimow erst weg, wenn Daragan die Pistole einsteckt.
Adam	Steck die Mauser erst mal weg, Daragan, steck sie weg, mein Freund!

Daragan steckt die Mauser weg.

Warum also? Weil sie wußte, daß das Land der Werktätigen das Licht der Befreiung für die ganze Menschheit trägt! Wir haben ja angefangen, helle Bauwerke zu errichten, und es ging aufwärts mit uns! Der Gipfel war schon ganz nahe! Und da wurde die STADT buchstäblich in einem einzigen Augenblick vom Antlitz der Erde wegradiert! Und vielleicht nicht sie allein! Zwei Millionen verwesende Leiber! Und als Daragan, ein Mann, der alles, was ihm geblieben war, hergab für den Dienst an der einzigen Wahrheit auf der Welt – unserer Wahrheit! –, als er losfliegen will, um den gefährlichen Drachen zu bekämpfen, da vernichtet ein Verräter, ein Anarchist, ein politischer Analphabet und Träumer hinterrücks die kostbare Verteidigungswaffe! Das übersteigt jedes Maß! Das verlangt die Höchststrafe!

| Daragan | Nein, nein, Adam! Er ist kein Anarchist und kein Träumer! Er ist ein Feind, ein Faschist! Du meinst, das wäre ein Gesicht? Nein, sieh genau hin: Das |

ist Pappe. Hinter der Maske sehe ich deutlich die faschistischen Zeichen!

Jefrossimow Der Zorn trübt Ihr Sehvermögen. Die Menschen haben zu allen Zeiten für Ideen Krieg geführt. Aber früher hatten sie nur Schleudern, Säbel, Lanzen in den Händen, von mir aus auch Kanonen und Maschinengewehre. Das war eben so. Seit sie aber eine Waffe in Händen haben, die die Existenz der Menschheit, des ganzen Planeten bedroht ... Ich sage Ihnen – nein! Außerdem habe ich Ihnen das Leben gerettet mit Hilfe des Apparats, den Sie jetzt tragen.

Daragan Ihr Apparat gehört der UdSSR! Und wer mich gerettet hat, ist ganz egal! Ich lebe, also verteidige ich die Sowjetunion!

Adam Ich, Adam, eröffne die Abstimmung. Wer ist dafür, daß der Schädling das höchste Strafmaß erhält? *Hebt die Hand.* Pontschik! Markisow! Die Hand hoch!

Pontschik Genossen, ich habe einen Herzanfall!

Eva Adam, ich bitte ums Wort!

Adam Sag lieber nichts! Ach, Eva! Ich werde dich in die Schule nehmen!

Eva Du bist ein Phantom!

Adam Was? Was sagst du da?

Eva Ein Gespenst. Ihr seid alle Gespenster. Ich sitze hier und begreife auf einmal, daß der Wald und die zwitschernden Vögel und der Regenbogen real sind, aber ihr mit eurem wahnsinnigen Geschrei, ihr seid irreal.

Adam Was redest du da für dummes Zeug?

Eva Nein, das ist kein dummes Zeug. Ich träume, daß ich euch sehe! Es ist ja auch ein Wunder, die reinste Mystik. Eigentlich dürfte keiner von euch mehr am Leben sein. Aber da ist ein großer Zauberer gekommen, hat euch aus dem Jenseits zurückgeholt, und über den fallt ihr jetzt her, um ihn zu töten. *Pause.*

Pontschik Das ist entsetzlich, Genossen! *Zu Jefrossimow* Warum haben Sie die Bomben vernichtet?

Eva Jedenfalls erkläre ich dir, mein Mann, du erster

Mensch, und der Versammlung: Daragan benutzt die Bomben als Vorwand, um Jefrossimow zu töten, den er für seinen Rivalen hält. Jawohl. *Schweigen.*

Adam   Du bist ja verrückt . . .

Eva   Aber nein. Daragan, sag hier vor allen – hast du mir vorgestern deine Liebe gestanden oder nicht? *Pontschik steht erschüttert auf, Markisow kippt ein Glas Wodka.*

Daragan   Ich protestiere! Das hat mit dem Fall Jefrossimow gar nichts zu tun!

Eva   Doch. Hat es. Was ist, hast du Angst, vor allen zu wiederholen, was du mir gesagt hast? Also hast du mir was Schlechtes gesagt?

Daragan   Ich habe vor nichts Angst.

Eva   Also: hast du mich am Fluß gefragt, ob ich Adam liebe? *Schweigen.*

Adam   *dumpf* Was hast du ihm geantwortet?

Eva   Ich habe geantwortet, daß das meine Sache ist. Und wer hat mir zugeflüstert, daß sein Herz für alle Zeiten mir gehört?

Adam   Und was hast du ihm geantwortet?

Eva   Daß ich ihn nicht liebe. Und wer hat mich bei der Hand gepackt, sie herumgedreht und mich gefragt, ob ich Jefrossimow liebe? Wer hat mir zugeflüstert: »Dieser verfluchte Jefrossimow«? Darum wollte er ihn erschießen! Ich sage in Gegenwart aller ganz aufrichtig *zeigt auf Jefrossimow* – er ist wunderbar. Er ist still. Ich nähe allen Knöpfe an, und ihm rutschen die Hosen! Überhaupt habe ich genug von dem Gezerre! Schießt euch doch gegenseitig tot! Am besten, ich erschieße mich auch heute abend. Adam, du hast mich gestern früh gefragt, ob mir Daragan gefällt, und als ich nachts schlafen wollte, hast du mich mit Fragen gelöchert, was ich für Jefrossimow empfinde. Und dann heute dieser verdammte Pontschik-Ohnesieg.

Adam   Was hat Pontschik-Ohnesieg heute?

Eva   Er hat mir seinen dreimal verfluchten Roman vorgelesen, dieses »zwitscherte es auf dem Feldrain«.

	Ich begreife nicht, wie die erdgrauen Gesichter die Erde gefurcht haben – sie haben wohl mit der Nase gepflügt oder was? Dieser Roman macht mich fertig! Immerzu diese Qualen im Wald!
	Lange Pause.
Jefrossimow	Über den Ozeanen scheint jetzt die Sonne, und möglicherweise schwimmen dort Schlachtschiffe mit dem Bauch nach oben. Aber nirgendwo ist Krieg. Das ist am Zwitschern der Vögel zu spüren. Jetzt braucht niemand mehr vergiftet zu werden.
Markisow	Der Hahn mit dem gebrochenen Bein, ein ungewöhnlich kluger Hahn, zeigt keine Unruhe, äugt nicht in den Himmel. Meine Theorie: der Krieg ist aus.
Daragan	Wer glaubt dieser Frau, daß ich Jefrossimow aus persönlichen Gründen töten wollte?
	Pause.
Jefrossimow	Niemand.
	Pause.
Daragan	Ein Apparat, der gegen Gas schützt, fünf Brandbomben, ein Maschinengewehr – wenigstens etwas. Professor, wenn das Leben in der Sowjetunion wiederhergestellt sein wird, kriegst du einen Orden für diese Erfindung *zeigt auf den Apparat.* Oh, was für ein Kopf! Danach kommst du vor Gericht und wirst für die Vernichtung der Bomben zum Tod durch Erschießen verurteilt. Wir beide sehen uns noch. Man wird über uns urteilen. *Sieht zur Uhr.* Ein Uhr.
Adam	Hat jemand laufende Angelegenheiten? Schnell. Kurz. Er muß los.
Markisow	Ich habe einen Antrag. *Holt ein Papier hervor, liest* Ich bitte, meinen Vornamen Sachar in Heinrich zu ändern.
	Schweigen.
Adam	Begründung?
Markisow	Ich möchte in der neuen Welt nicht mit der unanständigen Bezeichnung Sachar leben.
Adam	*verwundert* Keine Einwände? Genehmigt.
Markisow	Schreib die Entscheidung hier drauf.
	Adam schreibt. Markisow steckt das Papier ein.
Daragan	Genossen, auf Wiedersehen. In drei Stunden bin ich in Moskau.

Eva	Ich habe Angst!
Daragan	Adam? *Pause.* Wenn ich überlebe, werde ich ihr nicht mehr nachstellen. Ich habe sie geliebt, es stimmt, was sie sagt. Aber ich werde es nicht mehr tun. Und mein Versprechen halte ich. Wirst dus vergessen?
Adam	Du hältst Wort. Ich werde es vergessen. *Umarmt Daragan.*
Daragan	*betrachtet den Radioapparat* Mit dem Radio werdet ihr wohl keine Nachrichten mehr empfangen.
Pontschik	Das kommt davon, wenn geschossen wird.
Daragan	Erwartet mich oder meine Nachricht täglich, spätestens in drei Wochen, am ersten August. Aber zündet all die Tage auf dem Rollfeld ein Feuer mit viel Rauch an, und am ersten, na, sagen wir, auch noch am zweiten und dritten August in der Nacht mit besonders hohen Flammen. Wenn ich am dritten August noch nicht hier bin, braucht keiner mehr auf mich oder auf Nachricht von mir zu warten!
Jefrossimow	Eva! Eva!
Eva	Sascha!
Jefrossimow	Ich gehe noch heute weg von hier.
Eva	Sag das noch mal. Du gehst weg? Hast du keine Angst, hier etwas zu vergessen? Nein, du gehst nicht weg. Oder scher dich zum Teufel! *Sie geht hinaus. Auch Jefrossimow geht hinaus.*
Markisow	*allein* So ist das also. *Pause.* Der Satan hat mir die Devisen gegeben. *Pause.* Heinrich Markisow. Das klingt. *Motorengeräusch. Ein Trompetensignal.* Er ist aufgestiegen! *Schaut.* Ja, er ist weg! *Hoch droben das Geratter eines Maschinengewehrs.* Recht so, hol dir Moskau! *Ergreift die Harmonika.* Was macht er denn? Er tanzt ja auf dem Schwanz! So kannst du abstürzen, Champion! Die Immelmann-Schleife! Nein, glatt gegangen! *Auf dem Rollfeld zischt eine Leuchtkugel hoch, dann noch eine.* Er ist weg, er ist weg! *Spielt auf der Harmonika einen Marsch.* Ach, Wanja, Wanja, zwitscherte es auf dem Feldrain!

Vorhang.

4. Akt

Die Nacht zum zehnten August, kurz vor Morgen-
grauen. Jahrhundertealte Eichen. Das Zelt, davor
ein Lagerfeuer. Weitere Feuer auf der fernen Lich-
tung. Markisow steigt hinkend die Strickleiter
herunter. Er hat eine Laterne in der Hand.

Markisow   He-he! *Nimmt ein Heft und schreibt am Lager-*
feuer. Der Wachtposten Heinrich hat seine Augen
vergeblich in das finstere Himmelsgewölbe gebohrt!
Außer der Finsternis hat er nichts gesehen, höchstens ein paar Käuzchen auf den Bäumen. Also muß
angenommen werden, daß der Kühne in den gewal-
tigen Räumen umgekommen ist und wir für immer
im Wald allein bleiben werden! *Klappt das Heft*
zu. Ich halte die Langeweile und die Schwermut
nicht mehr aus. Wir müssen hier weg, in die Weite
der gestorbenen Welt. *Blickt ins Zelt.* He, Freund!
Aufstehen, aufstehen!

Pontschik   *aus dem Zelt* Wer ist da? Was gibts?

Markisow   Ich bins, Heinrich. Wach auf!

Pontschik   *aus dem Zelt* Was zum Teufel für ein Heinrich? Ich
war grade erst eingeschlafen, und schon macht solch
ein Heinrich mich wach. *Kommt aus dem Zelt, an-*
getan mit einer Decke, in die Löcher für die Arme
geschnitten sind. Es ist noch früh. Warum wurde
meine Nachtruhe gestört?

Markisow   Du bist dran, die Feuer zu unterhalten.

Pontschik   Ich will nicht. *Pause.* Nein! Ich will nicht! Seit zehn
Nächten schläft die Kolonie nicht, schindet sich ab,
verbrennt harzige Zweige. Funkenfontänen an allen
vier Ecken!

Markisow   Jawohl! Und bei Tag dicker Qualm.

Pontschik	Alles Demagogie und Diktatur. Den wievielten haben wir heute?
Markisow	Eigentlich Sonntag, den neunten August.
Pontschik	Du lügst, du lügst vorsätzlich! Sieh doch in den Himmel!
Markisow	Na und? Er wird hell.
Pontschik	Seit einer Stunde haben wir den zehnten. Es reicht! Daragan hat deutlich gesagt: Wenn ich in drei Wochen nicht zurück bin, das heißt, am dritten August, dann komme ich nicht mehr. Und heute ist der zehnte! Schon eine Woche über die Zeit müssen wir uns wegen Adam abquälen! Allein schon das Holzhacken. Ich will nicht mehr!
Markisow	Er zwingt dich. Er ist der oberste Mensch.
Pontschik	Nein! Schluß! Pustekuchen! Er kann mich nicht zwingen. Heute morgen verlange ich eine Versammlung und setze den Beschluß durch, daß die Kolonie sich auf den Weg macht. Sieh mal, was ist das?
Markisow	Was schon? Ein Spinnengewebe.
Pontschik	Der Wald wird zugesponnen. Herbst! Noch drei Wochen, dann regnets in Strömen, dann gibt es Nebel und Kälte. Wie kommen wir aus dem Dickicht raus? Und wohin dann? Eine schöne Sommerfrische haben wir hier! Adamswalde! Verdammte Einöde!
Markisow	Was redest du, Pawel? Wir sind doch vor der Pest geflohen.
Pontschik	Wir hätten nach Westen fliehen sollen, nach Europa! Dahin, wo es Städte gibt und eine Zivilisation, wo Lichter sind!
Markisow	Von wegen Lichter! Alle sagen, dort sind auch Berge von Leichen, alles kaputt, Not und Elend . . .
Pontschik	*blickt sich um* Wir wissen nichts, rein gar nichts! *Pause.* Das ist kommunistische Dickköpfigkeit . . . dümmliche Überzeugung, daß die UdSSR siegen wird. Für mich gibt es keinen Zweifel, Daragan ist umgekommen, weil er als einzelner auf feindliche Kräfte gestoßen ist − auf europäische Kräfte! −, und er hat natürlich den Kampf aufgenommen! Fanatiker! Die sind überhaupt Fanatiker!
Markisow	Was sind Fanatiker? Erklär mir das, ich wills mir aufschreiben.

Pontschik	Laß mich in Ruhe! *Pause.* Ach, mir tun die Nerven weh!
Markisow	Trinken wir einen Kognak!
Pontschik	Gut. Brrr ... kalt! Der Morgen, der Morgen ... trostloses, finsteres Grauen ... *Sie trinken am Feuer Kognak.*
Markisow	Na, was sagen die Nerven?
Pontschik	Meine Nerven sagen folgendes. Alles ist völlig klar. Wir haben die ganze Welt gegen uns aufgebracht, das heißt, natürlich nicht wir, sondern die. Da habt ihr unsere Propaganda, da seht ihr, was dabei herauskommt, wenn man alle Werte zerstört, auf denen die Zivilisation beruhte. Europa hat lange genug zugesehen und dann auf einmal zugeschlagen! Sterbt, Skythen! Es gab Daragan, es gibt ihn nicht mehr! Er kommt nicht wieder. Und Sachar Markisow, ein ehemaliger Bäcker, hockt jetzt im Wald auf einem Ast wie ein Käuzchen und starrt in den Himmel.
Markisow	Ich heiße Heinrich und nicht Sachar! Das ist beschlossen und besiegelt, und ich habe gebeten, mich nicht mehr Sachar zu nennen.
Pontschik	Was tobst du so? Ach, ist ja egal. Na schön, schön. Blöder Einfall: Heinrich, Heinrich ... Na schön. Wir sind schon so weit, daß wir uns beim ersten Wort gegenseitig an die Kehle springen!
Markisow	Ich bin genauso ein Mensch wie alle, ich habe die gleichen Rechte.
Pontschik	Hör auf, verrückt zu spielen! Trink Kognak, Heinrich der Vierte! Hör zu: Es gab die UdSSR, sie existiert nicht mehr. Der tote Raum ist umzäunt, und davor steht ein Schild: »Pest. Zutritt verboten.« Dahin hat der Zusammenstoß mit der Kultur geführt. Meinst du, ich glaube auch nur eine Minute, daß mit Europa etwas passiert ist? Dort, mein lieber Heinrich, brennen elektrische Lichter, und über dem Asphalt schweben Automobile. Kapitalismus ... Und wir nagen hier am Feuer Knochen ab wie die Hunde und fürchten uns hinauszugehen, weil hinter dem Flüßchen die Pest herrscht ...
Markisow	Und wer hat geschrieben: »Wanja, Wanja, zwit-

scherte es auf dem Feldrain«? Ich dachte, du bist für den Kommunismus.

Pontschik Halt den Mund, von diesen Dingen verstehst du nichts.

Markisow Richtig, richtig ... Schlange im Felde! Wie eine Schlange hast du dich an Adams Busen geschlichen.

Pontschik Schlange! Stochere nicht in einer vergewaltigten Poetenseele, du unwissender Dummkopf!

Markisow Mir schwirrt der Kopf! Für wen bist du jetzt? *Von weitem Revolverschüsse. Pontschik und Markisow springen auf.*

Markisow Da! Aha! *Sie horchen.*

Pontschik Ha! Reg dich nicht auf, das ist eine Schießübung. Eine spiritistische Sitzung: Urvater Adam schießt in den leeren Himmel, ruft die Toten herbei. *Schreit* Ruf nur! Ruf nur! Daragan gibts nicht mehr! Wir haben den Morgen des Zehnten! Hör auf! *Schweigen.*

Markisow He, Schlange, ich habe vor Wehmut einen Roman geschrieben.

Pontschik Lies vor.

Markisow *holt ein Heft, liest* »Erstes Kapitel. Als das Volk auf Erden starb und nur Adam und Eva übriggeblieben, blieb auch Heinrich übrig und verliebte sich in Eva. Sehr heftig. Jeden Tag ging er zu dem Hahn mit dem gebrochenen Bein, um mit ihm von Eva zu plaudern, denn er hatte sonst keinen zum Plaudern.«

Pontschik Weiter.

Markisow Das ist alles. Das ist das erste Kapitel.

Pontschik Und was kommt dann?

Markisow Dann kommt das zweite Kapitel.

Pontschik Lies vor.

Markisow *liest vor* »Zweites Kapitel. ›Eva, Eva‹, zwitscherte es auf dem Feldrain ...«

Pontschik Was ist das? Sofort streichst du das!

Markisow Du hast doch gesagt, ich soll lernen!

Pontschik Ja, lernen, aber nicht klauen! Und außerdem – was ist das für ein Heinrich, der sich in Eva verliebt? Und die tausend Dollar? *Horcht.* Moment mal!

Markisow *springt auf* Es brummt, wahrhaftig, es brummt am Himmel ...

Pontschik	Nichts brummt. In deinem Kopf brummts.
Markisow	Wer kommt da?
Pontschik	Wer kommt da?
	Im Wald wird es hell.
Adam	*von weitem* Wer ist am Feuer?
Markisow	Wir sinds.
Adam	*kommt herein* Na, Genosse Ohnesieg, willst du nicht den Professor ablösen? Es ist soweit.
Pontschik	Ich gehe nicht.
Adam	Du gibst ein schlechtes Beispiel, Ohnesieg.
Pontschik	Ich bin nicht dein Leibeigener, Adam, erster Mensch!
Adam	Ich bin der oberste Mensch in der Kolonie und verlange Gehorsam.
Pontschik	Heinrich, bist du da? Hör zu. Wenn der oberste Mensch anfängt verrückt zu werden, habe ich das Recht, die Frage aufzuwerfen, daß nicht mehr auf ihn gehört werden soll! Du erschöpfst die Kolonie sinnlos!
Adam	Die Partei fordert in meiner Person . . .
Pontschik	Wo ist denn eure Partei? Vielleicht gibts die gar nicht mehr!
Adam	*greift nach der Pistole* Aha! Wenn du es noch einmal wagst, so etwas zu sagen . . .
Pontschik	*versteckt sich hinter einem Baum* Heinrich, hörst du, wie er mir droht? Und er hat eine Pistole! Ich will Gewalt nicht länger hinnehmen!
Adam	Pontschik, du bist ein Mensch mit Bewußtsein, ein sowjetischer Schriftsteller! Laß es nicht drauf ankommen, ich bin es müde! Geh das Feuer unterhalten!
Pontschik	*tritt hinterm Baum hervor* Ich ein sowjetischer Schriftsteller? Sieh her! *Nimmt das Manuskript, zerreißt es.* Da habt ihr die erdgrauen Gesichter, die frischen Wänglein, da habt ihr die Fürsten Wolkonski und Barjatinski! Seht alle Pontschik-Ohnesieg an, der Talent hatte und doch einen anbiederischen Roman schrieb! *Zu Markisow* Ich schenke dir das »zwitscherte«! Schreibe ruhig! Ich weiche der rohen Gewalt! *Ab.*
Adam	Heinrich, Heinrich . . .

Markisow	Geh doch schlafen, du bist schon die zweite Nacht auf den Beinen!
Adam	Vielleicht steigst du noch mal auf den Baum?
Markisow	Mach ich. Ich geh auf den Berg.
Adam	Was meinst du, Heinrich, kommt er wieder?
Markisow	Theoretisch ... könnte er. *Ab.*

Auch Adam geht ab. Im Wald wird es heller. Nach einem Weilchen zeigt sich Jefrossimow. Er ist total abgerissen und rußverschmiert. Er geht ins **Zelt.** *Durch die gestreifte Zeltwand schimmert die Lampe, die er angezündet hat.*
Pause.

Eva tritt schleichend auf. Sie ist in ein Tuch gehüllt und trägt einen Reisesack und einen Korb.

Eva	Sascha ...

Sie knöpft das Zeltfenster auf, darin zeigt sich Jefrossimow.

Jefrossimow	*gibt ihr die Hand* Eva! Du schläfst nicht?
Eva	Sascha, mach das Licht aus. Es ist ganz hell.
Jefrossimow	*löscht die Lampe* Hast du keine Angst, Adam könnte dir böse sein, weil wir so oft zusammen sind?
Eva	Nein, ich habe keine Angst, Adam könnte mir böse sein, weil wir so oft zusammen sind. Hast du dich grade gewaschen?
Jefrossimow	Nein. Im Zelt ist kein Wasser.
Eva	Komm, ich wisch dir wenigstens das Gesicht ab. *Wischt ihm zärtlich das Gesicht ab.* Sascha, Sascha, du bist ganz abgerissen und hast dich schwarz gemacht im Wald. *Pause.* Woran hast du in dieser Nacht gedacht? Sag mir das!
Jefrossimow	Ich habe die Funken betrachtet und deutlich Jacques gesehen. Und gedacht habe ich daran, daß ich von allen Überlebenden der Unglücklichste bin. Niemand hat etwas verloren, höchstens Markisow sein Bein, aber ich bin bettelarm. Davon bin ich innerlich ganz durcheinander, Eva. Aber das schlimmste ist der Verlust von Jacques.
Eva	Lieber Sascha, ist es denn möglich, ist es denn natürlich, sich so an einen Hund zu hängen? Das ist doch beleidigend!

Adam tritt leise auf. Beim Anblick der beiden zuckt er zusammen, setzt sich auf einen Baumstumpf und hört ihnen zu. Beide sehen ihn nicht.
Ja, der Hund ist krepiert, was willst du da machen! Aber hier in diesem verfluchten finsteren Wald kommt eine Frau, und was für eine, womöglich die einzige auf der Welt, statt zu schlafen an dein Fenster und sieht dir in die Augen, und du findest nichts Besseres, als an einen krepierten Hund zu denken! Oh, weh mir, ein Elend ist das mit diesem Mann!

Jefrossimow	*umarmt Eva plötzlich* Eva! Eva!
Eva	Na endlich, endlich fällt es ihm ein!

Adam hält die Hand vor die Augen und schüttelt den Kopf. Bin ich etwa schlechter als Jacques? Ein Mann kommt durchs Fenster herein und blendet mich auf Anhieb mit den Lichtern, die er in den Augen hat! Jetzt kenne ich schon die Formel für Chloroform und habe sie schrecklich gern, und ich möchte ihm endlich die Wäsche waschen, und ich hasse den Krieg ... Es zeigt sich, wir sind völlig gleich, ein Herz und eine Seele, in zwei Teile geschnitten, man denke bloß, ich habe mit der Waffe dein Leben verteidigt! Nein, wie kannst du so wenig wählerisch sein, mir den sprachlosen Jacques vorzuziehen!

Jefrossimow	Ach, Eva, ich liebe dich schon lange!
Eva	Warum hast du dann nichts gesagt? Warum?
Jefrossimow	Ich habe es ja selber nicht begriffen! Oder verstehe ich vielleicht nicht zu leben? Wegen Adam? Ja, wegen Adam! Ängstigt er mich? Oder tut er mir leid?
Eva	Du bist ein Genie, aber ein dummes Genie! Ich liebe Adam nicht. Warum ich ihn geheiratet habe? Und wenn man mich umbringt, ich weiß es nicht. Damals hat er mir übrigens gefallen. Dann kam plötzlich die Katastrophe, und da habe ich gesehen, daß mein Mann steinerne Kinnbacken hat, daß er ein Krieger und Organisator ist. Ich höre immer nur – Krieg, Gas, Pest, Menschheit, wir werden hier Städte bauen, wir werden Menschenmaterial finden! Ich will aber kein Menschenmaterial, ich will

einfach Menschen und vor allem einen Menschen! Und dann Stille . . . Ich liebe dich, und ich bete die Chemie an . . .

Jefrossimow Du bist meine Frau! Gleich sage ich alles Adam . . . Und was dann?

Eva Ich habe Proviant in dem Sack und im Korb den verletzten Hahn. Ich habe dafür gesorgt, daß du etwas hast, womit du dich abgeben kannst, damit du mich nicht mehr mit deinem Jacques löcherst! In einer Stunde sind wir bei den Autos, und du bringst mich weg.

Jefrossimow Jetzt ist es in meinem ziemlich dummen Kopf hell geworden, und ich weiß, daß ich ohne dich nicht leben kann. Ich bete dich an.

Eva Ich bin die Frau Eva, aber er ist nicht mein Adam. Mein Adam wirst du sein! Wir werden in den Bergen leben. *Küßt ihn.*

Adam *tritt vor* Ihr braucht mich nicht zu suchen, ich bin hier.

Eva Horchen gehört sich nicht, Adam! Davon bin ich fest überzeugt. Wir haben keine Staatsgeheimnisse. Ein Mann und eine Frau erklären sich einander. Dabei darf niemand zuhören! Außerdem hast du die Pistole in der Hand und machst uns Angst. Geh weg!

Jefrossimow Nein, nein, Eva . . . Bei uns werden dauernd Pistolen gezogen, und einmal ist schon auf mich geschossen worden. Das wirkt ja gar nicht mehr.

Eva Geh weg!

Adam Ich habe nicht gehorcht, sondern gehört, und zwar genau das, was ihr mir jetzt sagen wolltet. Die Pistole habe ich immer bei mir, und geschossen habe ich zum Gedenken an den toten Piloten, der nie wiederkommt. Er kommt nicht wieder, und eure Leiden sind zu Ende. Du sagst, ich hätte steinerne Kinnbacken? Was für ein Unsinn. Die Kinnbacken sind bei allen Menschen gleich, aber ihr bildet euch ein, daß nur ihr Menschen seid, weil er sich mit dem Hahn abgibt. Unsere Gedanken reichen ein bißchen weiter als nur zu dem Hahn! Im übrigen ist das für euch nicht wichtig! Wichtig ist es für den toten Daragan! Wißt ihr, er ist ein Held! Eva, erinnerst du dich an den Abend, als Anja und Guller und die anderen gestorben sind? Ich habe noch immer die Fahrkarten zum Grünen Kap in der Tasche, Wagen sieben ... Hier kommt es nicht auf den Hahn an, sondern darauf, daß ich, egal was für Kinnbacken ich habe, von einer Frau verlassen werde. Was kann ich dagegen machen? Gar nichts. Hier hast du die Fahrkarten zum Grünen Kap, und nun geh! Du bist frei.

Eva   *aufschluchzend* Adam, du tust mir so leid, aber ich liebe dich nicht. Leb wohl!

Adam   Professor, du hast mir meine Frau weggenommen, und ich schenke dir meinen Namen. Du bist Adam. Eine Bitte: Geht jetzt gleich, es wäre mir unangenehm, wenn Pontschik und Markisow jetzt herkämen. Aber wartet noch eine Stunde bei den Autos. Ich denke, sie werden euch folgen. Geht!

Jefrossimow   Leb wohl! *Mit Eva ab.*

Adam nimmt die Trompete, bläst.

Herein kommen Markisow und Pontschik.

Adam   Genossen, ich habe euch zu sagen, alles deutet darauf hin, daß mein heißgeliebter Kommandeur Daragan tot ist. Aber das Land wird sein Andenken in Ehren halten! Jedenfalls seid ihr frei. Wer möchte, kann den Wald verlassen, wenn er vor der Pest dort keine Angst hat. Wer möchte, kann mit mir noch einige Zeit in dieser Stadt bleiben. *Zeigt auf die Zelte.*

Pontschik   Warum sagst du das nicht auch Jefrossimow?

Adam   Jefrossimow und seine Frau Eva ... wir haben uns getrennt ... sind schon weg. Sie sind auf dem Wolfspfad ...

Pontschik macht beunruhigt eine Bewegung.

... nein, nein, keine Bange. Sie erwarten euch bei den Autos.

Pontschik   Ich gehe ihnen nach! *Nimmt den Reisesack und das Gewehr und eilt davon.*

Adam   Und du, Heinrich?

Pontschik   Heinrich der Lahme! Laß dich doch nicht zu Dumm-

	heiten hinreißen. Was soll das, willst du ein Wald-
	tier werden?
Markisow	Komm mit uns, Adam. Du kannst doch nicht allein
	im Wald bleiben!
Adam	Warum nicht?
Markisow	Du kommst ins Saufen! Ach so! Du magst nicht mit
	Eva gehen?
Pontschik	Nein, er will sich in seinem teuflischen Stolz nicht
	geschlagen geben! Er glaubt, Daragan könnte doch
	noch vom Himmel heruntersteigen. Na, dann be-
	wache die sozialistischen Laubhütten weiter, bis es
	schneit! Leb wohl! Komm, Heinrich!
Markisow	Komm mit uns!
Adam	Lebt wohl. Geht jetzt.

Markisow und Pontschik ab. Pause.

Die Sonne. Es hat nicht den geringsten Sinn, sich etwas vorzumachen. Es gibt keinen mehr, für den qualmende Feuer zu unterhalten wären. Aber ich will jetzt an nichts mehr denken. Ich bin schließlich auch ein Mensch und will schlafen. Ich will schlafen. *Verschwindet im Zelt.*

Pause. Dann das Brummen eines Flugzeugs. Es verstummt. Ein Maschinengewehr rattert. Aus dem Zelt stürzt Adam, er stolpert, greift sich ans Herz, kann nicht laufen, setzt sich hin. Daragan läuft herein.

Adam	*schreit* Daragan! *Greift sich ans Herz.* Doch noch
	gelandet, doch noch ein Trompetensignal.
Daragan	Der erste Mensch lebt?
Adam	*er lehnt den Kopf gegen Daragan* Daragan! Dara-
	gan!
Daragan	Wo ist Eva? Wo ist der Lahme?
Adam	Du kommst zu spät, sie habens alle nicht ausge-
	halten und sind weg. Ich bin allein.
Daragan	Und Jefrossimow?
Adam	Jefrossimow ist mit Eva weg. Sie ist nicht mehr
	meine Frau. Ich bin allein.
Daragan	Auf welchem Weg?
Adam	Auf dem Wolfspfad, zu den Autos.
Daragan	Genosse Pawlow!
Pawlow	Hier!

Daragan	Vier Mann diesen Weg entlang! Zurückholen! Unter ihnen ist Jefrossimow!
	Pawlow läuft weg.
Daragan	*umarmt plötzlich Adam* Sei nicht traurig.
Adam	*weint plötzlich, drückt das Gesicht an Daragans Schulter* Ä . . . ä . . . ä . . .
	Daragan gibt Adam Wasser.
Adam	*setzt sich auf einen Baumstumpf* Daragan . . . Was ist mit Moskau?
Daragan	Moskau kommt zurück, vom Ural, scharenweise.
Adam	Ist die Stadt abgebrannt?
Daragan	Nur ein paar Stadtviertel.
Adam	Und alle erstickt?
Daragan	Nein, sie hatten kein Sonnengas abgeworfen, sondern normales Gemisch.
Adam	*kopfschüttelnd* So . . .
	Pontschik und Markisow kommen hereingelaufen.
Markisow	*erregt* Menschen! Daragan! *Deklamiert* Eine große Stunde ist angebrochen!
Daragan	Grüß dich, Heinrich.
Pontschik	Hurra! Hurra! Wir haben gesiegt, Daragan?
	In der Ferne schweres Brummen.
Adam	Ach, Pontschik-Ohnesieg! Ach, Pontschik-Ohnesieg.
Pontschik	Genosse Adam, ich hatte einen kurzen Anfall von Schwäche, von Kleinmut! Ich bin berauscht, ich bin beflügelt von der Begegnung mit Menschen! Ach, hätte ich bloß nicht das Manuskript vernichtet! Apollo ruft mich wieder!
Markisow	Apollo Akimowitsch?
Pontschik	Halt den Mund, Lahmer!
	Eva und Jefrossimow kommen herein. Sie führt ihn am Arm. Jefrossimow hat den Korb mit dem Hahn in der Hand. Sie bleiben im Schatten stehen.
Adam	Es fällt mir schwer, sie zu sehen.
Daragan	Geh zum Rollfeld.
	Adam ab. Schweigen tritt ein. Daragan steht in der Sonne. Seine Ausrüstung blitzt. Jefrossimow steht im Schatten.
Daragan	Grüß dich, Professor.
Jefrossimow	Grüß dich, Jäger. *Sein Gesicht verzieht sich, zuckt.*

Daragan	Ich bin kein Jäger. Es gibt niemanden mehr zu jagen. Ich will dir eine Freude machen, Professor: Ich habe den Mann erschossen, der das Sonnengas erfunden hat.
Jefrossimow	*erschauernd* Es macht mir keine Freude, daß du jemanden erschossen hast.
Eva	Sascha, ich flehe dich an, streite nicht mit ihm, reize ihn nicht! Wozu? Streite nicht mit dem Sieger. *Zu Daragan* Willst du jetzt mit ihm abrechnen? Warum wurde uns der Weg versperrt? Wir sind friedliche Menschen, wir tun niemandem Böses. Laß uns in die Freiheit.
Daragan	Ich will nicht abrechnen. *Zu Jefrossimow* Professor, du mußt mit uns fliegen. Ja, ich vergaß zu sagen . . . du hast mich verwirrt . . . es tut mir leid, daß ich auf dich geschossen habe, und ich bin natürlich froh, daß du lebst. *Zu Markisow* Danke, Heinrich.
Markisow	Verstehe, keine Ursache! Ich kann so was! Sag mal, Daragan, was wird jetzt mit den Dollars?
Pontschik	Idiot! *Verschwindet.*
Daragan	Mit welchen Dollars? Was redest du, Lahmer?
Markisow	Ach, nur so, aus Neugier. He, Schlange! *Verschwindet.*
Daragan	*zu Jefrossimow* Du sehnst dich nach Ruhe? Nun, du wirst sie bekommen. Aber bemühe dich ein letztes Mal. Auf dem Fluß liegen Hydroplane. Morgen wollen wir die beschädigten Städte nach deiner Methode mit Sauerstoff ausbrennen, dann kannst du leben, wo du willst.
Jefrossimow	Ich will nur eines – daß keine Bomben mehr geworfen werden. Ich fahre in die Berge. *Ein Trompetensignal, über den Wald legt sich der Schatten eines gewaltigen Luftschiffs.*
Daragan	Geh dorthin, Professor!
Jefrossimow	Wird man mich verurteilen wegen der Zerstörung der Bomben?
Daragan	Ach, Professor, Professor! Nie wirst du die verstehen, die die Menschheit organisieren. Na was . . . Wenigstens soll dein Genie uns dienen! *Das Licht geht langsam aus. Auf der Bühne wieder Adams Zimmer mit dem Lampenschirm und dem*

Lautsprecher. Adam, Eva und am Fenster Jefrossi-mow.

Jefrossimow Mein Gott! Nein! Ich sage euch, nein! An so etwas darf die menschliche Phantasie nicht einmal denken! Das ist ja die reinste Geistestrübung. Aber es wird ja nicht gleich schlagartig in dieser Minute losgehen. Eva, beruhigen Sie mich! Was, »Faust« läuft noch? Ach, ach ... *Geht ans Fenster und blickt hinaus.*

Adam *leise zu Eva* Hältst du ihn für normal?

Eva Für völlig normal.

Jefrossimow »Faust« läuft noch?

Eva Gleich. *Schaltet den Lautsprecher ein, und man hört die letzten Takte der Kirchenszene, dann beginnt der Marsch.* Ja, läuft noch.

Jefrossimow Und wozu braucht der Physiologe Buslow heute Faust?

Vorhang.
Ende.

1931

Andrej Platonow
Leierkasten

Stück in drei Akten, sechs Bildern

Aus dem Russischen von Fritz Mierau

Personen

Schojew, *Leiter einer Genossenschaft in einem*
abgelegenen Kreis
Jewsej, *sein Stellvertreter*
Opornych und Klokotow, *Einkäufer bei der*
Genossenschaft
Godowalow, *Vertreter der Genossenschafter.*
Verkaufsstellenkommission
Jewdokija, *Nachwuchskader*
Erste Angestellte
Zweiter Angestellter

Weitere Angestellte, Männer und Frauen. Vertreter
der genossenschaftlich vereinigten Bevölkerung.
Leute in der Schlange vor dem Park für Kultur
und Erholung

Aljoscha, *fahrender Kulturarbeiter*
mit Musikinstrument
Injuta*, *Halbwüchsige, Arbeitskollegin Aljoschas*
Kusma, *ein Eisenmensch, die Attraktion der Gruppe*
Aljoscha–Injuta
Eduard-Walküre Hansen-Stervetsen, *ein dänischer*
Professor, Ernährungsfachmann, beabsichtigt die
»Aktivistenseele« der UdSSR für Westeuropa
zu erwerben
Serena, *seine junge Tochter*
Ein Sprechgerät, *auf Schojews Tisch*
Vertreter aus dem Sowchos
Zwei oder drei Bauarbeiter

* russ. MJUD, Abkürzung für Meshdunarodny Junoscheski Den
(dt. Internationaler Jugendtag)

Mitarbeiter einer Verkaufsstelle an der Tür der Genossenschaft

Fremder Mann

Mädchen aus der OSSOAVIACHIM, der Gesellschaft zur Förderung der Verteidigung, des Flugwesens und der Chemie in der UdSSR

Feuerwehrmann. Milizionär. Briefträger. Kindergesichter, die zum Fenster der Institution hereinschauen. Zwei Arbeiter, die das Gebäude abreißen.

Erster Akt

Erstes Bild

Umgebung einer Kreisstadt. Eine Straße führt in die Ferne, hin und wieder Bäume, die im leichten Wind rauschen; links ein Gebäude vor leerem Horizont, rechts eine kleine Stadt, das Kreiszentrum. Über der Stadt Fahnen. Am Stadtrand eine kleine Hütte, eine Art Lagerhäuschen, über ihm eine Fahne, auf der Fahne der genossenschaftliche Händedruck, den man aus großer Entfernung erkennt.

Wind. Menschenleere. In der Ferne knattern die Fahnen. Über der Welt die Sonne, ein mächtiger Sommertag. Anfangs ist außer dem Wind nichts zu hören. Dann vernimmt man Laute von sich bewegendem Eisen. Unbekanntes schweres Eisen bewegt sich, den Geräuschen nach zu urteilen, langsam, mühevoll. Eine Mädchenstimme singt müde ein leises Lied. Das Lied kommt mit dem Eisen näher. Auf der Bühne erscheint eine Maschinenpersönlichkeit – der Eisenmensch, der im weiteren Kusma heißen wird. Eine Metallkonstruktion in Gestalt eines kleinen, breitschultrigen Menschen, der majestätisch ausschreitet und ständig seinen Mund bewegt, als ob er atme. Aljoscha, ein junger Mann im Strohhut mit dem Gesicht eines Pilgers, führt Kusma an der Hand, die er wie ein Steuer oder einen Regler um ihre eigene Achse drehen kann. Neben ihm taucht Injuta auf, ein halbwüchsiges Mädchen. Sie verhält sich vollkommen arglos und redet unverblümt: Sie hat keine Unterdrückung kennengelernt. Auf Aljoschas Rücken – ein Leierkasten. Die Gruppe macht den Eindruck, als handle es sich um fahrende Musikanten: Kusma ist ihre Attraktion.

Kusma bleibt plötzlich stehen und klappt den Unterkiefer herab, als wolle er trinken. Die Gruppe steht inmitten der leeren strahlenden Welt.

Injuta Aljoscha, ich langweile mich so auf der Welt.

Aljoscha Macht nichts, Injuta, bald kommt der Sozialismus, da sind alle froh.

Injuta Ich auch?

Aljoscha Du auch.

Injuta Und wenn mir nun weh ums Herz ist wegen irgendwas?

Aljoscha Dann wird es eben rausgeschnitten, damit es dich nicht quält.

Pause. Injuta summt vor sich hin. Aljoscha blickt in den Raum.

Injuta Unser Weg ist schwer und fröhlich.
Barfuß ziehn wir durch die Welt.
Gehn wir noch das kleine Stück
Und erbaun das Haus des Glücks.
Aljoscha, ich hab nachgedacht und herauskommt: mir ist weh ums Herz, weil ich mich von den Massen entfernt habe.

Aljoscha Du lebst unwissenschaftlich. Deshalb tut dir dauernd irgend etwas weh. Wenn der Sozialismus da ist, werde ich dich völlig neu erfinden und du wirst ein Kind des ganzen internationalen Proletariats sein.

Injuta Einverstanden. Ich bin eben doch noch im Kapitalismus geboren. Zwei Jahre habe ich unter ihm gelitten. *Zu Kusma gewandt, den sie mit den Händen berührt. Injuta berührt immer die Menschen und Gegenstände, mit denen sie in Beziehung tritt.* Kusma, sag etwas ganz, ganz Kluges!
Kusma schmatzt mit dem unmenschlichen Unterkiefer. Aljoscha stellt einen Hebel an Kusmas Ärmelaufschlag um und faßt ihn an der Hand.

Injuta Na, Kusma!

Kusma *mit metallener gleichförmiger Stimme, der man den Gang des Zahnradgetriebes anhört* Opportunistin.

Injuta *genau zuhörend* Und weiter?

Kusma Raffgierig. Prinzipienlos. Rechts-linkes Element. Rückständig. Man muß dich führen.

Injuta	Und was noch?
	Aljoscha manipuliert an Kusmas Hand.
Kusma	Du bist der Stolz der Klasse. Du bist ein sprossender Keim. Du bist ein Aktivist der Freudenzeit für unsere Dorfarmut. Wir sind schon . . .
Injuta	*schnell* Ich weiß, ich weiß: wir sind schon in das Fundament eingetreten, wir sind schon mit beiden Beinen *deutet einen Tanz an*, wir sind schon voll und ganz, wir sind tatsächlich irgendwas ganz Besonderes!
Kusma	Wir sind die vorwärtsdrängende Masse!
	Kusma gibt nur noch bedeutungslose unverständliche Laute von sich.
Injuta	*zu Kusma* Ich liebe dich, Kusja – armes Eisen! Du bist so majestätisch, aber Aljoscha, der ist ganz geknickt und hat sich dich ausgedacht. Dich kann es ja gar nicht geben – du bist einfach . . .
Aljoscha	Komm, wir gehen, Injuta. Es ist bald Abend. Die Trauer zieht über die Welt, und wir müssen essen und schlafen.
Injuta	Vor lauter Hunger tun mir alle Ideen weh, Aljoscha! *Faßt sich an die Brust.*
Aljoscha	*berührt Injuta* Wo?
Injuta	Dort, wo mir so gut ist und dann wieder nicht.
Aljoscha	Sabotage der Natur, Injuta.
Injuta	Faschistin etwa?
Aljoscha	Was dachtest du denn?
Injuta	Dachte ich mir – eine Faschistin. Plötzlich geht die Sonne aus! Oder der Regen, einmal regnets, einmal nicht! Es stimmt, wir brauchen eine bolschewistische Natur – so wie der Frühling war. Stimmts? Was ist denn das? *Zeigt in die Runde.* Eine Kulakenmagd, weiter nichts. Nicht der Schimmer von einem Plan. *Kusma brummt undeutlich. In der Nähe tutet kurz eine Lokomotive. Aljoscha stellt an Kusma, bis er schweigt.*
Aljoscha	Laß sie scheinen. *Sieht sich um.* Wir liquidieren sie sowieso bald als wohlhabendes Element, wir haben sie schließlich nicht gemacht – wozu brauchen wir sie dann?!

Injuta Beeil dich damit, Aljoscha, sonst muß ich solange warten.

Schritte.

Kusma *knarrend* . . . auf Aktivitäten nicht reagiert . . .

Injuta Was sagt er?

Aljoscha Steckengebliebene Wortreste. *Reguliert Kusma am Genick.*

Zwei, drei Bauarbeiter mit Koffern, Sägen, der erste trägt eine Fahne.

Injuta Wer seid ihr – Aktivisten oder nicht?

Erster Bauarbeiter Genau die, Fräulein!

Injuta Und wir sind Kulturarbeiter. Uns schickt die Lesehütte.

Erster Bauarbeiter Bettler, was?

Injuta Aljoscha, die sind – der Idiotismus des Dorfes.

Kusma *knarrend* Lebt friedlich. Sät die Eibisch-Ricinus-Staude . . . *Surrt weiter und verstummt, man hört die Räder im Mechanismus.*

Erster Bauarbeiter Spiel etwas zu unserer Freude, Kleiner.

Aljoscha Sofort. *Zieht Kusma hinten auf.*

Injuta Leg einen Fünfer in den Kusma. *Zeigt wohin: in den Mund.* Das ist für die Kulturarbeit auf den Einzelbauernhöfen. Ihr liebt doch die Höfe?

Erster Bauarbeiter legt den Fünfer in Kusmas Mund. Kusma kaut mit der Kinnlade. Aljoscha nimmt Kusma an die Hand und stellt den Leierkasten auf. Kusma quietscht unverständlich.

Aljoscha spielt auf dem Leierkasten eine alte Melodie. Kusma singt verständlicher.

Singt mit Kusma

Dem Welt-pro-le-ta-rier,
Dem macht-vol-len, Ruhm und Eh-re!
Dem Ku-la-ken-freund, dem Ü-ber-spitzer,
Dop-pel-züng-ler, Prinzi-pien-losen und
Al-len dunk-len Mäch-ten
E-wi-ge Schan-de!

Kusma *nach dem Gesang* Aber in seiner Hütte lebt man wärmer als im Sozialismus.

Erster Bauarbeiter *der das gehört hat* Verkauf uns den eisernen Opportunisten.

Injuta Kusja?! Wo denkst du hin, wir haben ihn selber lieb. Wozu denn überhaupt?

Zweiter Bauarbeiter Zum Spaß. Gott erfand den Teufel. Und wir halten uns einen Opportunisten.

Erster Bauarbeiter *zu Aljoscha* Hier, Junge, ein Rubel für die Idee. Iß, sonst wird dir der Kopf lahm.

Aljoscha Nicht nötig. Verlang lieber weniger auf dem Bau, ich kriege deinen Rubel überall.

Injuta Wir nehmen kein Geld – wir lieben die Sowjetwährung.

Kusma Schlangenbrut – Helden. Lebt friedlich!

Aljoscha *stellt an Kusma, bis er schweigt* Dauernd toben in dem diese konterrevolutionären Losungen. Entweder ist er krank oder kaputt.

Injuta *zu den Bauarbeitern* Na geht nur, geht. Wollt ihr stehenbleiben, wenn der Fünfjahrplan voranschreitet?

Erster Bauarbeiter Das ist ein Fräuleinchen, was? Wer mag bloß ihre Mutter gewesen sein?

Zweiter Bauarbeiter *betont* Die soziale Materie!

Bauarbeiter ab. Hinter der Bühne leise undeutliche ausländische Laute.

Injuta Komm, Aljoscha! Ich möchte was Kräftiges essen.

Aljoscha *bringt Kusma in Ordnung* Gleich. Na du, kleine Kröte, leidest du immer noch? Gewöhn dich dran.

Injuta Gut, Aljoscha, ich gewöhne mich ja so gerne an was. *Stervetsen und seine Tochter Serena, eine junge Europäerin mit mongolischem Gesichtsschnitt, an der Hüfte trägt sie einen eleganten Revolver. Beide haben Koffer, tragen Reisekleidung. Sie verbeugen sich, begrüßen Aljoscha und Injuta, auch Kusma. Kusma gibt Serena und Stervetsen langsam die Hand. Die Ausländer sprechen russisch, den Grad der Sprachverstümmelung kann der Schauspieler selbst bestimmen.*

Stervetsen Guten Tag, Genossen Aktivisten.

Serena Wir möchten unter Ihnen sein. Wir lieben das schwere Schicksal!

Injuta Lüge, wir haben jetzt kein Schicksal. Wir haben jetzt Sommer, die Vögel singen, und bei uns wird gebaut.

	Zu Aljoscha, friedfertig Aljoscha, was ist das für eine?
Aljoscha	Eine Reiche sicher.
Kusma	Schlangenbrut.
	Aljoscha besänftigt Kusma.
Injuta	*zu den Ausländern* Wer seid ihr?
Stervetsen	Wir sind jetzt Geist ohne Besitz, entkulakisiert.
Serena	Wir lasen und hörten eine . . . Papa: Information?
Stervetsen	Exakte Unterweisung, Sérène.
Serena	. . . eine Unterweisung, wo es hieß: ihr habt die Bourgeoisie und noch eine Halbklasse und noch eine Großklasse exakt zum Teufel geschickt!
Injuta	Die ist gut, Aljoscha! Die haben wir zum Teufel geschickt, die kommen vom Teufel, aber selber spricht sie ziemlich klar.
Stervetsen	Ich hatte Hunger und kam schon vor langem nach Rußland. Ich lebte hier im 19. Jahrhundert in einer Pfefferkuchenfabrik. Jetzt seh ich – es ist eine Stadt entstanden, damals gab es hier nur ganz vereinzelt Leute, und ich weinte, als ich sie besuchte. Ja, Sérène.
Serena	Was, Papa? Wer sind diese Leute – die Lohnarbeiter der Avantgarde?
Injuta	Du bourgeoises Dummchen du, wir sind die Generation, die sind wir.
Stervetsen	Sie sind eine gute Maßnahme, Sérène!
Aljoscha	Und was suchen Sie hier inmitten unserer Klasse?
Stervetsen	Wir brauchen eure himmlische Freude der irdischen Arbeit.
Aljoscha	Was für eine Freude?
Stervetsen	Ihr habt die Seelen von Aktivisten, auf allen Gesichtern ist Enthusiasmus.
Injuta	Was geht das euch an, wenn wir fröhlich sind?
Stervetsen	Bei euch ist die staatliche Stille organisiert und darüber steht der . . . Turm der zugehörigen Seele.
Injuta	Das ist der Überbau! Weißt du nicht, wie das heißt – wir haben euch überholt.
Stervetsen	Der Überbau! Das ist der Geist der Bewegung im Herzen der Bürger, die Wärme über der Eislandschaft eurer Armut. Der Überbau! Wir wollen ihn in euerm Reich kaufen oder eintauschen gegen

unsere traurige, exakte Wissenschaft. Bei uns in Europa gibt es eine Masse niederer Materie, aber das Feuer im Turm ist erloschen. Der Wind rauscht ungehindert in unserem trauernden Herzen und über ihm ist kein Überbau der Begeisterung. Unser Herz ist kein Aktivist, es ist − wie heißt das bei euch − ein Leisetreter.

Serena   Papa, sag ihnen, daß ich . . .

Kusma   Raffgierig! Macht der Spontaneität.

Serena   *zu Kusma* Der weiß alles wie ein Chef.

Injuta   Kusja? Über den haben wir doch die Patenschaft.

Stervetsen   Wo wird die Erlaubnis für den Kauf des Überbaus erteilt? *Zeigt auf die Stadt.* Dort? Wir sparen nicht mit Valuta! Wir überlassen euch vielleicht eine Diamantenanleihe, Schiffe mit kanadischem Weizen, unsere dänische Sahne, zwei Flugzeugträger, die mongolische Schönheit reifer Frauen − wir sind bereit, euch unsere ewigen Safes zu öffnen. Und ihr schenkt uns allein euern Überbau! Wozu braucht ihr ihn? Ihr habt die Basis, lebt einstweilen auf dem Fundament.

Kusma   *laut knarrend* List des Klassenfeinds. Papst in Rom.

Aljoscha   *Kusma besänftigend* Aha! Du willst uns Blasloch und Abzugsrohr zumachen?! Damit wir hier erkalten.

Injuta   *flüsternd zu Aljoscha* Faschisten! Verkauf den Überbau nicht, wir wollen selber hinauf.

Aljoscha   Mach ich auch nicht.

Serena   Papa. Einen Begriff von der Sache haben wir bekommen, bei ihnen liegen die Grundsätze. Kauf doch für Europa einen Grundsatz. Der Überbau ist ihnen zu schade zum Verschenken.

Stervetsen   Verkauft mir einen Grundsatz. Ich zahle in Dollar.

Injuta   Wir haben aber nur eine Direktive, und die ist klein.

Serena   Kauf die Direktive, Papa. Den Überbau des Extremismus kaufst du ein andermal, später.

Aljoscha   Wir verkaufen keine Direktiven für faschistisches Geld.

Injuta   *berührt den Revolver an Serenas Hüfte* Gib ihn mir. Wir machen Kulturrevolution, und du läufst mit einer Pistole herum. Schämst du dich nicht?

Serena	*verwundert* Braucht ihr ihn dringend?
Injuta	Freilich, ihr macht doch keine Kulturrevolution, ihr seid ungebildet, böse, daher gehören die Nagants uns.
Serena	Hier, bitte. *Gibt ihr den Revolver.*
Injuta	Danke, Mädchen! *Küßt Serena auf die Wange.* Wer sich uns ergibt, dem verzeihen wir alles.
Serena	Papa, Soviet Union ist lieb! *Zu Aljoscha* Spielen Sie einen Fox!
Aljoscha	Das traut sich der Sowjetmechanismus nicht.
	Stervetsen und Serena verabschieden sich und gehen.
Injuta	Aljoscha, wie wollen sie die Idee kaufen, wo sie im ganzen Leib steckt?! Das wird bestimmt weh tun, sie herauszunehmen.
Aljoscha	Halb so schlimm, Injuta. Ich verkaufe ihnen ... Kusma. Er ist die Idee. Und die Bourgeoisie wird an ihm zugrunde gehen.
Injuta	Kusma wird mir leid tun, Aljoscha.
Kusma	Rückständigkeit. Fürchtet den Kapitalismus.
Aljoscha	Nicht traurig sein, Injuta. Wir bestellen uns einen neuen, Kusma ist schon hinter den Massen zurückgeblieben.
	Zieht Kusma auf. Kusma beginnt knirschend zu gehen, sein eiserner Mund murmelt unverständliches Zeug.
	Alle drei ab. Hinter der Bühne stimmen sie ein Lied an. Aljoscha und Injuta hören bald auf zu singen, Kusma läßt aber noch eine Weile das Ä-ä-ä seiner eisernen Stimme hören.

Zweites Bild

Eine Behörde – Mittelding zwischen Schwitzbad, Kneipe und Hütte. Gedränge der Angestellten. Mief. Krach. Zwei Aborte, deren Türen ständig auf- und zugehen: Männer wie Frauen benutzen beide gleichermaßen. Hinter einem riesigen Schreibtisch – Schojew. Auf dem Tisch ein Sprechgerät, das er für seine Gespräche mit der Stadt und mit den Genossenschaftern braucht, die Stadt ist klein, und durch das Sprechgerät hört ihn jeder in der ganzen Umgebung.

Schojew *zu seiner hektisch arbeitenden Behörde* Laßt mich nachdenken. Stellt die zu mir dringenden Ausdünstungen des Magens ein.
Die Aborttüren stehen still. Allgemeine Stille. Schojew denkt. Sein Magen beginnt zu knurren, das Knurren wird stärker.
Leise Mein Leib schmerzt von den Ernährungsnöten. *Streicht sich über den Bauch.* Ich denke, und schon kollerts im Bauch. Alle Elemente trauern in mir. *Zur Masse der Angestellten* Jewsej!

Jewsej *man sieht nicht woher* Augenblick, Ignat Nikanorowitsch. Gleich habe ich Kraut und Gurken bilanziert und bin bei Ihnen!

Schojew Bilanzier schneller und bleib, wo du bist! Ich bügle dir dann die Bilanz aus. Antworte mir, was kriegen heute die Nicht-Genossenschafter.

Jewsej *unsichtbar* Leim.

Schojew Reicht. Und morgen?

Jewsej Ein Lesebuch. Fibeln haben sie schon, Ignat Nikanorowitsch.

Schojew Und gestern?

Jewsej Fliegentod, ein Pulver Marke Swerjew – pro Person ein halbes Päckchen.

Schojew Ist das vernünftig, Fliegen mit Pulver zu bekämpfen?

Jewsej Warum nicht, Ignat Nikanorowitsch. Eine Direktive über den Aufkauf von Fliegen gibt es nicht. Und der Altstoffhandel lehnt Insekten weiterhin ab.

Schojew Das meine ich doch gar nicht, unterbrich mich nicht in meinen Gedanken. Ich frage dich: die Taubenvögel und anderes Federvieh, was werden die fressen, wenn du die Fliegen umbringst. Das Federvieh ist schließlich auch ein Ernährungsprodukt.

Jewsej Federvieh ist in diesem Jahr nicht zu erwarten, Ignat Nikanorowitsch. Die südlichen Genossenschaften haben es vor uns weggefangen und abgeliefert. Im Frühjahr erwarten wir einen leeren Himmel, Ignat Nikanorowitsch. Ohne Vögel wird die Fliege wild.

Schojew Aha, na gut. Sollen sie das Federvieh auffressen.

Kontrollier mal im Bezirk per Telegraph, ob nicht die Direktiven unterwegs geklaut wurden: zehn Tage kein Rundschreiben – das ist grauenhaft, ich sehe die Linie unter mir nicht mehr!

Auf dem Hof der Behörde ertönt der Leierkasten, ein alter Walzer. Die Behörde lauscht. Schojew auch.

Jewsej *weiter unsichtbar* Soll ich dem Musiker Geld geben, Ignat Nikanorowitsch? Der Mann ist immerhin Kulturarbeiter.

Schojew Untersteh dich!! Du bist mir ein schöner Spender! Wir erfüllen den Finanzplan nicht und er vergeudet die Mittel. Geh und hol dir von ihm eine Spende für das Luftschiff – so machen wir das!

Jewsej taucht aus der Masse der Angestellten auf und geht hinaus. Der Leierkasten spielt. Das Sprechgerät auf Schojews Tisch gibt Laute von sich. Der Leierkasten verstummt.

In das Gerät Hallo! Wer ist da? Sprich lauter, ich bin es und kein anderer!

Diese Worte wiederholen sich dann dreimal so laut irgendwo hinter der Behörde, und ihr Echo hallt durch die ganze Umgebung, deren Leere in der Länge und Traurigkeit des vielfachen Echos deutlich wird. Das Gespräch per Sprechgerät geht immer in dieser Weise vor sich, was nicht jedesmal besonders vermerkt wird.

Ferne Stimme *außerhalb der Behörde* Die Pilze, Ignat Nikanorowitsch, sie werden madig. Erlauben Sie, daß die Mitarbeiter des Handels sie aufessen, oder soll ich sie an die Massen ausgeben?

Das Gerät auf dem Tisch wiederholt diese Worte zwei, drei Sekunden später mit völlig veränderter, tieferer Stimme, anderer Intonation und sogar anderem Sinn.

Schojew *ins Gerät* Was für Pilze?

Ferne Stimme Die Pilze vom vorigen Jahr – gesalzene, marinierte, getrocknete Pilze.

Schojew *nicht ins Gerät* Jewsej!

Angestellter Jewsej entfaltet gerade eine Kampagne, Ignat Nikanorowitsch.

Schojew Nicht reden bei der Arbeit. Weiß ich selber.

Der Leierkasten spielt eine neue Melodie. Jewsej kommt herein mit einem fremden Strohhut in der Hand, der voller Kupfermünzen ist. Er schüttet das Geld auf Schojews Tisch. Der Leierkasten verstummt.

Jewsej Zwanzig Rubel hat er gegeben. Nachher bringt er noch mehr. Ich freue mich über das Luftschiff, sagt er: Schade, daß ich früher nichts davon gehört habe, sonst hätte ich selber ein sowjetisches Luftschiff erfunden.

Schojew Ein Enthusiast aller Konstruktionen, wie?

Jewsej Scheint so, Ignat Nikanorowitsch.

Schojew Irgendwo Mitglied oder nicht?

Jewsej Nirgends Mitglied, sagt er.

Schojew Wie kommt denn das? Merkwürdig.

Pause. Der Leierkasten spielt kaum hörbar in weiter Ferne.

Ich habe noch nie einen Enthusiasten gesehen. Zehntausend Genossenschaftsmitglieder hab ich unter mir, und alle sind sie wie das liebe Vieh – Tag und Nacht nur fressen. Geh, hol ihn mir zur Beobachtung.

Das Gerät knurrt auf dem Tisch.

Schaut in das Gerät und sagt dann zu Jewsej Bist du das, der die Pilze schon das zweite Jahr quält?

Jewsej Das sind keine Pilze, Ignat Nikanorowitsch, das sind Sojabohnen auf Pilzart, ich habe sie marinieren lassen. Wozu die Eile, Ignat Nikanorowitsch, die Leute essen alles, was solls! Etwas mehr Materialismus, Menschen gibt es auch so genug.

Schojew *nachdenklich* Du hast hundertundzwei Prozent recht.

In das Gerät Nicht anrühren die Pilze, Teufelsschabe: die bleiben als Vorrat.

Der Leierkasten spielt immer weiter.

Zu Jewsej Ruf die Musik hierher, ich will Stimmung.

Jewsej ab.

Zu den Angestellten Gebt mir Akten zum Unterschreiben: es ist so langweilig auf der Welt.

Der erste Angestellte bringt Schojew eine Mappe mit Akten.

Holt aus der Hosentasche einen Faksimilestempel und gibt ihn dem ersten Angestellten. Hau drauf!

Der erste Angestellte haucht den Stempel an und stempelt die Akten.

Sitzt ohne Beschäftigung da. Wir müssen irgendeine kleine Direktive an die Verkaufsstellenperipherie loslassen.

Erster Angestellter   Laß ich los, Ignat Nikanorowitsch.

Schojew   Laß sie los, bitte.

Herein Jewsej. Hinter ihm Aljoscha mit dem Leierkasten. Injuta versucht, Kusma hereinzuziehen, aber sein Körper paßt nicht durch die enge Tür.

Injuta   Aljoscha, für Kusja ist es hier zu eng. Ein Engpaß.

Aljoscha   Laß ihn draußen.

Kusma   *zur Tür herein* Finger weg vom Kapitalismus, dem alten Tapergreis. Schlangenbrut. *Bleibt draußen.*

Schojew   Wer seid ihr?

Aljoscha   Bolschewiki zu Fuß.

Schojew   Wohin geht ihr jetzt?

Aljoscha   *aufrichtig* Wir gehen durch Kolchosen und über Baustellen zum Sozialismus.

Schojew   Wohin?

Injuta   *kindlich naiv* Zum Sozialismus.

Schojew   *versonnen* Ein schöner ferner Kreis.

Injuta   Ja, fern, fern. Aber wir werden ihn erreichen.

Schojew   Jewsej, gib der Kleinen einen Bonbon.

Aljoscha   *umarmt Injuta* Nicht nötig, sie ist nichts Süßes gewohnt.

Injuta   Lutsch deinen Bonbon alleine, Egoist und Süßschnabel.

Schojew   *kommt hinter seinem Tisch hervor* Liebe Genossen, Werktätige, Verbraucher, Mitglieder, Fußgänger und Enthusiasten, ich liebe euch alle sehr.

Jewsej   *zu Injuta* Mit welcher Füllung darf ich Ihnen den Bonbon bringen, Fräuleinchen — Konfitüre oder Kirschsirup?

Injuta   Das Proletariat soll mich bewirten, du nicht. Du hast nicht das Gesicht der Klasse.

Schojew   Ich liebe diese Generation, Jewsej! Du nicht auch?

Jewsej	Man muß sie einfach lieben, Ignat Nikanorowitsch.
Aljoscha	*versteht die Situation nicht* Wird bei euch der Sozialismus aufgebaut?
Schojew	Und wie!
Jewsej	Vollständig.
Aljoscha	Vielleicht könnten wir auch mitmachen? Die ganze Zeit Musik – das tut einem in der Seele weh.
Injuta	*Aljoscha berührend* Und ich langweile mich, so zu Fuß auf der Welt.
Schojew	Warum denn mitbauen? Ihr seid der Frühling unserer Klasse, und der Frühling muß blühen. Macht Musik! Was meinst du, Jewsej?
Jewsej	Tja, Ignat Nikanorowitsch, ich bin der Meinung, wir kommen ohne die Minderjährigen zurecht. Sollen sie feiern kommen, wenn alles fertig ist.
Injuta	Wo wir aber so eine Lust haben.
Schojew	Könnt ihr die Massen organisieren?
	Aljoscha und Injuta schweigen einen Moment.
Aljoscha	Ich kann nur ein Luftschiff erfinden.
	Pause.
Schojew	Siehst du. Und du sagst – du hast Lust. Bleibt lieber als Musikkräfte in unserem Multiladensystem. Ihr unterhaltet die Leitung. Jewsej, sind im Stellenplan Unterhalter vorgesehen?
Jewsej	Ignat Nikanorowitsch, ich bin der Meinung, da gibt es keinen Widerspruch. Laß sie ruhig unterhalten.
Schojew	*nachdenklich* Ausgezeichnet. Dann ziehen wir diese Nomaden heran, Jewsej, wir machen sie seßhaft. *Zu Aljoscha* Spiel mir etwas Liebliches.
	Aljoscha nimmt seinen Leierkasten und spielt ein trauriges Lied. Schojew, Jewsej, die gesamte Behörde – alle machen Pause. Die Behörde liegt lahm. Tiefe Nachdenklichkeit. Aljoscha schaltet das Register um, spielt ein anderes Liedchen. Injuta nimmt die Melodie auf und beginnt leise zu singen.
Injuta	In ein fernes, fernes Land Zogen sie zu Fuß. Heimat blieb zurück. Freiheit war ihr Ziel. Allein in der Fremde – Gefährten nur dem Wind.

In der Brust das Herz
Sehnt sich nach Antwort.

*Aljoscha spielt noch kurze Zeit, nachdem Injuta auf-
gehört hat zu singen. Schojew sinkt unter dem Eindruck der Musik und des Liedes auf den Tisch und
weint bitterlich. Jewsej, der zu Schojew hinüber-
blickt, hat auch ein vor Leid entstelltes Gesicht, aber
Tränen kommen ihm nicht. Die Behörde weint
stumm.*

Pause.

Schojew   Zum Heulen ist das – hols der Teufel! Jewsej, los,
organisier die Massen!

Jewsej   Dann reicht das Gemüse nicht für alle, Ignat Nikanorowitsch.

Schojew   Jewsej, mein Lieber, glauben wir an irgend etwas.
Wischt sich die Tränen ab, sagt zu Aljoscha Du soll-
test lieber was erfinden, wie man den Heulsusen die
Tränen schneller trocknet und nicht so ein Luftschiff.

Aljoscha   Das kann ich auch.

Schojew   Dann gib ihm die Stelle als Unterhalter der Massen – koordiniere das mit dem Dreieck* – schaff
die Massen in den Apparat.

Jewsej   Muß das wirklich sein, Ignat Nikanorowitsch? Die
haben uns doch schon den Nachwuchskader Jewdokija aufgehalst.
*Aljoscha spielt auf dem Leierkasten leise eine Tanz-
melodie. Injuta dreht sich sacht im Tanz.*

Schojew   Was macht sie denn jetzt?

Jewsej   Nichts weiter, Ignat Nikanorowitsch – sie ist eine
Frau.

Schojew   Na gut, eine Frau, aber in ihr ist auch etwas Unbekanntes.

Jewsej   Milch, Ignat Nikanorowitsch.

Schojew   Aha, dann soll sie auf dem Sektor Milch und Butter die führende Rolle im Apparat spielen.

Jewsej   Soll sie, Ignat Nikanorowitsch.
*Aljoscha spielt den gleichen Tanz etwas lauter. Die
Behörde bewegt sich, ohne sich von den Plätzen zu*

---

* Gemeint ist das Trio Direktor, Partei, Gewerkschaft.

erheben mit den Oberkörpern im Takt des Tanzes.
Das Gerät auf Schojews Tisch brüllt.

Schojew *ins Gerät* Hallo! Ich bin es!

Gerät Vögel über dem Kreis, Ignat Nikanorowitsch.

Schojew *ins Gerät* Woher?

Gerät Unbekannt. Von ausländischen Mächten.

Schojew Wieviel?

Gerät Drei.

Schojew Fangen.

Gerät Sofort.

Sturm über der Behörde, Vogelschreie.

Schojew Opornych, überprüfen! Wer stört da . . .

*Das Getöse wird immer stärker und verliert seine
Gleichförmigkeit, man unterscheidet einzelne Stimmen. Das Gerät auf Schojews Tisch summt.*

Opornych Was ist das für ein Höllenlärm! *Ab.*

Kleine Pause der Angst.

Jewsej *schreit, so laut er kann* Ignat Nikanorowitsch, Intervention!!!

*Die Arbeit der Behörde erstirbt. Injuta zieht den
Revolver aus ihrer Jacke. Aljoscha nimmt von Schojews Tisch das brüllende Gerät, es bricht vom Apparat ab und brüllt in seinen Händen weiter. Beide
laufen mit diesen Dingen zum Ausgang und verschwinden. Das seltsame Getöse wird stärker, zugleich weicher, als ob Wasser flösse.*

Erschrocken Hab ich es nicht gesagt, Ignat Nikanorowitsch – noch voller Kraft das Mütterchen Bourgeoisie . . .

Schojew Keine Angst, Jewsej – vielleicht ist es nur die Klein-
bourgeoisie. Aber wo sind meine Massen?! *Sieht
sich in der Behörde um, die Behörde ist leer, kurz
zuvor haben sich alle Angestellten verkrümelt.*

*Kusma bricht den zu engen Eingang auf und dringt
in die Behörde ein. Er läßt sich an einem der leeren
Tische nieder und greift nach einem Füllfederhalter.
Schojew und Jewsej beobachten ihn verängstigt.
Herein Injuta mit dem Revolver in der Hand.*

Injuta Das sind Wildgänse. Ihr Idioten!

*Das Getöse verwandelt sich in die Stimmen Tau-
sender von Vögeln. Man hört, wie die Füße der*

Gänse das Blechdach der Behörde berühren. Die Vögel lassen sich nieder und verständigen sich miteinander.

Schojew   Jewsej: Ruf die diensthabenden Massen, wo haben sie sich bloß verkrochen? Wir müssen das in Ordnung bringen.
Kusma erhebt sich und geht, heftig die Tür hinter sich zuschlagend, auf den Abort.

Drittes Bild

Die Behörde aus dem zweiten Bild. Das Gerät auf Schojews Tisch fehlt. Der Raum ist leer. Schojew ist allein. Draußen kreischen die Vögel kläglich: man schlägt und erschlägt sie, womit man gerade kann.

Schojew   *eine Speise kauend* Gefräßig ist das Volk geworden. Baut Ziegelkolosse, Zäune, Türme und will dreimal warm essen. Und ich sitz hier und muß jeden verpflegen. Schwer, so ein Genossenschaftssystem zu sein. Lieber wäre ich ein Gegenstand oder einfach ein Konsument. Ideologisch sind wir schon zu komplett: entweder haben sie sich alles schon ausgedacht oder sonst irgendwas. Ich hab immer Lust auf was Vergnügliches. *Sammelt die Krümel von dem vertilgten Essen ein und schüttet sie sich in den Mund.* Jewsej!

Jewsej   *hinter der Behörde* Augenblick, Ignat Nikanorowitsch.

Schojew   Woher ist bloß dieses Kroppzeug von Vögeln gekommen. Alles lief so ruhig und planmäßig, der Apparat nahm Kurs auf die Organisation von Krebsfleischgewinnung, da platzt dieser Vogel hier herein – versuch mal den einzukalkulieren. Ach, Bevölkerung, Bevölkerung, du quälst deine Genossenschaft bis aufs Blut. Klokotow!

Klokotow   *hinter der Behörde* Komme, Ignat Nikanorowitsch.
Herein Klokotow, ganz von Vogelfedern bedeckt.

Schojew   Na, wie läufts?

Klokotow   Tja, Ignat Nikanorowitsch, nicht so das Richtige.

Schojew	Und warum nicht?

Klokotow Der Plan ist im Eimer, Ignat Nikanorowitsch. Wir hatten doch Kurs genommen auf die Organisierung von Krebsbäuchen – den hätten wir beibehalten sollen. Der Rumpf des Krebses nimmt es mit jedem Rindfleisch auf, Ignat Nikanorowitsch. So aber: Gestern der Krebs, heute die Vögel, morgen springt noch das Wild aus den Wäldern, und wir müssen wegen diesen spontanen Elementen das ganze System umkrempeln?!

Schojew *schweigt nachdenklich* Jewsej, was gibts?

Jewsej Ein neues Quartal beginnt, Ignat Nikanorowitsch, früher hieß es Frühling.

Schojew *versonnen* Frühling. Eine herrliche bolschewistische Epoche!

Jewsej Eine erträgliche, Ignat Nikanorowitsch.

Injuta Jetzt ist kein Frühling, der ist längst vorüber. Jetzt beginnt der Sommer – Bausaison.

Schojew Wieso Sommer?!

Jewsej Ist doch egal, Ignat Nikanorowitsch. Nur das Wetter ändert sich, die Zeit bleibt die gleiche.

Schojew Hast recht, Jewsej.

Opornych *herein, in den Händen ein Huhn und zwei Tauben* Hier ... Ich hab dir die Vögelchen besorgt, Ignat Nikanorowitsch: ein herrenloses Hähnchen und noch zwei Tauben.

Injuta Im Frühling kommen nur Zugvögel, keine Hühner. Alle Hühner sind kollektiviert.

Aljoscha *untersucht das Viehzeug von Opornych, am Bein des Huhns befindet sich eine Marke und am Bein der einen Taube eine Papierhülse. Aljoscha liest* Das Huhn spricht seinen Fluch über die Verschwendung. Man gibt ihm eine Masse Körner, und die Körner verderben oder werden von Räubern gefressen. Zu trinken bekommt es keinen Tropfen. Das Huhn spricht seinen Unmut über diese Unterschätzung aus. Die Pioniergruppe des Sowchos »Kleiner Gigant«.

Schojew Die dürften wir nicht wegfangen ohne Direktive. Wirf sie weg, Pjotr.

Opornych greift das Huhn am Kopf und schleudert

	es durch die Tür. Der Kopf bleibt in seiner Hand, der Leib verschwindet.
Jewsej	*betrachtet die plinkernden Augen des Hühnerkopfes* Jetzt ist es tot und fliegt nicht mehr.
Schojew	*zu Aljoscha* Und was hat die Taube aus Ägypten uns zu sagen?
Aljoscha	*liest* In kapitalistischer Sprache geschrieben: schwer zu verstehen.
Schojew	Zerschmettern die Kulakenpropaganda.
Injuta	Dann eß ich sie lieber samt dem Papier.
Schojew	Iß sie, Mädel, iß sie auf.
Jewsej	*zu Injuta* Ich werd dir – aufessen! Vielleicht schickt uns das ägyptische Proletariat eine Nachricht über seine Errungenschaften . . .
Schojew	*versonnen* Eine ferne ausgemergelte Klasse. Opornych, hüte die Taube wie dein Gewerkschaftsbuch. *Geräusche in der Ferne. Alle lauschen. Das Geräusch verstärkt sich zum Getöse.*
Klokotow	So geht das nicht, Ignat Nikanorowitsch! Die Bevölkerung wird übermütig. Wir haben sie jetzt an die eine Sorte Nahrungsmittel gewöhnt, damit sind sie zufrieden. Wo führt denn das hin: aus den bürgerlichen Reichen könnte sich das ganze Viehzeug auf unsere Republik stürzen. Dort herrscht Krise – wie sollen wir das alles aufessen?! Wir haben nicht genug Esser!
Schojew	Und was machen die Krebse in unseren Gewässern?
Klokotow	Die Krebse schweigen, Ignat Nikanorowitsch, noch ist Zeit.
Jewsej	*herein voller Federn* Ignat Nikanorowitsch, die Vögel haben Ausweise. Sieh mal! *Holt mehrere Pappanhänger aus der Tasche.* Alle mit Nummer, alle mit Stempel. Die sind organisiert, Ignat Nikanorowitsch! Ich habe Angst!
Schojew	*nachdenklich, langsam* Organisierte Vögel! Die Atmosphäre ist gespannt über unserer Welt!
Opornych	*herein, völlig durchnäßt, in hohen Stiefeln* Die Fische kommen, Ignat Nikanorowitsch.
Klokotow	Das hab ich gewußt!
Opornych	Die Fische steigen nach oben und die Vögel stürzen sich darauf und fressen sie.

Jewsej	Ein Anschlag auf unseren Fischzug, Ignat Nikano-rowitsch.
Schojew	Und keins da von den größeren Tieren, das die Vögel frißt? Wär doch gut, oder nicht?
Klokotow	*befriedigt* Natürlich, Ignat Nikanorowitsch! Wir brauchen nichts. Als Fleisch genügen uns die Krebse, als Fett Nußöl und als Milch, da mischen wir wilden Honig mit Ameisensäure und basta. Die Wissenschaft hat das jetzt erkannt.
Jewsej	Allmählich werden wir alle versorgen, Ignat Nikanorowitsch. Und jeder wird satt sein.
Opornych	Also was denn nun? Die Vögel jagen oder die Fische fangen?
	Stärker werdender Lärm hinter der Bühne – wie im ersten Bild.
Schojew	Jewsej, sieh mal nach da draußen.
	Jewsej ab.
	Warum kommen die Vögel von der Bourgeoisie zu uns?
Opornych	Unser Land ist ungeheuer fruchtbar, Ignat Nikanorowitsch. Das wächst und gedeiht und vermehrt sich.
Schojew	Rede keinen Quatsch. Dann käme ja alles von allein ins Tara.
Opornych	Bei uns ist der Mensch eben dumm. Tara ist Mangelware.
Schojew	Bin ich ein Mensch? . . .
	Der Lärm schwillt an. Auftritt Jewsej.
Jewsej	Noch eine ganze Wolke!
Schojew	Was?
Jewsej	Gänse, Spatzen, Kraniche und unten – Hähne . . . irgendwelche Möwen.
Schojew	Mein Gott, mein Gott! Warum hast du mich auf diesen Posten gestellt?! Hätte ich doch bloß Überspitzungen zugelassen, dann könnte ich jetzt in Ruhe irgendwo leben.
Opornych	Jetzt schnappen die sich den ganzen Fisch. Was soll ich machen, Leiter? Die Fastenspeise aus dem Wasser holen oder sie dem Popen überlassen?
Jewsej	*zu Opornych* Petja, nicht zu aktiv, wenn du keinen Auftrag hast.

Schojew	Jewsej! Denk dir um Gottes willen etwas Passendes aus. Du siehst, ich habe Herzbeschwerden.
Jewsej	Schon geschehen, Ignat Nikanorowitsch.
Schojew	Dann erstatte Meldung, nimm die Direktive und handle.
Jewsej	In der OSSOAVIACHIM gibt es einen Artilleriezirkel, Ignat Nikanorowitsch, und der Zirkel verfügt über eine Kanone, erlauben Sie, das Vogelheer unter Beschuß zu nehmen.
Schojew	Her mit der Kanone, schieß!

Alle ab außer Opornych. Der Lärm hinter der Bühne dauert an. Geht in Vogelkreischen über.

Opornych	Ignat Nikanorowitsch! Warum jagen wir diese Vögel weg? Damit werden wir fertig – die Vögel fangen, die Fische herausholen, das Volk dazu holen, wie wärs damit? Arbeitet doch gerne.
Schojew	Das fehlte noch. Laß sie in andere Kreise fliegen – dort wollen sie auch was zu fressen haben!!! Was bist du doch für ein Egoist, ich muß mich über dich wundern.

Opornych brummt etwas vor sich hin.

Na, was gibts da noch? Hast nicht an meine Einzelleitung gedacht, was, prinzipienloser Teufel du! Geh zu deinen Krebsen, Petja.

Opornych	*im Abgehen* So eine Kanaille.
Schojew	Ich bin erschöpft. Fällt mir nicht leicht, bis an mein Grab diese schwerfällige Bevölkerung zu ernähren.

Der Lärm hinter der Bühne verebbt und wird ganz leise. Herein Injuta und Aljoscha, beide voller Federn. Injuta hat sie sogar in den Haaren.

Injuta	*zu Schojew* Warum bist du so majestätisch?
Schojew	Nicht majestätisch – verantwortungsbewußt. Na, zurück? Habt ihr gesehen, wie die Tiere unsere Genossenschaft überfallen haben?!
Aljoscha	Halb so schlimm, Genosse Schojew. Das Proletariat braucht immer Nahrung. Wir haben zu dritt tausend Stück bearbeitet. Wir ...
Schojew	Ich werd dir: wir, wir! Was taugst du, wenn ich dich nicht anleite!
Injuta	Aljoscha, wo sind denn hier die Partei und die Aktivisten? Ich langweile mich so.

Schojew   *etwas nachdenklich* Langeweile. Ein liebliches Gefühl, ein anständiges Gefühl, in der Jugend kriegt
man davon Wachstumsschwierigkeiten.
*Hinter der Bühne ein Zischen, als ob ein großes
Feuer ausbreche.*

Aljoscha   *zu Schojew* Denken wir eine Rationalisierung aus,
Onkel, sonst ist bei dir alles so unwissenschaftlich.
*Der Lärm hinter der Bühne steigert sich zum Brau-
sen und bricht dann ab.*

Schojew   *nachdenklich* Rationalisierung. *Berührt Aljoscha.*
Vielleicht bist du ein Genie der Massen, obwohl,
Bruder, ich bin auch ein nachdenklicher Mensch.
Versunken Soll jetzt die Wissenschaft arbeiten, der
Mensch lebt neben ihr wie im Kurort. Ausgezeich-
net. Ruhen wir wenigstens mit dem Rumpf aus . . .
wenigstens . . .
*Hinter der Bühne ein langes, lauter werdendes
Brausen wie von um sich greifendem Feuer. Kurze
Pause. Leise ein Kanonenschuß. Die hintere Wand
der Behörde sinkt langsam um, Wind bricht in die
Behörde, Tausende von Vögeln erheben sich vom
Dach der Behörde. Die Kreislandschaft wird sichtbar: zwei Genossenschaftsläden mit Verkäufern,
ein Tor mit der Aufschrift »Park für Kultur und
Erholung«, vor dem Tor eine Schlange. Der erste
in der Schlange ist Kusma. Das Ganze ist zunächst
von Rauch verhangen. Der Rauch vergeht. Vier
mächtige OSSOAVIACHIM-Mädchen kommen
durch die beschädigte Wand herein und tragen zwei
Bahren in die Behörde. Auf den Bahren Jewsej
und Klokotow. Die Bahren werden vor Schojew
abgestellt. Jewsej und Klokotow richten sich auf
und sitzen auf den Bahren.*

Jewsej   Die Kanone, Ignat Nikanorowitsch.

Schojew   Die Kanone? Ach ja, die Kanone.

Jewsej   Die Kanone brannte eine ganze Stunde, ehe sie
schoß.

Schojew   Gut, daß sie geschossen hat.

Klokotow   Auf uns hat sie geschossen.

Jewsej   Sie schießt nach unten, Ignat Nikanorowitsch. Auf
ihrem Lauf hängt eine Losung.

Schojew	Und ihr, erschossen oder nicht?
Jewsej	Nicht direkt, Ignat Nikanorowitsch, wir müssen noch leben. Was soll man machen.
Schojew	*auf die Sanitäter zeigend* Wer sind diese Mädchen?
Jewsej	Für die ist das gesellschaftliche Arbeit, Ignat Nikanorowitsch. Die schleppen gerne Leute.
Briefträger	*läuft mit seiner Tasche zur Schlange am Park für Kultur und Erholung* Bürger, nehmt den Brief mit in die Genossenschaft, bei mir zählt jeder Schritt, und ihr seid sowieso auf den Beinen.
	Die Leute in der Schlange zeigen auf Kusma. Der Briefträger steckt Kusma den Brief in irgendeinen Spalt und eilt expreß davon. Kusma setzt sich in Richtung Genossenschaft in Bewegung. Ohne die Reihenfolge zu ändern, folgt ihm die ganze Schlange.
Schojew	*zu den OSSOVIACHIM-Mädchen* Hört mal, Mädels! Da ihr die Lasten liebt, hebt mir doch die Wand meiner Behörde wieder auf, sonst sehe ich dauernd diese Massen und werde ganz zerstreut.
OSSOVIACHIM-Mädchen	Geht klar, Bürger. Du bist der Leiter, weil dich niemand sieht. Denkst du, wir wissen das nicht.
	Zu viert nehmen sie mühelos die Balkenwand und stellen sie wieder auf. Die Behörde ist von der Kreiswelt abgeschirmt. Die Mädchen bleiben außerhalb.
Injuta	Aljoscha, was ist das hier – Kapitalismus oder irgendwas zweites?
Schojew	Jewsej! Organisiere bitte dieses Mädchen. Ich kriege Sodbrennen von ihr.
Jewsej	Ich merke sie mir vor, Ignat Nikanorowitsch.
Schojew	Wo ist denn meine Behörde?
Jewsej	Ruhetag, Ignat Nikanorowitsch.
Schojew	*nachdenklich* Ruhetag. Wenn sie bloß gar nicht mehr wiederkämen. Dann könnte ich sie von der Versorgung absetzen, und mein Plan wäre erfüllt. Jewsej, wir nehmen Kurs auf Menschenleere.
Jewsej	Gut, Ignat Nikanorowitsch. Aber wie?
Schojew	Woher soll ich wissen wie? Wir nehmen Kurs und basta.

Aljoscha	Man könnte sich Automaten ausdenken, Genosse Genossenschaft. Automaten sind auch nützlich.
Schojew	Automaten. Das wäre ausgezeichnet: sitzt da und dreht sich, so ein wissenschaftliches Geschöpf, und ich leite es an. Das macht Spaß. Ich würde die ganze Republik in Automaten verwandeln und von der Versorgung absetzen. Was, Jewsej?
Jewsej	Wir hätten es leichter, Ignat Nikanorowitsch.
Klokotow	Normales Arbeitstempo garantiert.
Injuta	Die Vögel fliegen, die Fische schwimmen, die Menschen möchten etwas essen, und sie denken und denken. Aljoscha, das verstehe ich nicht.
Schojew	Laß dich von mir anleiten, dann verstehst dus schon.
Opornych	*völlig durchnäßt* Also was nun also – den Fisch fangen oder leben lassen.
Schojew	Auf Lager nehmen natürlich.
Opornych	Keine Fäßchen da, Ignat Nikanorowitsch. Und die Böttcher sagen, du hast ihnen, na, Salz hast du ihnen vorigen Monat keins gegeben. Gib uns Salz, sonst essen wir unser täglich Brot ohne Salz.
Schojew	Petja, geh und sag ihnen, sie sind Opportunisten.
Opornych	Aber sie sagen, du bist der Opportunist. Was soll ich also machen?
Injuta	*zu allen* Was sind denn das für welche? Faschisten?
Opornych	Unterwegs hab ich ein paar Mädchen getroffen, die erzählten was von Beeren. Sie quellen aus dem Wald, sagen sie. Das fliegt und quillt und schwimmt und wächst, und wir haben kein Tara. Das quält mich.
	Lärm hinter der Bühne.
Schojew	*zu Aljoscha* Wo ist deine Musik, Musikant? Mir ist wieder so traurig zu Mute von all der Meinung und dem Traum. Jewsej, sieh nach, wer da lärmt und stört.
	Jewsej ab. Auch Aljoscha und Injuta ab. Der Lärm hinter der Bühne wird stärker.
Opornych	Die Vogelschwärme haben Mist hinterlassen, Ignat Nikanorowitsch. Ganze Hünengräber liegen da – goldener Boden sagt man. Also wie nun – einsammeln oder liegenlassen.

Der Lärm hinter der Bühne wird schwächer.

Schojew Was interessiert dich der Mist? Du bist der zurück-
gebliebenste Mensch deiner Klasse. Aus Vogelmist
machen die ausländischen Chemiker Eisen und
Sahne, und du sagst – Mist. Was verstehst du
schon.
Herein Jewsej.

Klokotow Bestellen wir uns einen ausländischen Gelehrten,
Ignat Nikanorowitsch, bei uns steht eine Masse
rätselhafter Fragen.

Jewsej Bestellen, den Mann. Ausländer kriegen besondere
Verpflegung und Kleidung bringen sie mit in ihren
Koffern.

Schojew Richtig, Jewsej! Wer hat da draußen Krach gemacht?

Jewsej Die Massen der Genossenschaft bewegten sich auf
uns zu, ich habe ihnen den Weg abgeschnitten.

Schojew Falsch, Jewsej, du hättest einen Vertreter auswäh-
len sollen, damit er sie ein für allemal vertritt.

Jewsej Hab ich, Ignat Nikanorowitsch, er hat eine Funk-
tion – jetzt wird er sich beruhigen.

Schojew Richtig, Jewsej! Wir beide machen irgendwie immer
alles richtig.
Leises Klopfen an der Tür.
Ja, bitte, haben Sie die Güte, herein.
*Herein der dänische Professor Eduard-Walküre
Hansen-Stervetsen und seine Tochter Serena.*

Stervetsen Guten Tag, meine Herren russische Maximalmen-
schen –

Serena Wir sind die Wissenschaft, die die Speisen studiert.
Guten Tag.

Schojew Guten Tag, meine Herrschaften bürgerlichen Gelehrten. Wir sitzen hier und sind immer erfreut
über die Wissenschaft.

Jewsej Wir besorgen uns auch Wissenschaft.

Stervetsen Seit unserer Kindheit lieben wir die Genossenschaft
maximal. In Union Russian Soviet ist die Genossenschaft so wunderbar, wir möchten alles lernen
über den Speisen- und auch Waren-, tut mir leid,
wie sagt man, -selbstlauf.

Schojew Aha, jetzt kommen Sie. Wo unsere Genossenschaft

	wunderbar geworden ist und wir alle eingeholt und überholt haben. Jewsej, Hochachtung vor diesen Teufeln!
Serena	*zum Vater* Er sagt – Teufeln!
Stervetsen	*zur Tochter* Weil sie keinen Gott haben, Sérène, blieb ihnen nur sein Kamerad – der Teufel.
Schojew	*feierlich* Genossen Bourgeois. Sie treffen uns in der Hochzeit der Reorganisation unseres Apparats. Also gehen Sie, ruhen Sie sich aus, kommen Sie zu sich, erstens, und zweitens, in zehn Tagen besuchen Sie unsere Genossenschaft wieder, dann werden wir es Ihnen zeigen!!! Das Köfferchen lassen Sie inzwischen hier – unser Land hält jeder Belastung stand.
Stervetsen	Wunderbar. *Verbeugt sich.* Gehen wir, Sérène, wir müssen schnell zu uns kommen.
Serena	Papa, ich bin so froh.
	Ab, die Koffer bleiben in der Behörde stehen.
Schojew	Jewsej! Organisier mir einen Ball! Arrangier eine große Rationalisierung und bereite eine mächtige Speisung vor.
Jewsej	Rationalisierung geht klar, Ignat Nikanorowitsch, Verstand haben die Massen, bloß mit der Speisung, fürcht ich, haperts.
Schojew	*nachdenklich* Keine Speisen, sagst du . . . Na und! Wir veranstalten eine Verkostung neuer Speisesorten. Wir reißen alle Gräser raus, wir machen Mehl aus Fisch, holen die Krebse aus dem Wasser, Vogelmist wird zu Chemie, Suppe kombinieren wir aus Knochenfett, und Kwas wird aus wildem Honig und Ameisensäure halbe-halbe gebraut. Das ist noch nicht alles, aus Kletten backen wir Eierkuchen, die du enthusiastisch verspeisen wirst, die ganze Natur machen wir zur Speise, wir kriegen sie alle satt mit dieser billigen ewigen Materie. Ach, Jewsej, Jewsej: Essen ist eine soziale Konvention, und sonst gar nichts.
	Das Knattern eines Motorrads hinter der Behörde. Herein ein Vertreter des Sowchos.
Sowchosvertreter	Ich komme aus dem Sowchos für Kleinfisch und Kleingeflügel »Kleiner Gigant«. Unser Geflügel hat den Stall demoliert und ist geflohen. Das Wasser

	zerstörte das Wehr, und unsere Fische schwammen weg. Habt ihr diese Tiere nicht in euerm Kreis bemerkt?
Jewsej	Nein, Genosse, wir sind auf die Beschaffung von Tieren außerhalb der Zuchtkulturen spezialisiert. Wir lieben die Schwierigkeiten.
Sowchosvertreter	Ich hab aber eben Leute voller Federn gesehen.
Schojew	Voller Federn? Lüge. Das ist nicht wahr, Genosse.
Sowchosvertreter	Aber . . .

Zweiter Akt

Erstes Bild

Die Behörde, leicht verändert. Sie wurde mit verschiedenen Automaten ausgestattet. Sowie sie in Gang gesetzt werden, begreift der Zuschauer ihre Bestimmung. An der hinteren Wand liegen die ausländischen Koffer. Es ist sauber. Ein langer Tisch. Daneben eine Tribüne. Der Tisch ist vollkommen leer. In der einen Ecke ein Flügel. In der anderen der Leierkasten. Anstelle des Griffs ein Rädchen, über das ein Riemen läuft. Es ist still, kein Mensch ist anwesend. In der anderen, benachbarten Hälfte der Behörde herrscht Lärm.
Herein Jewsej und Aljoscha.

Jewsej   Nun wie läufts bei dir, Aljoscha – alles tipptopp?

Aljoscha   Alles wie gewünscht.

Jewsej   *Aljoscha betrachtend* Du bist abgemagert.

Aljoscha   Ich hab so viele Gedanken aus meinem Körper herausgelassen und dann: ich langweile mich in euerm Kreis. Jewsej, wann kommen die Menschen der Zukunft, die jetzt hier leben, hab ich satt. Du bist ja auch ein Gauner, Jewsej!

Jewsej   Ich? Ich ein Gauner? Nur deshalb hab ich überlebt: Sonst wär ich längst krepiert, vielleicht auch nie geboren. Was hast du denn gedacht?

Aljoscha   Und wieso bin ich dann noch am Leben?

Jewsej   Rein spontan. Nennst du das Leben? Du bewegst dich, aber du existierst nicht. Warum bist du Leierkastenmann geworden, Zugvogel, verdammter!

Aljoscha   Ich möchte den Sozialismus schneller erreichen. Mich zieht es immer in die Ferne.

Jewsej   Der Sozialismus kommt für die Vernünftigen, du wirst untergehen. Du bist ein Nichts, du mußt geführt werden.

Aljoscha	Einverstanden. Ich rechne mich sowieso nicht. Aber du Scheusal, warum bist du bedeutender als ich?
Jewsej	Ich? Mich haben die Massen zum Scheusal gemacht: irgendwas führst du doch immer.
Aljoscha	*nachdenklich* Bald kommt der Kommunismus, dann wird es dich auf der Welt nicht mehr geben.
Jewsej	Mich? Von wegen! Ich fürchte, daß es ohne mich die Welt nicht mehr geben wird – so ist das.

Der Lärm von der Zubereitung der Speisen wird stärker. Herein Schojew. Aljoscha ist mit der Montage der Automaten beschäftigt.

Schojew	Jewsej, Rapport!
Jewsej	Alles klar, Ignat Nikanorowitsch! Die Brennnessel-suppe ist gekocht, der Krauteintopf aus Sträuchern und Eichenfett dünstet noch, die automatischen Butterbrote liegen auf ihren Rosten, das Kompott aus Praktizismussaft steht zum Abkühlen auf dem Dach, die Schwarzerdekoteletts schmoren in der Pfanne. Und was den Heuschrecken- und Ameisenbrei angeht, der dickt gerade nach, Ignat Nikanorowitsch. Alles übrige wird auf der Herdplatte mobilisiert, die Süßspeise aus Leim und Kwas war zuerst fertig.
Schojew	Und die Soße, mit was für einer Soße servieren wir das?
Jewsej	Die Soße, Ignat Nikanorowitsch – eine legierte Soße. Wir geben ein dünnes Birkensaftsurrogat.
Schojew	Ja und . . . Für die klare Perspektive ist nichts dabei?
Jewsej	Essig, Ignat Nikanorowitsch, Essig mit Machorka-krümeln und Fliederblüten.
Schojew	Wunderbar, Jewsej. Jetzt zum Inventar.
Aljoscha	Ich habe Ihnen das gesamte Geschirr aus Holz geschnitzt. Es gab ja weder Löffel noch Tassen, dabei ist rundherum Wald, und im Wald sind Kolchosen mit vielen Arbeitern. Wir könnten ein ganzes Holzzeitalter eröffnen!
Schojew	Holzzeitalter. Das war damals auch eine sehr anständige Übergangsepoche.

Hinter der Tür Lärm. Menschen.

Jewsej	Die Gästemasse kommt, Ignat Nikanorowitsch.
Schojew	Nicht reinlassen. Ich muß erst zu mir kommen.

Jewsej schließt die Tür ab.
Ja, und . . . den gelehrten Bourgeois und seine Tochter, womit bewirtest du die?

Jewsej Mit dem gleichen, Ignat Nikanorowitsch. Er hat mir selber gesagt, daß er solidarisch ist mit der großen Speise der Zukunft und bereit, für die neue lichte Speise zu leiden.

Schojew Und ich, was esse ich?

Jewsej Du ißt mit mir, Ignat Nikanorowitsch. Wir probieren mal die Staatsverpflegung des ausländischen Gelehrten, ich habe ihm zu Versuchszwecken die gesamte Ration abgenommen.

Schojew Du hast ein Köpfchen, Jewsej!

Jewsej Aber freilich! Man muß doch allseitig . . .
Die Gäste lärmen hinter der verschlossenen Tür.

Schojew Laß die Esser herein, Jewsej. Alexej, wirf die Akkorde an.
Aljoscha stellt den Leierkasten an: er bewegt einen Hebel, und der Antriebsriemen bewegt die Walze des Leierkastens, wobei er ständig mit der Nahtstelle an das Rädchen schlägt. Der Leierkasten spielt leise und melodisch den Walzer »Mandschurische Berge«. Jewsej öffnet die Tür. Herein Stervetsen, eingehakt mit seiner Tochter, in der freien Hand eine Kiste, Klokotow, der Nachwuchskader Jewdokija, fünf weibliche Angestellte, Pjotr Opornych mit seiner kleinen Frau am Arm, drei männliche Angestellte mit ihren Frauen, der Vertreter der genossenschaftlich organisierten Bevölkerung Godowalow. Hinterher ein Feuerwehrmann in voller Ausrüstung, mit einem Stahlhelm, den er an der Tür abstellt, zum Schluß ein Milizionär. Der Leierkasten verstummt. Stervetsen übergibt Jewsej die Kiste mit den Lebensmitteln.

Jewsej Genossen Gäste, ich bitte um Gehör! Gestatten Sie mir, Sie zu etwas zu beglückwünschen! Erfreuen wir uns heute gemeinsam der . . .

Schojew Unterbrich deine Rede, Jewsej. Noch habe ich nicht gesprochen.

Jewsej Ja, wie man so sagt, Ignat Nikanorowitsch . . .

Schojew	Handele nie, wie man so sagt, sondern wie es sich gehört. Genossen Gäste, ich bitte um Gehör!

Die Gäste waren dabei sich zu setzen, stehen aber nun alle außer Stervetsen und seiner Tochter wieder auf und hören im Stehen zu.

Genossen aus dem In- und aus dem Ausland! Ich möchte Ihnen etwas Außergewöhnliches sagen, jedoch ich bin des Glücks der Stimmung entwöhnt. Mich quält die Sorge um die Sättigung der Massen. Zweifel grämen sich in meinem Innern. Angesichts des wachsenden Tempos des Appetits der Massen ist vor unserem Genossenschaftssystem eine unabweisliche Notwendigkeit aufgetaucht, und zwar die deutliche Unterschätzung gewisser Dinge zu überwinden. Bislang genügte es, die Speise einfach hinunterzuschlucken, wenn sie in den Magen gelangte, mußte sie sich selber darin zurechtfinden, egal, ob sie sich grämt oder freut. Heute aber müssen wir in der Tiefe unserer Körper die Macht der neuen Speise erfahren, die wir aus den Materialien des natürlichen Selbstlaufs bereitet haben. Es lebe der Fünfjahrplan in vier Jahren!

Beifall. Hurrarufe. Die Leute hören auf zu klatschen, senken die Arme, aber der Beifall geht weiter, wird stärker, steigert sich zur Ovation. Der Beifall wiederholt sich noch donnernder, Hurrarufe von metallenem Ton. Die Gäste sind erschrocken. Aljoscha bedient mit der Hand den Hebel eines grobgebauten, hölzernen Automaten (für den Zuschauer teilweise sichtbar), der durch einen Transmissionsriemen von oben angetrieben wird: er applaudiert und ruft hurra. Aljoscha stellt den Hebel um, der Riemen steht still, der Automat verstummt.

	Jewsej!
Jewsej	Alexej!
Aljoscha	Jetzt die Speisen. *Stellt den Hebel.*

Das Knattern eines unbekannten Automaten. Darauf Stille. Über den Tisch wird auf einem Fließband langsam eine riesengroße Holzschüssel gezogen, aus der Dampf steigt, an die Schüssel gelehnt solide Holzlöffel. Die Gäste nehmen die Löffel.

Schojew   Fröhliche Musik, Aljoscha!

Aljoscha   Kann losgehen. Was soll ich spielen?

Schojew   Bitte, sei so gut, spiel etwas fürs Herz.

Der Leierkasten spielt etwas fürs Herz. Die Gäste essen. Schojew und Jewsej sitzen auf der Tribüne. Jewsej entnimmt der Kiste, die ihm Stervetsen überreicht hatte, verschiedene Speisen, Wurst, Käse usw. und ißt mit Schojew auf der Tribüne.

Opornych   Wie denn, Ignat Nikanorowitsch. Heißt das, daß du solchen Krauteintopf für alle Zeiten einführst? Oder ist das eine einmalige Lieferung?

Schojew   Iß, Petja, sei kein Opportunist.

Opornych   Von mir aus. Ich mein nur ... wir haben Rindfleisch und Kraut in der Republik. Vielleicht essen wir lieber den normalen Krauteintopf. Sonst macht der Magen Krach.

Jewsej   Petja! Sei still und iß, stell dich auf die Probe.

Opornych   Bin schon still. Ich werde mal zur Probe denken.

Der Leierkasten verstummt.

Schojew   Aljoscha! Den zweiten Gang, sei so gut. Das Breichen zum Kosten.

Aljoscha stellt den Hebel um. Poltern. Die Schüssel mit dem Krauteintopf bewegt sich davon. Das Poltern hört auf. Herauskommt ein Schüsselchen mit Brei.

Godowalow   *steht auf* Im Namen aller Verbraucher-Mitglieder, die uns für sie zum Denken bevollmächtigten sowie ...

Jewsej   ... um ihre Seele zu leiden, Genosse Godowalow.

Godowalow   Sowie um ihre Seele zu leiden, spreche ich hier das gigantische Gefühl der Freude und ebenso des Enthusiasmus aus.

Aljoscha schaltet einen Automaten ein: brausender Beifall. Alle essen den Brei. Godowalow setzt sich.

Schojew   Nun, Genossen, wie schmeckt er?

Serena   Papa! Sind das Heuschrecken?! Sie essen Schädlinge.

Jewsej   Richtig, Fräulein. Wir verstecken die Schädlinge in uns.

333

Serena Dann werdet ihr selber zu Schädlingen.

Godowalow Der Brei ist in Ordnung, Ignat Nikanorowitsch.

Zweiter Angestellter Diese Versuche haben einen immensen Erziehungswert, Genosse Schojew. Sie sollten jede Dekade stattfinden.

Erste Angestellte Ach, es gefällt mir hier zu gut . . . Zum erstenmal sehe ich eine Intervention.

Schojew He, du Dummerchen, schweig, wenn du die Wörter nicht kennst. Sitz still und empfinde etwas ohne Worte.

Erste Angestellte Aber ich möchte so gerne, Ignat Nikanorowitsch. Ich bin so in Erregung.

Jewsej Polja, du kannst deiner Mama dann alles zuflüstern, aber hier bist du bei einem Versuch.

Erste Angestellte Ach, Jewsej Iwanowitsch, unsere Behörde gefällt mir ja so gut, und ich fühle etwas.

Stervetsen Man darf nichts unversucht lassen. Die ganze Welt ist ein Experiment.

Schojew Ruhe da, eßt. Wir wollen der Wissenschaft zuhören.

Stervetsen Ich sagte: Die ganze Welt ist ein Experiment göttlicher Kräfte. Einverstanden, Sérène?

Serena Papa, ist der Herrgott etwa auch Professor? Wozu gibt es dann dich?

Jewsej *leise zu Schojew* Ignat Nikanorowitsch, das ist religiöse Propaganda!

Schojew Laß sie, Jewsej! Die dürfen das: sie sind nicht normal. Aljoscha! Alle Gerichte zur Auswahl!
Aljoscha stellt den Hebel. Poltern. Der Brei verschwindet auf dem Fließband. Das Poltern hört auf. Das Fließband befördert der Reihe nach mehrere Speisen.
Genossen, eßt das bitte alles auf. Wir haben noch genug – uns gehört ein Sechstel des gesamten Erdballs. Aljoscha! Organisier die belegten Brote.
Aljoscha schaltet einen hölzernen Apparat ein, in dem sich ein Brotlaib befindet. Der Apparat schneidet das Brot in Scheiben, diese Scheiben werden automatisch mit einer weißen Masse bestrichen. Danach schleudert eine Kelle am Apparat die Brote auf einen Holzteller. Der Teller gelangt auf das Fließband.

Stervetsen	*die Arbeit des Apparats beobachtend* Phantastisch, Sérène. Das ist Hygiene.
Serena	Papa, Aljoscha gefällt mir.
Schojew	Alexej, mach dem ausländischen Fräulein etwas Angenehmes, du gefällst ihr.
	Alexej geht zu Serena und küßt sie, indem er sie vom Stuhl hochhebt.
Stervetsen	Das ist roh, Sérène.
Serena	*sich zurechtmachend* Nicht so schlimm, Papa, es tut mir nicht weh. Ich muß doch die Union Russian Soviet fühlen.
Schojew	*hart* Sei nicht prinzipienlos, Aljoscha.
Serena	*zu Aljoscha* Lieben Sie etwas auf der Welt oder nur den Kommunismus?
Aljoscha	Am meisten liebe ich das Luftschiff. Ich denke immer: wenn es über der armen Erde aufsteigt, wie werden die Kolchosbauern weinen mit dem Gesicht nach oben, und ich werde brüllende Kraft in die Motoren geben, überströmt von den Tränen der Klassenfreude. Wir fliegen gegen den Wind über allen Ozeanen, und das Weltkapital wird heftige Trauer empfinden unter den fliegenden Massen, unter dem mächtigen Leib der Wissenschaft und Technik.
Serena	Ich verstehe Sie. Aber in Moskau sagte mir euer Mitglied, ihr liebt die Aktivisten und solche, die arbeiten, um einzuholen und zu überholen.
Jewsej	Er gehört zu den Flatterern, er muß immer irgendwohin eilen, während unsere geliebten Massen zu Fuß leben.
Aljoscha	*zu Serena* Du verstehst mich nicht, und der *auf Jewsej zeigend* ist wie einer von euch. Nicht Klasse, sondern Versöhnler.
Serena	Aber Luftschiffe gibt es auch in Europa.
Aljoscha	Na und!
Schojew	Das sind kommerzielle Luftschiffe.
Aljoscha	*zu Serena* Das verstehst du nicht, weil du eine Bourgeoise bist. Du bist eine Einzelbäuerin. Du bildest dir ein, daß du eine Seele hast.
Serena	Ja.
Aljoscha	Du hast keine. Wir werden ein Luftschiff haben.

Es wird aufsteigen über der besitzlosen Erde, über der Dritten Internationale, wird niedergehen, und die Hände des Weltproletariats werden es berühren.

Schojew *zu Jewsej* Und ich dachte, er ist ein Dummkopf.

Jewsej Wir hatten immer nur direkte, eindeutige Dummköpfe, Ignat Nikanorowitsch. Der ist auch ein Dummkopf – bloß andersherum.

Stervetsen holt Zigaretten Marke »Troika« hervor. Steckt sich eine an.

Serena Papa, warum sind wir beide Einzelbauern?

Stervetsen Sérène, du schockierst mich.

Opornych *ein Täßchen Essig trinkend* Ich trinke auf alle Staaten, wo . . . na . . . das Proletariat den Kopf erhebt, wenn es . . . na, wie heißt es gleich . . . unser Luftschiff erblickt.

Schojew *sich erhebend, feierlich* Auf das Luftschiff der Revolution, auf die Genossenschafter in aller Welt und auf die in der Ortspresse veröffentlichten Losungen – hurra!

Alle Hurra!

Nach den Hurrarufen plötzlich Stille. Nur der zweite Angestellte ruft, ohne die Stille zu bemerken, mit einsamer Stimme noch sein Hurra.

Schojew *zum zweiten Angestellten* Wasska, schockier nicht.

Der zweite Angestellte verstummt. Lärm hinter der Wand der Behörde.

Aljoscha! Der Ball!

Godowalow Laßt einen doch wenigstens das Kompottwasser austrinken. *Trinkt Kompott aus einem Täßchen.*

Opornych *zu Stervetsen* Bieten Sie von Ihren . . . wie heißt es gleich . . . von Ihrem Dumping etwas an.

Stervetsen reicht ihm eine Packung »Troika«. Opornych nimmt drei Zigaretten heraus und bietet zwei seinen Nachbarn an. Die Gäste essen schnell auf; nur Serena nicht, die sich mit Aljoscha unterhält.

Schojew *nachdenklich* Einen Ball. Ich liebe diese fröhliche Unruhe der Menschheit.

Einer der Angestellten geht ans Fenster und öffnet es. Der Lärm des Kreises dringt herein, verstummt allmählich. Drei fast kindliche Gesichter tauchen am

*Fenster auf und blicken in die Behörde. Der Ange-
stellte bläst gleichgültig in die Gesichter seinen
Rauch, der dann weiter ins Dunkel der Kreisnacht
verweht.*

Jewsej   *zu Stervetsen* Herr bürgerlicher Gelehrter, vielleicht
haben Sie sich schon ein Urteil gebildet über unsere
Speisemuster – oder ist es noch zu früh?

Stervetsen   Es bildet sich, würde ich sagen. Ihrer Auffassung
nach ist das der Selbstlauf, oder schätze ich das
falsch ein? Ich gräme mich ohne Definition.

Jewsej   Macht nichts, du bist ja kein Marxist, wir bringen
dir das bei. Könnte man mal Ihr selbstschreibendes
System betrachten? Import, was?

Stervetsen   *reicht Jewsej seinen Füllfederhalter* Sehr zu empfehlen – ein ausgezeichneter Automat.

Jewsej   Schreibt alleine?

Stervetsen   Nein, Aktivität hat so einer keine. Denken Sie
nach, wie Sie ihn bezeichnen. Einzelbauer . . .

Jewsej   Ach so. Und ich dachte, der denkt sich selber was
aus. Dabei ist das nur ein Opportunist. Aber laß
ihn als Muster da, Aljoschka überholt ihn.

Mädchen am Fenster   Onkel, gib mir ein Stückchen.

Serena   *zu Aljoscha* Warum so traurig?

Aljoscha   Alles wegen des Sozialismus.

Serena   Ist er schön?

Aljoscha   Ich sarg dich ein für die Frage. Siehst du das denn
nicht?

Serena   Nein. Ich sehe nur Sie.

Mädchen am Fenster   Onkel, gib mir ein Stückchen ab.

Ein anderes Geschöpf
aus der Bevölkerung am Fenster   Bloß ein kleines Stückchen, irgendwas.

Hinter allen erscheint am Fenster Injutas Gesicht.

Schojew   Aljoscha, jetzt den inoffiziellen Teil.

*Aljoscha stellt einen Hebel um, und der Tisch mit
den Speiseresten verschwindet in einem Seitengang
der Behörde. Die Gäste stehen.*

Stimme am Fenster   Was nicht schmeckt oder schon schlecht ist.

Näselnde Stimme eines
Erwachsenen am Fenster   Erlauben Sie die Plörre zu schlürfen. Ich
war auch Mitglied.

Der Feuerwehrmann schließt das Fenster. Von außen wird aber das Fenster nebenan geöffnet, und dieselben Gesichter sehen in derselben Reihenfolge herein, als ob sie ihren Platz nicht verlassen hätten. Der Feuerwehrmann schließt auch dieses Fenster. Da geht wieder das frühere auf, dieselben Gesichter in unveränderter Reihenfolge.

Schojew   Jewsej! Bring die Bevölkerung in Ordnung. Aljoscha, etwas Zärtliches.

Aljoscha setzt den Antriebsriemen auf den Leierkasten, und mit der Naht auf das Antriebsrad schlagend, treibt der Riemen den Leierkasten an, der Leierkasten spielt eine zärtliche Melodie, einen Walzer. Die Gäste beginnen sich im Takt zu drehen.

Jewsej   *zum Fenster hin* Wollt ihr hier Wurzeln schlagen?

Mädchen am Fenster   Wir möchten was Schnuddliges.

Die näselnde Stimme   Gib mir etwas, bitte, ganz egal, ich schling es runter.

Jewsej   Hier, trink, in Gottes Namen. *Gibt ihm eine Tasse Essig, die auf der Tribüne übriggeblieben war.* Das ist eine wissenschaftliche Veranstaltung, hier quälen sie sich wegen euch, mein guter Mann.

Der Mann trinkt den Essig am Fenster aus und gibt die Tasse zurück.

Der Mann   Ich liebe das Flüssige.

Die Gäste tanzen: Aljoscha mit Serena, Opornych (sehr groß) mit seiner kleinen Frau, Stervetsen mit dem Nachwuchskader Jewdokija usw. Nur Schojew sitzt versonnen auf seinem erhöhten Platz.

Schojew   Ich liebe dieses Entzücken der Massen.

Jewsej   *sich Schojew nähernd* Jetzt hab ich alle Bürger liebgewonnen, Ignat Nikanorowitsch.

Schojew   Alle Lebewesen lieben einander, Jewsej. Nicht Liebe ist es, die wir brauchen, sondern Anleitung *in tieferes Nachdenken versinkend* Anleitung, ohne Anleitung läge jeder von uns schon auf der Nase.

Weiter Walzer. Opornych, der seine Frau fest an sich drückt, spuckt über ihren Kopf hinweg in den Spucknapf in der Ecke, ohne seinen höflichen Gat-

tentanz zu unterbrechen, seine Frau bemerkt den Vorgang nicht.

Injuta *hinterm Fenster* Aljoscha, hol uns herein.

Aljoscha hört das nicht. Er tanzt mit Serena, die ganz weiß im Gesicht geworden ist und sich eher in Krämpfen windet als tanzt. Stervetsen fällt plötzlich leichenblaß auf das Klavier. Jewsej nimmt den Spucknapf und hält ihn höflich Stervetsen vor den Mund. Hinter dem Fenster steht Injuta, neben ihr taucht Kusmas Gesicht auf, der sein Kinn auf das Fensterbrett legt. Sonst ist niemand da, klar leuchtet die Kreisnacht.

Stervetsen Danke vielmals. Das Essen ist nicht hochgekommen, es ist in der Tiefe angeeignet worden.

Jewsej Wenn sogar sie nicht brechen müssen, dann wird unsere Bevölkerung im Leben nicht krank.

Die erste Angestellte fängt mitten im Tanz an, sich zu winden, ihre Kiefer und ihre Kehle werden von Krämpfen ergriffen. Übelkeit würgt sie, sie schwankt wie in einem epileptischen Anfall, zittert vor Magenkrämpfen am ganzen Leib. Ihrem Kavalier, einem der Angestellten, ergeht es ebenso.

Erste Angestellte Ach, im großen und ganzen bin ich so zufrieden, aber ich kann nicht mehr. Es geht über meine Kräfte. Meine Seele verläßt mich.

Stervetsen Verkaufen Sie sie mir, Mademoiselle.

Alle anderen Tänzer werden auch von den Krämpfen des Erbrechens geschüttelt, aber der Tanz geht weiter. Die außer sich geratenen Körper umarmen einander, doch der Druck des Mageninhalts steigt zur Kehle hinauf, und die Tanzenden fliehen einander. Die Musik verstummt.

Kusma *singt am Fenster* Hoch am blauen Himmelszelt ...

Injuta *setzt mit kläglicher Stimme das Lied fort* ... weht die rote Fahne ...

Serena *die mit entkräftetem Körper mühsam weitertanzt, traurig zu Aljoscha* Ach, mir ist so traurig zumute im Bauch.

Aljoscha Was hast du, löst sich deine Seele vom Körper?

Serena *beugt sich im Krampf vornüber und bricht in ihr Taschentuch* Sie hat sich schon gelöst.

Die Musik verstummt ganz. Die Gäste sind überall niedergesunken und krümmen sich vor Magenbeschwerden auf den Stühlen. Serena ist nach dem Vorfall mit dem Taschentuch völlig verändert, fröhlich. Sie tanzt allein.

Zum Vater Papa, jetzt bitte einen kleinen Fox.

Stervetsen setzt sich an den Flügel und beginnt einen langsamen pessimistischen Foxtrott zu spielen.

Tanzt und singt

Mein armer kleiner Junge,

Matrose aus der Ferne,

Komm zu mir zurück,

Hörst du, wie er weint – unser Fox.

Traurig zu Aljoscha Wo ist bei euch die bolschewistische Seele? Europa ist untröstlich ohne sie und weint bittere Tränen.

Aljoscha   Die Bourgeoisie muß Tränen vergießen ohne Ende. Es tut ihr gut, wenn sie weint.

Serena   Aljoscha, der Bolschewismus ist lieb, bei euch ist es so fröhlich und so schwer. Umarme mich mit bolschewistischer Männlichkeit.

Aljoscha   *Serena zurückweisend* Uninteressant. Du bist eine Bourgeoise.

Opornych   Mann, also, wie denn nun gleich, Ignat Nikanorowitsch, vielleicht muß ich brechen, in mir ist der Nachschlag steckengeblieben.

Godowalow   *beschwörend* Ignat Nikanorowitsch, ich schleudre nur das Vorderste zum Mund heraus, ich hab mich mit dem Essen übernommen.

Erste Angestellte   Genosse Schojew, gestatten Sie mir jetzt, mich zu entfernen. Ich bin den ganzen Abend fröhlich gewesen.

Schojew   Schweigen Sie: üben Sie Disziplin, Sie eröffnen ein neues Zeitalter lichter Speisen. Die ganze Welt entwickelt sich dank Duldsamkeit und Qual. *Nachdenklich* Duldsamkeit! Das ist der Grund für die Bewegung der Zeit.

Jewsej   *zu den Gästen* Schluß mit der Verstellung!

Kusma weint hinterm Fenster, über sein eisernes Gesicht fließt eine Flüssigkeit.

Injuta   *am Fenster* Aljoscha, nimm uns zu dir, wir sind traurig. Hier bläst mich die Natur, die Faschistin, an, und Kusma weint.

Aljoscha *sich plötzlich besinnend* Injuta! *Zieht sie zum Fenster herein, danach auch Kusma, der vor sich hin brummelt.*

Die Gäste drehen sich alle zur Wand, Übelkeit quält sie. Kusma ißt die Speisereste von dem Behördeninventar. Man hört die Uhr von einem Turm im Kreis schlagen.

Serena Papa, wo ist denn nun ihr Überbau?

Stervetsen *zu Schojew* Herr Chef! Wir wären glücklich, wenn Sie das ganze Pan-Europa erfreuen und uns den glühenden Geist aus Ihrem Staatsüberbau überlassen würden.

Kusma geht auf den Abort.

Serena Oder wenigstens einen Grundsatz verkaufen. Der ist billiger, Papa.

Schojew *nachdenklich* Unseren Geist des Enthusiasmus wollen Sie sich zulegen?!

Jewsej *zu Schojew* Überlassen Sie ihn denen, Ignat Nikanorowitsch, ohne Norm. Wir brauchen Tara und keinen Geist.

Schojew Warum nicht. Grundsätze über Enthusiasmus haben wir genug, wir haben uns damit beinahe übernommen.

Man hört, wie Kusma auf dem Abort mit einem eisernen Laut rülpst, den Gästen geht es unmittelbar darauf ebenso.

Wendet seine Aufmerksamkeit den Gästen zu Geht schlafen, morgen ist ein Arbeitstag.

Die Gäste verschwinden. Zurückbleiben: Schojew, Jewsej, Stervetsen, Serena, Injuta, Aljoscha, Feuerwehrmann und Milizionär.

Fortfahrend Warum nicht. Unsere schönen ideologischen Grundsätze können wir euch ablassen, aber nur für Valuta.

Explosion kollektiven Erbrechens hinter der Bühne.

Jewsej Überfressen, die Kanaillen! Zerreißen sich das Maul, aber die gewöhnen sich schon dran.

Milizionär und Feuerwehrmann *lächelnd* Keine Haltung die Leute!

Zweites Bild

Bühne wie zuvor. Auf einer Bank schläft Injuta, die Kusma umarmt. Jewsej schlummert auf einem Stuhl. Auf einem Schreibtisch schläft Serena. Schojew, Aljoscha und Stervetsen sitzen am Tisch. Durch das offene Fenster leuchten die Sterne über dem Kreis.

Schojew Ihr bietet zu wenig, Herr bürgerlicher Wissenschaftler. Wenn es sich nicht um ein leicht verderbliches Produkt handelte oder der Aufkaufpreis entsprechend niedrig wäre, aber so – nein!! Weißt du, wo wir unsere Grundsätze aufbewahren?

Stervetsen Ich beherrsche diesen Fakt nicht, Genosse Chef.

Schojew Wenn du keine Ahnung hast, dann feilsche nicht. Denkst du vielleicht, wir schütten die Überbaue im Schuppen auf, was, oder stapeln sie übereinander? Denkst du, da kann man einen Wächter hinstellen, nach Lohngruppe I, 24 Rubel, Filzstiefel für den Winter und basta?! O du Teufel von einem Interventen!

Kusma *im Schlaf* Der Papst von Rom. Schlangenbrut.

Schojew Hast ganz recht, Kusma, hundert Prozent recht. Du bist ein Herr Agent der Bourgeoisie.

Stervetsen Ich bin kein Agent, ich bin eine Persönlichkeit der europäischen Kultur.

Schojew Genau dasselbe. Sie besitzen keine Persönlichkeit, wenn Sie in unserer Peripherie umherreisen. Ich bin hier die Persönlichkeit. Rechne mal aus, was allein an Lagerkosten für jede Idee abfällt. Bedenke: wir legen sie zusammen zu Millionen disziplinierter Persönlichkeiten, jede Persönlichkeit muß, vom Essen mal ganz zu schweigen, geschützt werden, vor Zersetzung bewahrt, ständig durchgearbeitet, damit die Luft in ihr frisch bleibt und der Grundsatz nicht fault, das ist allerzarteste Ware, Herr Wissenschaftler, und kein Pilz.

Jewsej *aus dem Schlaf fahrend* Hatten wir mit den Pilzen nicht schon genug Scherereien, Ignat Nikanorowitsch.

Schojew	Weiter – berechne die Konstruktion jedes Grundsatzes.
Stervetsen	Wird etwa eure Seele industriell hergestellt?
Schojew	Der Überbau selber ist dumm. Der Überbau befindet sich über dem Verhältnis der Materie!!! Selbstverständlich wird er hergestellt. In unserem Kreisverband hat man eine einzige ideologische Resolution drei Jahre lang durchgearbeitet: 40 000 Genossenschafter wurden auf die Beine gebracht für die Verabschiedung eines prinzipiellen Grundsatzes. 14 Massenkampagnen durchgeführt. 37 Mann Oberinstrukteure stürzten sich anderthalb Jahre lang ins Gewühl unserer Mitgliederschaft. 214 Sitzungen mit einer Zahl von 7 000 Stück anwesenden Esser-Seelen! Plus dazu noch die Vollversammlungen, wo insgesamt gesehen Millionen zusammenströmten! Genau das kostet uns die Konstruktion eines einzigen Grundsatzes. Und du willst den kompletten Überbau kaufen. Dein ganzes Europa reicht nicht aus für eines unserer Transparente. Und das Tara, wo hast du das? Ihr habt gar keine passende internationale Persönlichkeit.
Kusma	Den Papst von Rom.
Schojew	Kusma, der taugt nicht dafür. Ein kläglicher Opportunist und Schematiker. *Nachdenklich* Schematiker! Ein widerlicher Vereinfacher der Linie von Jesus Christus, weiter nichts.
Aljoscha	Genosse Schojew, ich schaff sie ihm hin. In mir liegt viel Revolution! Ich fühle immer die Zukunft voraus, ich leide unter der Langeweile des ausländischen Kapitalismus.
Stervetsen	Das verstehe ich nicht. Ich ernähre mich von Speisen, aber lebe von der Seele. Bei uns im Westen ist es still geworden im Herzen, aber bei euch ist die Seele eine Aktivistin, stößt die Freude in die Brust. Die arme Intelligenz möchte so gerne eure Seele. Wir bitten darum, sie uns billiger zu überlassen, uns drückt die Krise, und unser Verstand trauert . . .
Schojew	Mein Beileid. Aber was soll ich mit dir anfangen, wenn du bettelarm bist?! Kontrolle durch den Rubel ist bei uns an der Tagesordnung, lieber Freund.

Kusma	Mit dem Kapitalismus Vereinbarung abschließen.
Aljoscha	Leg dich lieber ganz still hin, Kusma, wo ich dich jetzt eingestellt habe.
Injuta	*im Schlaf* Weck mich nicht, Kusja, ich träume.
Schojew	Ich weiß, was not tut, Kusma. Keine Lust, aber es muß sein. Der teuflische Intervent kann nicht verstehen, was hier im Gange ist, der Aufbau von Bewußtseinsgiganten, Resolutionen. Und will sie für lumpige Groschen kaufen. Wo der ganze Kusbass billiger und schneller läuft als die Durcharbeitung unseres Statuts. Jewsej!
Jewsej	*aus dem Schlaf fahrend* He!
Schojew	Was kostet uns die Konstruktion unseres Kreisstatuts?
Jewsej	Moment, Ignat Nikanorowitsch. Ä-ä, laut Ausführungsberechnung No 48/II 40 000 und paar Kopeken, ohne den Aufwand an lebendiger Arbeitskraft für die Versammlungen.
Schojew	*zu Stervetsen* Na siehst du! Und du willst unseren Grundsatz kaufen! Kauf lieber eine Direktive, die geb ich dir verbilligt ab.
Stervetsen	Geht das? Ist da euer Enthusiasmus drin?
Schojew	Ausschuß verkaufen wir nicht. Eure Warenbourgeoisie wird sich über uns nicht zu beschweren haben.
Stervetsen	Und wie teuer käme die?
Schojew	Jewsej!
Jewsej	*schlaftrunken* Ä?
Schojew	Für wieviel könnten wir eine Direktive abgeben – mit allen unseren Aufschlägen.
Jewsej	37 Rubel das Stück, Ignat Nikanorowitsch. Das kostet ein Anzug mittel-intelligenten Schnitts.
Stervetsen	Anzüge habe ich.
Jewsej	Her damit!
Aljoscha	*zu Jewsej* Nimm nichts von ihm. Da geb ich dir lieber Hose und Hemd von mir.
Jewsej	Behalt deine Unterhosen. Ist kein Valutastoff.
Aljoscha	Eigenhändig schlag ich euch zusammen, ihr Teufel! Der Genosse will in unsere Idee eintauchen und ihr . . .

Jewsej	Und wir ziehen ihn aus, damit er untertaucht und sich badet.
Schojew	Aljoscha, beruhige deine Psychologie, hier ist kein Privatunternehmen.
Stervetsen	Sérène!
Serena	Yeah?
Stervetsen	Wo ist unsere Garderobe?
Serena	Augenblick, Papa. *Steht auf und geht in die Ecke, wo die beiden Koffer stehen; Jewsej operiert mit ihr zusammen in den Koffern.*
Aljoscha	*zu Schojew* Verkauft lieber den Bürokratismus, aber nicht die Idee – das sag ich der Partei!
Schojew	Du hast recht, hundert Prozent recht. Ab zur Bourgeoisie mit dem Bürokratismus – dann kriegt die die Krätze. *Nachdenklich* Der Bürokratismus . . . Wir mobilisieren ihn gegen den Kapitalismus, und aus ist es mit den Faschisten. Da haben die Angst vor unserem Holzwald, diese idiotischen Vereinfacher. Sollen froh sein, daß wir ihnen das Holz lebend überlassen, sonst machen wir Papier aus dem Holz, aus dem Papier die Seele und lassen die gegen sie los: das Geschrei möchte ich hören. *Jewsej hat inzwischen seine Hosen und seine Wattejacke ausgezogen und sich in einen ausländischen Anzug geworfen.*
Jewsej	*greift nach einem Ordner mit Dokumenten, gibt eines Stervetsen, öffnet den Ordner* Bestätigen Sie den Empfang.
Stervetsen	*unterschreibt, nimmt die Bescheinigung und liest* »Rundschreiben. Über die Prinzipien der Selbstentzündung von Enthusiasmus«. Das ist es, was wir lieben. Überlassen Sie uns doch noch etwas von ihrer guten Stimmung.
Jewsej	Einverstanden. Ignat Nikanorowitsch, das ist eine Bluse für deine Alte.
Schojew	Nimm sie, Jewsej. Die Alte ist auch ein Geschöpf. *Jewsej holt eine bunte Bluse aus dem Koffer und schmeißt sie Schojew auf den Tisch.*
Stervetsen	*unterschreibt zum zweiten Mal, liest* »Einzelne Bemerkungen zum Statut über die Kulturarbeit«. Sehr erfreut!

Schojew	Siehst du! Lerne, empfinde, und du wirst ein anständiger Mensch der Klasse.
Stervetsen	Danke!
Kusma	*sich leicht erhebend, holt aus seinem Innern den Brief, den ihm der Briefträger zugesteckt hatte, und reicht ihn Stervetsen* Da!
Stervetsen	*nimmt das Dokument* Ich danke Ihnen . . .
Kusma	Gib her, Schlange.
Stervetsen	Bitte, ich bitte Sie. *Reicht Kusma den geöffneten kleinen Koffer.* *Kusma holt sich eine farbige Weste und Hosen heraus und ist zufrieden.*
Aljoscha	*zu Schojew* Woher kommt das, Genosse Schojew, ich blicke auf dich, auf fast alle Leute hier, und mein Herz tut mir weh!
Schojew	Zu unbeherrscht noch, da tut es weh!
Kusma	Keine Ruhe. Eklektiker.
Schojew	Sehr richtig, Kusma, keine Ruhe. Nächtelang finde ich keinen Schlaf, und dann heißt es – zu wenig Tempo. Ich möchte Zärtlichkeit aus dem Überbau, da höre ich – freu dich alleine. Ich bin traurig, Kusma.
Kusma	Sie brennen auf die Zukunft. Schlangenbrut. *Injuta bewegt sich und schlägt die Augen auf.*
Schojew	Sie brennen darauf, Kusma! Ogottogott, wenn wir dich nicht hätten.
Jewsej	*wühlt in den Koffern* Hier ist noch Verschiedenstes, Ignat Nikanorowitsch. Vielleicht verkaufen wir doch einen Grundsatz für die Valutaware.
Schojew	Gemacht, Jewsej. Wir stehen das auch ohne den Grundsatz durch. Und wenn wir dabei umfallen, dann leben wir liegend weiter. Ja, das wäre was jetzt – liegend leben.
Aljoscha	Da könnt ihr auch gleich den ganzen Überbau verkaufen. Uns tut das nicht leid – uns wächst die Seele aus den Resten wieder nach.
Schojew	Recht hast du, Aljoscha, bloß wo hernehmen den Überbau, so daß auf dem Frachtschein nur ein Stück vermerkt ist.
Aljoscha	Der ganze Überbau ist in dir, Genosse Schojew! Du bist der bewußteste Mensch im ganzen Kreis. In uns

	ist kein Überbau, wir sind die Masse unten, hast du selber gesagt.
Schojew	Mag schon sein. Ich fühle sowieso schon immer so etwas Großes, kann es nur nicht ausdrücken.
Stervetsen	Ihr Gefühl brauchen wir auch!
Injuta	Verkauf Schojew, Aljoscha, das ist eine Kanaille des Sozialismus.
Aljoscha	*leise* Ich fühle das schon lange, Injuta. Schlaf weiter.
Schojew	Ist das nicht gerecht, Jewsej, seine Seele für die SSR verkaufen?! Oh, ich opfere mich für den Sozialismus, er wird zufrieden sein, man wird meiner gedenken. Oh, Jewsej, ich möchte zugrunde gehen, dann trauert um mich das ganze internationale Proletariat. Trauermusik erklingt in ganz Europa und der übrigen Welt. Die räuberische Bourgeoisie hat die Seele eines Proletariers für Valuta gefressen.
Jewsej	Die frißt Sie, Ignat Nikanorowitsch, und stiehlt den Enthusiasmus. Und die ganze SSR bleibt ohne dich verwaist zurück, was sollen wir dann machen, wer wird uns führen! ... *Verzieht das Gesicht zum Weinen, aber die Tränen wollen nicht kommen. Traurig setzt er ein Pincenez auf, das er aus einer Tasche des ausländischen Anzugs geholt hat.*
Schojew	Wahrscheinlich hast du recht, Jewsej. Denk darüber nach und erstatte mir später Bericht.
Aljoscha	Da gibts nichts nachzudenken. Verkauf der Bourgeoisie deinen Körper so teuer wie möglich, denn in ihm vibriert deine ideologische Seele. Oder liebst du die Republik nicht mehr, Kanaille?
Stervetsen	*zu Schojew* Ja bitte also ... Wenn Ihnen der Überbau ... die Psyche der Freude ... dann bitte ich Europa mit dem Herzen Ihrer Kultur zu beseelen. Fahren wir in unsere Welt.
Schojew	Euch führen, wie?
Stervetsen	Sie sehen es richtig. Wir brauchen Ihre volle Maßnahme der Kultur.
	Serena murmelt erschrocken etwas Undeutliches, träumt auf französisch.
Schojew	Hat das Fräulein Angst?
Jewsej	Ihr fehlt ein Grundsatz, da fürchtet sie sich. Das Klassenbewußtsein zersetzt sich.

Aljoscha	Fahr mit, Genosse Schojew. Verlang eine Million.
Schojew	Etwas wertvoller bin ich schon, was Jewsej?
Jewsej	Ich war verblüfft und habe nachgedacht: Ignat Nikanorowitsch als unser führender Überbau muß in der SSR bleiben, weil die SSR wertvoller ist als das ganze übrige verdammte Festland.
Schojew	Völlig richtig, Jewsej!
Aljoscha	Ihr könnt beide in die andere Welt fahren, ihr seid die billigsten.
Jewsej	Aljoscha, keine Überspitzungen. Ich vermute, wir finden bald die geeignete ideelle Persönlichkeit unter unseren Mitgliedern. Soll sie hinreisen zum Faschismus und ihm die gehörige Stimmung beibringen. Für uns sind das Kinkerlitzchen, sie wollen nur Geist, und Geist ist nichts. Wir haben keine Verwendung dafür, wir brauchen nur eins – Materialismus.
Schojew	Vielleicht Opornych?
Jewsej	Du meinst Petka! Das ist ein Dummkopf, den brauchen wir selber.
Schojew	Godowalow?
Jewsej	Ein unbeherrschter Mensch. Der freut sich dauernd über etwas.
Schojew	Vielleicht ein Weib.
Jewsej	Das drückt den Preis, Ignat Nikanorowitsch. Bloß nicht.
Serena	*im Schlaf* Ach Papa, Papa, ich liebe den sowjetischen Aljoscha, ich kann vor Kummer nicht aufwachen.
Stervetsen	Schlaf, mein Kind.
Serena	Aber, Papa, das ist so selten wie das Leben – ein einziges Mal.
Jewsej	Da hat sie aber einen Grundsatz gefunden, die Dumme.
Schojew	Wen schicken wir denn nun mit der Geistesfracht?
Kusma	Ein stilles vernünftiges Element . . .
Schojew	*von Kusma* Der denkt fast wie ich. Schicken wir ein stilles vernünftiges Element.
Jewsej	Legen Sie sich einstweilen schlafen, Ignat Nikanorowitsch. Morgen versammeln wir die Genossenschafter und beginnen den Ausscheid über das beste

	Bewußtsein. Und dann entsenden wir ein bestimm-
	tes Element.
Schojew	Ein Schlaumeier bist du, Jewsej. Auf Wiedersehen, Herr bürgerlicher Wissenschaftler. Machs gut, Kusma.
Kusma	Schlaf, Aktiv!
Schojew	Kusma, bist du lebendig, wie?
Kusma	Ja. So gut wie . . . wie du.
Injuta	Aljoscha, im Traum sehe ich nur Bourgeois und Kulakenfreunde. Nur wir beide sind nicht so.
Aljoscha	Schlag sie, Injuta, auch im Traum . . . Wo sind sie?!
Jewsej	Bürger, bitte Ruhe. Hier ist der sozialistische Aufbau im Gange. Gebt mir die Gelegenheit, dem Professor unsere Grundsätze zu verkaufen.
Injuta	*Kusma auf den Fußboden stoßend* Weg von mir, Opportunist. Du stehst auf ihrer Seite.
	Kusma kracht auf den Boden. Irgendwo im Kreis schlägt die Uhr.

349

Dritter Akt

Behörde wie zuvor, jedoch ausgeräumt, ohne die automatischen Vorrichtungen. Versammlung der Genossenschaftsmitglieder. Anwesend sind alle, die den Verkostungsball besucht hatten plus etwa zehn neuer Persönlichkeiten. Die Tribüne. Auf der Tribüne Schojew und Jewsej. Die beiden stecken wie auch Opornych, Godowalow und Klokotow in ausländischen Anzügen. Schojew trägt zudem eine Hornbrille. Jewsej ein Pincenez. Kusma — in ausländischer Weste und ebensolchen Hosen — sieht absolut wie ein Mensch aus. Im Gegensatz dazu sind Stervetsen und Serena jetzt äußerst schlecht gekleidet: der Professor in einem zu kurzen Jäckchen von typhusgelber Farbe, Wattehosen Marke Kampfgruppe, Mütze; seine Tochter in leinenem Küchenkittel, um ihren Kopf hat sie ein provinzielles mittelgroßes Tuch gebunden. Im Moment des Aktbeginns dauert die Versammlung schon lange an. Lärm.

Schojew *raucht Zigarre, nachdenklich in die plötzlich eingetretene Stille* Nicht ein einziger. Alle sind sie diszipliniert, etwas Lichtes flammt in allen, aber keiner entspricht den Anforderungen. Petja, wie steht es bei dir mit der Seele?

Opornych Ja, da ist alles ... wie denn nun gleich ... in Ordnung, Ignat Nikanorowitsch. Und überhaupt ... na ja ... ich fühle mich wohl.

Schojew Godowalow, was meinst du?

Godowalow Ich bin vergnügt, Ignat Nikanorowitsch, ich meine gar nichts.

Jewsej Vielleicht schicken wir das Mädchen Injuta?

Schojew	Auch das ist möglich, Jewsej! Ein Mädchen!! Wie stehst du dazu?
Injuta	Ich bin entschieden dagegen.
Schojew	Wieso dagegen?
Injuta	Gegen dich. Du, weil du eine Kanaille bist, ein Lobhudler, rechtslinkes Element, du hast die ganze örtliche Masse hier gequält, du bist kein Tara, du bist ein Scheusal für die arme Klasse, das ist es, was du bist! Aljoscha, ich bin traurig hier, ich weine immerzu ... Gehen wir weg von hier in den Sozialismus.
Aljoscha	Halt, halt, Injuta. Ich entzünde in ihnen noch den Enthusiasmus! Oder lösche sie für ewig aus.
Injuta	Lösch sie lieber aus. Sonst höre ich nachts in der Ferne die Hämmer und die Räder und das Nägeleinschlagen: da tut mir dann das Herz weh, Aljoscha, daß wir nicht dort sind. Ich will das Aktivistenleben, Aljoscha, und daß ich traurig werde vor lauter Schwierigkeiten.
Kusma	Stimm einstimmig ab. Übernimm die Führung.
Schojew	Laß das, Kusma. Man hat sich noch keine Meinung gebildet.
Godowalow	Ignat Nikanorowitsch! Verkauf doch Jewsej Iwanowitsch an die Bourgeoisie, der Mensch ist so ungeheuer wertvoll.
Jewsej	Wasja! Sei bloß still, ich hab dich noch nicht wiedergewählt.
Erste Angestellte	Ignat Nikanorowitsch! Kommandieren Sie mich ab ... ich war in der Kulturstafette, in mir verbirgt sich schon lange der üppige Liebreiz des Geistes, ich habe nur nicht darüber geredet. Ich liebe den Wettbewerb mit Europa wie wild.
Schojew	*nachdenklich* Ach, ihr Frauen, ihr Frauen, warum seid ihr unten dick und nicht oben?! Jewsej, denk dir um Gottes willen etwas aus, siehst du nicht, wie ich leide.
Jewsej	Ich habs, Ignat Nikanorowitsch. Wir schicken Kusma.
Schojew	Wie denn, Jewsej! Der ist doch reine Idee.
Jewsej	Was anderes verkaufen wir ja auch nicht, Ignat Nikanorowitsch – die reine Idee! Der Überbau! Ein

	Geschwätz über der Basis. Und Kusma ist ein über-
	zeugter, disziplinierter, fast vernünftiger Mensch.
Injuta	Sollen sie ihn verkaufen, Aljoscha. Mir tut Kusma nicht ein bißchen leid. Leid tut mir der Fünfjahr- plan in vier Jahren.
Serena	Papa, Aljoscha müssen sie uns verkaufen. Er ist der Überbau!
Injuta	*stürzt sich auf Serena* Du blöde kapitalistische Gans. Aljoscha zerrüttet euer ganzes Europa, verstehst du?
Serena	Ach, ich bin schon so zerrüttet.
Schojew	Kusma! Wir entsenden dich auf dem Frachtweg zur Bourgeoisie, und du wirst dort die Ideologie ihrer Kultur sein. Du kannst doch lebendig sein.
Kusma	Ich kann nicht leben. Scheusale.
Schojew	Was ist los mit dir?
Kusma	Ich will nicht leben, sonst mache ich Fehler. Ich will eisern bleiben.
Schojew	Bedauernswertes Element.
Jewsej	Er fürchtet um seine Festigkeit, Ignat Nikanoro- witsch. Er fürchtet, in bodenlosen Enthusiasmus zu stürzen und von seinen Überzeugungen abzugleiten auf die schiefe Bahn. Ein vernünftiges Element.
Kusma	Ich fürchte vom Grundsatz abzurutschen. Die Le- benden quälen sich wegen des Enthusiasmus, ich aber zweifle und bin zufrieden. Niemanden hat man. Scheusale. Nur der Genosse Uglanow Michail Palytsch!
Schojew	Tatsache, ein vernünftiges Element.
Serena	*auf Kusma zeigend* Wer ist das, Aljoscha?
Aljoscha	Er ist zu einem Lakaien der Bourgeoisie geworden.
Serena	Stoßarbeiter?
Aljoscha	Er stößt gegen uns. Wir haben ihn uns extra aus- gedacht für die Erziehungsarbeit.
Injuta	Kusja, die Kanaille. Du Opportunist.
Opornych	Tja also . . . wie war das gleich . . .
Einer der Genossenschafter	Ignat Nikanorowitsch, erlauben Sie mir, Europa zu zersetzen.
Opornych	Also, Ignat Nikanorowitsch, vielleicht sind wir nur hier für das Ideologische ungeeignet und kommen dort zu uns.

Stervetsen	Entschuldigen Sie. Aber wenn dieser Verkauf Ihnen ein Defizit verursacht ...
Jewsej	Genau, Wissenschaftler. Dein Preis ist für uns von Nachteil. Schlag ein bißchen drauf.
Stervetsen	Wir sind beinahe einverstanden.
Schojew	Richtig bedacht, Jewsej. Er selber soll der Aufschlag sein. Plan ihn bis zum Ende des Fünfjahrplans ein als wissenschaftlichen Kader.
Jewsej	Der macht sich dünne, Ignat Nikanorowitsch.
Schojew	Wir werden ihn ... das haben wir gleich. Wir lassen ihn unterschreiben.
Godowalow	Verheiraten, fertig ist der Lack. Jewdokija ist noch nicht befrachtet. Soll er Jewdokija lieben.
Schojew	Jewdokija.
	Aus der Masse hervor Jewdokija.
	Auf Stervetsen Könntest du diesen ausländischen Mann lieben?
Jewdokija	Ja, warum denn nicht?!
Schojew	*zu Stervetsen* Hier hast du deine Person, quäl dich mit ihr zwei Jahre, dann scheide ich euch wieder. Küßt euch!
	Jewdokija umarmt und küßt Stervetsen.
Jewsej	Und die Tochter, Ignat Nikanorowitsch? Die Tochter langweilt sich alleine.
Schojew	Das haben wir gleich. Aljoscha, umarme das bourgeoise Fräulein. Liebe sie um unserer gemeinsamen Sache willen.
	Serena will sich Aljoscha nähern.
Aljoscha	*springt auf die Tribüne* Ich werde zu den Bourgeois fahren. In mir flammt die ideelle Seele. *Zu Stervetsen* Was geben Sie der SSR für unseren Überbau?
Jewsej	Was zahlen Sie uns bar für die Bewerkstelligung der Revolution?
Serena	Ein Luftschiff, Aljoscha.
Aljoscha	*glücklich* Ein Luftschiff!!! Auf ihm wird das Proletariat über der Erde der Armen aufsteigen! Ich bin bereit, in Europa für so eine Maschine zu verbrennen.
Stervetsen	Ich versteh nicht ...
Serena	Papa, Aljoscha liebt mich.

Opornych	Wie nun gleich . . . wir brauchen das Luftschiff als Tara. Wir haben nämlich keine Fässer.
Godowalow	Ich wäre der Meinung, wir kaufen lieber ein Pferdefuhrwerk.
Einer der Genossenschafter	Wozu brauchen wir die Idee! Wir haben längst alles begriffen. Die Weltfrage ist ein Kinderspiel.
Injuta	Und ich, Aljoscha? Mit wem gehe ich? Ich sterbe vor Opportunismus.
Aljoscha	Aber Injuta. Ich liquidiere ihn sofort. Kusma?
Kusma	*aus dem Gewühl der Versammlung* Eh?
Aljoscha	Willst du für immer tot sein?
Kusma	Ruhe will ich. Die Toten machen es allen recht. *Aljoscha führt Kusma aus der Versammlung heraus nach vorn. Nimmt aus der Tasche einen Aufziehschlüssel, einen Schraubenzieher und andere Instrumente. Schraubt Kusma den Kopf ab und wirft ihn weg.*
Opornych	Tja du . . . ich nehme mir den Kopf und mach mir eine Suppenschüssel draus. *Holt sich Kusmas Kopf. Aljoscha zieht aus Kusmas Brust einen Primuskocher, einen Radioapparat und andere einfache Geräte. Dann nimmt er den Körper auseinander, die Elemente fallen polternd zu Boden und verstreuen dabei Fünfkopekenstücke. Aus dem Innern des zerstörten Eisenkörpers steigt eine gelbe Rauchwolke. Auf dem Fußboden bleibt ein Häufchen Eisenschrott zurück. Aller Blicke folgen der Wolke des sich langsam verziehenden gelben Rauchs.*
Injuta	*dem Rauch nachblickend* Was ist das, Aljoscha?
Aljoscha	Verbrauchtes Gas. Der Opportunismus.
Injuta	*melancholisch* Solls vergehen. Einatmen darf man das sowieso nicht.
Stervetsen	Ich bedaure das Ende des Bürgers Kusma. Wir in Europa brauchen eisernen Geist. *Klokotow kommt mit einem Sack und sammelt die Reste von Kusma ein.*
Aljoscha	Sei nicht traurig, gelehrter Mensch. Ich kann aus dir auch etwas Eisernes machen.
Stervetsen	Ich erhebe nicht den geringsten Einwand.
Schojew	Opornych, Petja!

Opornych Hier, Ignat Nikanorowitsch!

Schojew Schaff Kusma zum Kreisaltstoffhandel, sie sollen ihn auf unser Soll anrechnen.

Opornych Wird erledigt, Ignat Nikanorowitsch. *Erledigt den Auftrag.*

Schojew *zu Aljoscha* Wie kommst du dazu, dir Opportunisten auszudenken, werter Genosse? Willst du die Massen verderben?

Aljoscha Na ja, Genosse Schojew ... unversehens ... ich wollte einen Helden schaffen, aber er ist kaputtgegangen.

Schojew Kaputtgegangen?! Kaputtgegangen ist gut! Gib sofort eine Erklärung ab, daß du deinen Fehler einsiehst. Diese Erklärung erklärst du dann für unzureichend und dich für einen Klassenfeind.

Jewsej Ja, ja ... sieh einer an: Kaputtgegangen der Held. Als ob ein Held kaputtgehen könnte.

Aljoscha läßt traurig den Kopf sinken.

Injuta Weine nicht, Aljoscha. Mach die Augen zu, ich führe dich wie einen Blinden in den Sozialismus. Und wieder werden wir in den Kolchosen singen vom Fünfjahrplan und den Stoßarbeitern und wovon unser Herz voll ist.

Aljoscha Nein. Ich habe einen Opportunisten geschaffen. Das tut mir in der Seele weh.

Jewsej Schreib die Erklärung. Schreib, daß du vor Kummer sprachlos bist.

Schojew Gestehe, das erleichtert.

Einer der Genossenschafter Tod dem Verräter der Interessen unserer Klassenschicht.

Erste Angestellte Das ist ja grauenhaft! Dieser inoffizielle Musikant erweist sich als Versöhnler, er hat unsere Ideologie simplifiziert. Versteht ihr?

Unterhaltung unter den Versammelten

– Ungeheuerlich! Was hab ich gesagt – Intervention.

– Die Dokumente! Kontrolliert die Dokumente. Packt ihn beim Dokument.

– Umringt sie mit der unerschütterlichen Einheit unserer Reihen!

- Das ist ein Formfehler, er muß sich von der Schweinerei distanzieren.
- Spuckt ihn an, ihr da näher dran.
- Ein Schädling, er will den Klassenapparat zerstören.
- Faschist! Laßt mich vor zu ihm! Her mit dem Gesicht des Klassenfeinds!
- Oh, in uns flammt der äußerste Haß! Und vor allem – in unserer gemeinsamen Brust.
- Auf gehts, verdammt noch mal.
- Direkt interessant jetzt in der Behörde.
- Man zittert richtig vor lauter Gefühlen.
- Die Mitglieder des künstlerischen Zirkels bitte zu mir!
- Serena, was ist denn das nun wieder?! Ich verstehe überhaupt nichts mehr.
- Ach, Papa, der Selbstlauf der Intrige.
- Also das ... wie nun gleich ... Aljoscha, du Kanaille!
- Wissen Sie, ich hab die ganze Zeit, die ganze Zeit, sogar als ich zur Abtreibung war, die ganze Zeit so ein Gefühl gehabt, daß bei uns im Büro irgendwas nicht stimmt. Ich hab das sogar dem Doktor bei der Operation gesagt. Ich staune selber!
- Huch, wie ich diese Gefahren liebe.
- Sie sind so ein lieber Mensch. Ich trau Ihnen gar keine Gemeinheit zu, höchstens gegenüber einer Frau.
- Dem Staat gegenüber natürlich nicht.
- Gründen die einen Schädlingsbetrieb für Verräter!!
- Immer feste druff. Immer feste druff. Auf gehts, ihr Hundesöhne!
- Genossen, jetzt müssen wir uns fest zusammenschließen!
- Beobachtet einander!
- Niemand traue sich selbst.
- Haltet euch zum Nutzen der Sache für einen Schädling.
- Straft euch an den freien Tagen.

– Mehr Qualen, mehr Gewissensbisse, mehr Sehnsucht nach eurer Klasse, Genossen!

– Auf ein höheres Niveau!

– Hurra!

Schojew Beruhigt euch, ihr Elemente!

Aljoscha ist von allgemeiner Feindseligkeit umgeben. Er ist traurig und verzweifelt. Er weiß nicht, wie er weiterleben soll.

Kalt Es genügt, wenn ein Mensch die Verfehlung seines Herzens schriftlich bereut.

Jewsej Wir brauchen von ihm ein Dokument, das der Form genügt, weiter nichts. Entsprechend dem Dokument bessert er sich ganz automatisch.

Schojew Hast recht, Jewsej. *Nachdenklich* Dokument! Wieviel Nachdenklichkeit steckt in diesem Wort. Ewiges Gedenken den Ideen der Menschheit!

Aljoscha Ich war ein einzelgängerisches Talent.

Jewsej Du bist eine Gottesgabe, aber es gibt keinen Gott mehr.

Aljoscha Warum bin ich nur nicht eisern geworden. Ich war euch auf ewig treu.

Jewsej Keine Festigkeit, die Zärtlichkeit hat dich zugrunde gerichtet.

Aljoscha Ihr habt vollkommen recht. Ich bin ein Nichts, ich existiere nicht mehr auf dieser organisierten Welt.

Jewsej Zu wenig Disziplin und der Grundsatz erschüttert.

Aljoscha Ich dachte, was mir einfiel, ich bin ungebildet, meine Gefühle schweiften richtungslos, und oft weinte ich, nur weil ich traurige Musik hörte.

Schojew Du hast dir ohne Führung etwas ausgedacht, und deine Objekte arbeiteten verkehrt herum. Wo warst du nur früher, ich hätte dich gerne geführt.

Aljoscha Ich bekenne mich als fehlerhaft, als Doppelzüngler, Versöhnler und Mechanisten. Aber glaubt mir nicht. Vielleicht bin ich die Maske des Klassenfeinds! Ihr denkt selten und standhaft, ihr seid ungeheuer kluge Mitglieder. Ich vermutete bei euch etwas Langweiliges, daß ihr in der Welle des Selbstlaufs schwimmt und daß ihr bürokratisches Gesindel seid, Kanaillen, Kulakenagenten, Faschismus. Jetzt sehe

	ich, daß ich ein Opportunist war, und Trauer erfaßt meinen Verstand.
Injuta	Aljoscha! Jetzt bin ich ganz allein. *Wendet sich ab und bedeckt ihr Gesicht mit den Händen.*
Schojew	Kleinigkeit, Aljoscha, wir bringen dich zur Vernunft.
Serena	Papa, was geht denn hier vor? Aljoscha, fürchte nichts.
Stervetsen	*zu Schojew und Jewsej* Ich trete von dem Kauf dieser *zeigt auf Aljoscha* Psychologie zurück. Das ist Ausschuß und nicht der echte Überbau. Uns nützen nur glühende, selbstlose Helden! Ich merke mir diesen Ausschuß!
Jewsej	Verluste hast du uns eingebracht, Aljoschka!
Aljoscha	Ich bin ein armer Verirrter, und ihr seid die Führer.
Schojew	Das wissen wir zur Genüge. Wir führen und bilanzieren.
Injuta	Aljoscha, warum bist du so?
Aljoscha	Ich füge mich den Tatsachen, Injuta!
Injuta	Warum hast du Angst vor dieser widerwärtigen Zwischenschicht? Ohne dich bin ich verwaist. Allein schaff ich den Leierkasten nicht, und bei der Hitze komm ich nie bis in den Sozialismus. Aljoscha, Genosse Aljoscha. *Aljoscha weint, alle verstummen.*
Schojew	Die Zärtlichkeit kriecht heraus aus ihm. Hast sie nicht für die Zukunft bewahrt, du Luder. *Injuta zieht den Revolver aus der Jacke. Richtet den Lauf auf Schojew und Jewsej.*
Injuta	Schluß damit! *Jewsej weint sofort lautlos und reichlich, das ganze Gesicht bedeckt sich mit Feuchtigkeit. Schojew blickt Jewsej und Injuta ungläubig an.*
Jewsej	Wenn ich ein Scheusal bin, dann ist da nichts zu machen, Ignat Nikanorowitsch. Sehen Sie zu, daß Sie sich ohne mich nicht langweilen.
Schojew	Keine Bange, Jewsej. Aljoscha, zieh uns etwas hübsch Melodisches auf. *Aljoscha beginnt eine Musik vorzuspielen, ein trauriges Liedchen, das dann ganz leise wird und kaum zu hören ist.*

Wieder wird mir so jämmerlich zumute: Bürgerin, laß mich wenigstens eine Erklärung schreiben, daß ich mein Beileid ausspreche.

Jewsej seufzt laut am Boden.

Erste Angestellte   Jewsej Iwanowitsch seufzt.

Jewsej   Ich warne euch, ohne mich gibt es einen Einbruch im Aufbau.

Opornych   Wie geht denn das? Erschossen und Beileid?

Injuta   Mein Arm wird lahm. Ich schieße.

Aljoscha   *singt zu seiner Musik*
Unser Weg ist schwer und fröhlich . . .

Injuta   Ein anderes, Aljoscha, ein anderes, du Scheusal! Jetzt hast du es weder schwer, noch bist du fröhlich. Das hier!
Musik aus. Injuta läßt den Revolver sinken und singt allein in der Stille
Wer öffnet mir die Tür?
Fremde Vögel und Getier?!
Doch, wo du bist, Genosse.
Ach, ich weiß es nicht.

Jewsej   *vom Fußboden her* Vielleicht werde ich dein Genosse? Ich werde Aktivist, schreib mich ein als Enthusiast, ich will mein ganzes Leben voller Eifer sein. Ich organisier das Tara.
Die Versammlung nimmt das Lied auf:
»Doch, wo du bist, Genosse,
Ach, ich weiß es nicht.«

Schojew   *weint hinter seiner Hornbrille* Ich mach Schluß mit mir.
Vogelschreie, Wasserrauschen in der Ferne, außerhalb der Behörde das Knattern eines Motorrads. Herein der Beauftragte des Kolchos.

Beauftragter   Mobilisiert mir die Massen, aber schnell! Ich jage die Vögel und Fische zurück in die Ökonomie. Was ist los mit euch?

Schojew   Fürchte keine Schwierigkeiten, Genosse, jag sie allein.

Beauftragter   Wie?

Jewsej   Vielleicht jag ich sie? Vor mir haben die Tiere Angst.

Injuta   Hau ab.

	Jewsej, flink aufspringend, ergreift die Flucht. Ihm nach verschwindet der Beauftragte.
Opornych	Die Toten strengen sich noch mehr an. Das macht alles ... wie heißt er gleich, der Grundsatz.
Stervetsen	Bürger des Kreises, ich bin überwältigt vom Dasein eures Geistes. Und das Wandermädchen Injuta habe ich besonders schätzen gelernt.
Schojew	Warum erschießt du mich nicht – Mädel?! Wenig starkes Geschöpf. Bist du vor meinem Mut erschrocken? *Nachdenklich* Meinem Mut. Ich liebe meine Persönlichkeit. Wegen ihrer Qualitäten! Schieß, Mörderin!
Injuta	Ich will nicht mehr. Ich hab Angst, ich überspitz was.
Serena	Papa, kaufst du Aljoscha jetzt nicht mehr?
Stervetsen	Nein, er ist zersetzt, Sérène.
	Die Versammlung macht Anstalten, sich allmählich auf dem Fußboden und auf den Büromöbeln schlafen zu legen. Injuta nimmt Aljoscha den Leierkasten ab und trägt ihn mit Mühe auf dem Rücken zur Tür, an der Tür bleibt sie stehen und wirft einen Blick zurück auf die Behörde. Alle schauen sie aufmerksam an.
Aljoscha	Auf Wiedersehen, Injuta.
Injuta	Leb wohl, Schlange von einem Versöhnler.
	Die Versammlung hebt im Liegen die Arme zur Verabschiedung. Injuta zeigt ihnen die Faust und lächelt.
Injuta	Ach ihr, niederes Gestrüpp.
	Die Tür geht auf.
Stervetsen	*erhebt sich und stürzt zu Injuta* Hören Sie mich an, kleines Fräulein. Erlauben Sie, daß ich Sie für Europa erwerbe. Der Überbau, das sind Sie!
	Injuta lacht.
	Ich bitte Sie. Sie sind Verstand und Herz aller Kreise der Erde. Der Westen wird sich in Sie verlieben.
Injuta	*ernst* Nein. Ich brauche keine Liebe. Ich liebe selber.
Stervetsen	Erlauben Sie zu erfahren, wer das auf Ihrer Brust ist?
Injuta	Genosse Lenin.

	Versammlung – fast im Chor –: »Er lebe hoch!«
Stervetsen	Aber Ihr Staat braucht Luftschiffe, wir könnten Ihnen eine ganze Eskadron Luftschiffe schicken.
Opornych	Nimm sie, Mädel.
Injuta	Ich möchte aber nicht. Wir leben einstweilen zu Fuß.
Stervetsen	*sich verbeugend* Tut mir außerordentlich leid.
Injuta	Bitte das Proletariat deines Kreises . . .
Stervetsen	Ich danke Ihnen . . .
	Injuta ab. Stille.
Schojew	*seufzend* Wie lange noch, o Herr!
Opornych	*in der Versammlung liegend* Ach . . . wie heißt er gleich . . . Ignat Nikanorowitsch, Ignat Nikanorowitsch, wer wird uns jetzt trösten?!
Schojew	Petja, Petja, jetzt möchte ich traurig sein. Mir ist längst alles klar, aber heute sehne ich mich nach etwas Unklarem.
Klokotow	Genosse Schojew, die laufenden Angelegenheiten bitte, die Mitglieder sind völlig erschöpft. Morgen müssen Sie früh raus, den Plan erfüllen.
Erste Angestellte	Was Sie da reden, nein. Das ist hier viel zu interessant. Wir lieben es, Schwierigkeiten zu meistern.
Stervetsen	*vor Wut im Gesicht rot werdend* Betrüger, Raffer, Schönfärber . . . Selbstlauf . . . Ihr habt gar keine Grundsätze – Rundschreiben sind das, ihr habt keinen Überbau – ihr Opportunisten! Da habt ihr eure Verlautbarungen *zieht die Papiere aus seinen Hosen hervor und wirft sie in den Raum*, eure Punkte und Paragraphen, gebt mir meine Anzüge wieder, meine Hemden, meine Brille und meine Utensilien.
Serena	Jacken, Leibchen, Strümpfe, Garnituren.
	Stervetsen und Serena stürzen sich auf Schojew und Klokotow und ziehen ihnen ihre Sachen aus.
Godowalow	*zur ersten Angestellten* Hör mal, hast du nicht diesen ausländischen Hüfthalter gegen eine Kopie des Perspektivplans eingetauscht?
Erste Angestellte	Hab ich. Aber Sie haben ihn mir weggenommen und ihn ihrer Frau gebracht und gesagt, sie sei an dem Tag vor 40 Jahren geboren. Erinnern Sie sich?
Klokotow	Vergessen.
	Schojew ohne Jackett und Weste, ohne Brille. Serena hat ihm diese Gegenstände entrissen. Stervet-

sen hat inzwischen Klokotow bis aufs Hemd aus-
gezogen. Schojew liest, während man ihn auszieht,
seelenruhig eins der von Stervetsen weggeworfenen
Papiere.

Schojew Haltet ein, Bürger, es gibt uns gar nicht mehr, wie
sich herausstellt.

Allgemeines Aufhorchen. Alle erheben sich vom Bo-
den.

Liest Ihr Genossenschaftssystem von Pestschano-
Owrag wird mit dem heutigen des Monats April
zur Liquidation gebracht. Die Anlieferung von In-
dustriewaren wie auch von Futtergetreide wird ein-
gestellt. Grund: Die genannte Siedlung wird abge-
tragen zwecks industrieller Nutzung des Unter-
grunds, der Gas enthält *zur Versammlung* . . . verstehe ich nicht. Es gab uns, wo es uns doch längst
nicht mehr gibt.

Klokotow Dann atmen wir ja Kohlengas, Ignat Nikanorowitsch. Wie soll man da wissen, ob einer noch be-
wußt existiert oder nur von Kohlengas?

Schojew *nachdenklich* Kohlengas. Da haben wirs, das ist die
objektive Ursache für das fehlende Bewußtsein unserer Kreismassen.

Godowalow Und was machen wir jetzt, Ignat Nikanorowitsch?
Objektive Ursachen gibt es nicht, sagt man, es gibt
nur Subjekte.

Schojew Es gibt keine Objekte, sagst du? Dann organisier
die Selbstzüchtigung, wenn du ein Subjekt bist.

Godowalow Mach ich, Ignat Nikanorowitsch. *Rennt geschäftig*
hin und her.

Axtschläge. Mehrere Balken der hinteren Wand der
Behörde fallen herab. Im Durchbruch arbeiten zwei
Arbeiter. Sie brechen ein weiteres Stück der Wand
weg. Die Versammlung legt sich wieder nieder, nur
Stervetsen und Serena nicht, die mit ihren wieder-
eroberten Sachen dastehen.

Einer der Arbeiter *führt die Krangreifer unter den oberen Teil der*
Behörde Auf! *Zur Versammlung* Uns wurde gesagt,
der Platz ist längst leer und kein Mensch mehr da.
Ihr habt uns den ganzen Weg versperrt.

Der obere Teil der Behörde entschwebt, der Rest

*bricht zusammen. Man sieht die Leere der Welt –
eine endlos sich hinziehende Kreislandschaft. Pause.
Dann hört man in der Ferne den Leierkasten spielen, irgendwo spielt die unsichtbare Injuta.
Feierliche Musik, die die Sehnsucht der Menschen
weckt. Injuta singt in der Ferne:
»In ein fernes, fernes Land . . .«
Schojew knurrt der Magen, und er reibt sich den
Bauch, um ihn zu besänftigen. Die Versammlung
liegt schweigend mit dem Gesicht zum Boden. Stervetsen und Serena stehen verlassen inmitten der
liquidierten Behörde.*

Serena	Papa, was bedeutet das alles?
Stervetsen	Das ist der Überbau der Seele, Sérène.
Serena	Über dem weinenden Europa.

Ende.

1933

»Ich schlucke den heißen Stein der Gedanken«
Russische Stücke 1913–1933

Nicht zwei dieser Stücke sind je an einem Theater zur gleichen Zeit gespielt worden. Undenkbar, daß alle acht in einem Buch gedruckt worden wären. Damals lagen Welten zwischen den Stücken. Unvereinbar Majakowski und Bulgakow, Lunz und Marienhof, Jessenin und Charms, Samjatin und Platonow.

Heute, ein halbes, ein dreiviertel Jahrhundert später, sehen wir die Stücke nahe beieinander. Es ist nicht das Thema, das sie zusammenbringt, und nicht die Gattung. Daher haben sie auch in den seit 1967 bei Henschel, Volk und Welt oder Reclam herausgegebenen Sammlungen keinen Platz gefunden, nicht in den Revolutions- und Lenin-Stücken (1967, 1969), nicht in den Märchenspielen (1972), Grotesken (1973), Satiren (»Der Selbstmörder«, 1983).

Was diese Stücke beieinanderhält, ist ein Traum, der sie dem Theater hocherwünscht, im gleichen Augenblick aber auch zum Alp werden lassen kann. Es ist ihr Traum, die Körperlichkeit des Begreifens vorzustellen, den Leib des Gedankens.

In Rußland hat Majakowski damit begonnen. Seine Tragödie von 1913 ist die Niederschrift einer genauen Anweisung für das »freie Spiel der Erkenntniskräfte«: Jeder Vers ein Ereignis des Körpers, Lust und Schmerz ungeschieden, vermählt Sinn und Wahnsinn, der Weise mit der Kinderklapper: »Ich schlucke den heißen Stein der Gedanken.«

Die Tragödie von 1913 entwirft zugleich ihren Typ Schauspieler, der – so Majakowski – auch in der Intonation von Worten ohne festgelegten Sinn, vor allem aber in den »freien rhythmischen Bewegungen des menschlichen Körpers die ungeheuren Bewegungen des Gemüts« auszuführen habe.

Die Massenbewegungen der Revolution, des Bürgerkriegs, später des ersten Fünfjahrplans haben Majakowskis Verfahren von 1913 als Vorarbeit und Vorgriff erwiesen. Nicht daß seine Dramaturgie sich durchgesetzt hätte. Hier sind unsere Autoren mit ganz verschiedenen Richtungen des Welttheaters verbunden: Lew Lunz mit der spanischen Tragödie, Jessenin mit Puschkins kleinen Tragödien, Samjatin mit dem russischen Volkstheater (plus Seitenblick auf Gozzi), Charms mit Jarrys »Ubu Roi«. Auch hinsichtlich der Stoffe ist man mit dem Rückgriff auf Anna und Pugatschow oder mit der Vision des Gaskriegs weit auseinander, obwohl es bei Majakowski frappierende Stichworte gibt – für Samjatin: »Ein Bekannter von mir arbeitet seit 25 Jahren an einem Fangeisen für Flöhe«; für Marienhof: Der »Weltfeiertag der bunten Clochards und der edlen Lumpen«, der die »Narren-Internationale« ankündigt oder der »Poet als Aufstandsfürst« – Marienhofs scheiternder Narrenführer, der Hofdichter Annas, Trediakowski.

Das eigentlich Gemeinsame liegt aber eben noch vor der jeweiligen szenischen Erfindung. Andrej Platonow hat es in einem kleinen Text zu Majakowskis zehntem Todestag 1940 beschrieben und in dieses Majakowski-Bild nicht nur sein eigenes Konzept für »Leierkasten« hineingedacht, sondern, wie sich nun herausstellt, auch das seiner unverhofften Kameraden in diesem Buch. Majakowskis Tat, sagt Platonow, war, die Menschen aus ihrer seelischen Trägheit zu reißen und sie dazu zu bringen, sich zu begreifen: »Die Überwindung der Trägheit in den Seelen der Menschen ist für die meisten aber schmerzhaft, und sie wehren sich und kämpfen mit dem, der sie beunruhigt. Dieser Kampf mit dem Erneuerer bereitet ihm selber Schmerz.«

Es ist dieser Zusammenprall der Körper, der alle unsere Stücke treibt: Lunz' »Stadt der Gerechtigkeit« mit den in wechselndem Rhythmus gegeneinander gehenden zwei Mengen, den Soldaten, die die Stadt der Gerechtigkeit suchen, und den Einwohnern der Stadt der Gleichheit, die ein Zerrbild der ersehnten zeigt. Jessenins »Pugatschow« mit seinem Aufruhr gegen die Seßhaftigkeit des Herzens. Marienhofs »Verschwörung der Narren« mit den blutigen Hochzeiten von Narr und Kabinettsminister. Samjatins »Floh« mit der fröhlichen Konfiguration der Märchen. Charms' »Jelisaweta Bam« mit ihrer radikalen Verkürzung des aufreibenden Kräftemessens in der Absurdität einer Verhaftung, die sich durch ein danach erzwungenes Verbrechen legitimiert. Und der konventionellere Bulgakow gab in »Adam und Eva« mit dem heiklen Spiel vom totalen Gaskrieg und vom Tyrannen Adam, dem Eva bei Neubeginn der Welt mit dem wahren Erneuerer des Menschengeschlechts, dem weisen Gelehrten, davonläuft, unserem Zusammenprall eine ironische Wendung ins Geschichtsphilosophische.

Daß alle acht Stücke den Hauch des Närrischen haben, wird danach nicht mehr befremden. Der Erneuerer, wer immer er in den Stücken ist, Tränensammler, Pugatschow, Hofnarr, Erfinder oder Leierkastenphilosoph, steht eingangs irgendwo zwischen einfältig, töricht, albern, possierlich und toll. Doch gerade das erweist sich als ausschlaggebend für den Bau des szenischen Raums, in dem das Denken Körperlichkeit gewinnt. Das Närrische bringt die gewohnten Abläufe und Distanzen durcheinander, die Dinge, Zeichen und Verhältnisse lassen sich neu gruppieren, anfassen, begreifen.

Und so etwas sollte nicht zu spielen sein?

Berlin, Januar 1985   Fritz Mierau

Wladimir Wladimirowitsch Majakowski
7. (19.) Juli 1893–14. April 1930

Geboren in der Familie eines Försters im kaukasischen Bag-
dadi. 1902–1906 Besuch des Gymnasiums in Kutaissi. Sommer 1906 nach plötzlichem Tod des Vaters Übersiedlung der
Familie nach Moskau. Majakowski besucht zwei weitere
Jahre das klassische Gymnasium. In der Zeit Bekanntschaft
mit Studenten, die den Bolschewiki angehören. Nach 1908
einige Jahre Mitglied der SDAPR, drei Verhaftungen. Die
1909 im Gefängnis geschriebenen Gedichte, die konfisziert
wurden, hielt Majakowski für den Anfang seiner Poesie. 1910
wegen Mangels an Beweisen aus der Haft entlassen. 1911
Beginn eines Studiums an der Moskauer Schule für Malerei,
Bildhauerei und Architektur. Herbst 1911 Bekanntschaft mit
David Burljuk, dem Organisator des russischen Futurismus.
Dezember 1912 Debüt mit den Gedichten »Nacht« und
»Morgen« im Almanach »Eine Ohrfeige dem öffentlichen
Geschmack«. 1913 Uraufführung von »Wladimir Majakow-
skis Tragödie« im Petersburger Theater »Lunapark«, der
Dichter spielt selbst die Hauptrolle. Erster Gedichtband:
»Ich!«. 1914 wegen öffentlicher Auftritte als Futurist aus der
Schule für Malerei ausgeschlossen. Arbeit an dem Poem »Der
dreizehnte Apostel«, das dann aus Zensurgründen als »Wolke
in Hosen« erscheint. 1915 Begegnung mit Lili Jurjewna und
Ossip Maximowitsch Brik, Majakowski liebt Lili Brik und
widmet ihr den größten Teil seiner Gedichte, als erstes »Die
Wirbelsäulenflöte« (1915). 1915–1917 Militärdienst in der
Petrograder Autoschule, wo auch Viktor Schklowski und
Ossip Brik dienen. 1916 zweiter Gedichtband: »Einfach wie
Gemuhe«. Seit Ende 1915 Arbeit an dem Poem »Krieg und
Welt«, das erst 1917 veröffentlicht wird. Poem »Ein Mensch«.
1917 Chronik der Februarrevolution »Revolution. Poeto-
chronik«. Die Oktoberrevolution begrüßt Majakowski als
seine Revolution, sein »Linker Marsch« ist den revolutionä-

ren Matrosen gewidmet. 1918 Szenarien für drei Filme, in denen er selber mitspielt: »Nicht für Geld geboren«, »Das Fräulein und der Rowdy«, »In den Fesseln des Films«. Am ersten Jahrestag der Oktoberrevolution inszeniert Wsewolod Meyerhold das »Mysterium buffo«, eine »heroische, epische und satirische Darstellung unserer Epoche«. März 1919 nach Moskau, Arbeit für die ROSTA als Maler und Texter. 1919 bis 1920 Arbeit an »150 000 000«, einem Poem, das 1921 ohne Verfassernamen erscheint, weil nicht von einem Dichter, sondern von den Millionen selber verfaßt. 1922–1924 erste Auslandsreisen (Riga, Berlin, Paris). Prosaskizzen, Gedichte. 1922–1923 »Darüber«, das große Gedicht der Krise seiner Liebe zu Lili Brik. 1923–1925 Leitung der Gruppe und Zeitschrift LEF (= Linke Kunstfront). 1924 Poem »Wladimir Iljitsch Lenin«. 1925 Reise nach Mexiko, Kuba, USA. Gedichte und »Meine Entdeckung Amerikas«. 1926–1927 Arbeit an mehreren Filmszenarien. 1927 Poem »Gut und schön!« 1927–1928 neue Konzentration der avantgardistischen Kräfte um die Zeitschrift »Novyj LEF«. 1928 Bekanntschaft mit Tatjana Jakowlewa in Paris. Heiratspläne scheitern. Beginn einer zehnbändigen Werkausgabe, die 1933 abgeschlossen wird. 1928 »Wanze«, Uraufführung durch Meyerhold 1929. 1929 »Schwitzbad«, Uraufführung durch Meyerhold 1930. Anfang 1930 Eintritt in die RAPP (= Russische Assoziation proletarischer Schriftsteller). Ausstellung »20 Jahre Arbeit« in Moskau und Leningrad. Zu ihrer Eröffnung trägt Majakowski die Einleitung zu einem neuen Poem »Mit aller Stimmkraft« vor. Wenige Wochen darauf der Selbstmord.

Sergej Alexandrowitsch Jessenin
21. September (3. Oktober) 1895 bis
27./28. Dezember 1925

Geboren in der Familie eines Bauern in Konstantinowo bei Rjasan. 1909 Dorfschule absolviert, danach zwei Jahre an der kirchlichen Lehrerschule in Spas-Klepiki. 1912 nach Moskau, arbeitet als Kontorist, Korrektor, studiert an der Schanjawski-Volksuniversität und besucht den Surikow-Kreis für Literatur und Musik. 1914 erste Gedichte in Zeitschriften. März 1915 nach Petrograd, Begegnung mit Alexander Blok. Freundschaft mit Nikolai Kljujew. 1916 erster Band »Frühlings-Totenfeier«. Auftritt in Petrograder Salons, u. a. bei den Symbolisten Dmitri Mereshkowski und Sinaida Hippius. 1916 Militärdienst unter günstigen Bedingungen. Jessenin lebt in Zarskoje selo, verkehrt mit dem sozialrevolutionären Publizisten Iwanow-Rasumnik, liest aber auch einmal der Zarin seine Gedichte vor. Nach der Februarrevolution 1917 in der Kampfabteilung der linken Sozialrevolutionäre. 1917–1918 verheiratet mit der Schauspielerin Sinaida Reich, der späteren Frau Meyerholds. Mit Iwanow-Rasumnik und Andrej Bely gehört er kurze Zeit zur Gruppe der »Skythen«. 1918 nach Moskau, Begegnung mit Anatoli Marienhof, Wadim Scherscheniewitsch und Rjurik Iwnew, dem Begründer des Imaginismus. 1918 Poetik-Essay »Marienschlüssel«. 1919–1921 ausgedehnte Reisen in den russischen Norden, nach Turkestan, Kirgisien, Kaukasus, in die Ukraine, auf die Krim. 1921 dramatisches Poem »Pugatschow«, für dessen Aufführung sich Meyerhold interessiert. 1921 heiratet er die Tänzerin Isadora Duncan und tritt mit ihr eine Reise durch Europa und die USA an. 1924 Gedichtsammlung »Moskau der Kneipen«. Reise in den Kaukasus. Mehrere kleine Poeme, so »Rückkehr in die Heimat«, »Die sowjetische Rußj«, »Ballade von den sechsundzwanzig«, »Kapitän der Erde«. Arbeit an einem zweiten Stück »Das Land der Schurken«. 1925 die autobiographische Dichtung

»Anna Snegina«. In Gedichten, vor allem in dem Poem »Mann in Schwarz«, kündigt sich die Verzweiflung an, die in der Nacht vom 27. zum 28. Dezember 1925 zum Selbstmord führt: Jessenin erhängt sich im Leningrader Hotel »Angleterre«.

Anatoli Borissowitsch Marienhof
24. Juni (6. Juli) 1897–24. Juni 1962

Geboren in der Familie eines baltischen Adligen in Nowgorod. Gymnasium in Pensa. Kommt 1918 nach Moskau. Freundschaft mit Sergej Jessenin. 1919 Mitbegründer der literarischen Vereinigung »Imaginisten«. Erste Gedichte erscheinen in »Vitrine des Herzens« 1918 in Pensa. 1919–1921 mehrere Sammlungen von Gedichten und Poemen: »Magdalena«, »Konditorei der Sonnen«, »Die Hände als Schlips«, »Mit Versen prahlen«, »Unzucht mit der Inspiration«, »Wolkengleiter«. 1920 Essays über den Imaginismus: »Die Insel Bujan«. 1922–1924 Mitherausgeber der imaginistischen Zeitschrift »Gasthaus für Reisende im Schönen«. 1921 entsteht die Tragödie »Verschwörung der Narren«, 1925 die »Ironische Tragödie« »Die Zweibeinigen«. 1924 wird sein Stück »Der Advokat von Babylon«, eine Revueadaption aus der biblischen Geschichte, am Moskauer Kammertheater gespielt. 1926 neue Gedichte in der Sammlung »Der neue Marienhof. 1922–1926«. Europareise. Marienhof schreibt in der zweiten Hälfte der zwanziger Jahre drei autobiographische Romane: den Jessenin-Roman »Roman ohne Lüge«, den Revolutionsroman »Zyniker« und den Gymnasialroman »Der rasierte Mann«. In den dreißiger Jahren Arbeit am historischen Roman »Katharina« und an den Stücken »Der Narr Balakirew« (1940) und »Taras Bulba« (nach Gogol, 1940). Während des Krieges zwei Sammlungen von Gedichten: »Poeme des Krieges« (1942) und »Fünf Balladen« (1942). In den fünfziger Jahren weitere Stücke: das Lermontow-Stück »Geburt eines Dichters« (1951), 1957 »Kleine Komödien«. Bis in die letzten Jahre arbeitet Marienhof an seiner Autobiographie »Roman mit Freunden«, aus der nach seinem Tode Auszüge erschienen.

Lew Natanowitsch Lunz
19. April (2. Mai) 1901–9. Mai 1924

Geboren in der Familie eines aus Litauen stammenden Chemikers und Apothekers in St. Petersburg. Absolviert 1918 das Gymnasium mit Goldmedaille. 1922 Abschluß des Studiums an der Abteilung für Romanistik und Germanistik der Philologischen Fakultät der Petrograder Universität. 1921 Mitbegründer der »Serapionsbrüder«, Sprecher ihres Westler-Flügels und bedeutendster Theoretiker. 1923 gibt er eine bündige Beschreibung seiner literarischen Vereinigung: »Literarisch haben wir drei ›Fraktionen‹. Die ›Westler‹ (Kawerin und ich) sind der Ansicht, daß die zeitgenössische russische Literatur ungenießbar, langweilig sei. Daß die herrschende Moskauer Linie (Pilnjak, Lidin, Malyschkin, Budanzew) den Zerfall und Tod der Prosa bedeutet. Die Westler blicken nach Westen. Sie lernen beim Westen. – Die ›Ostler‹ (Iwanow, Nikitin, Fedin): – alles ist in Ordnung. Man schreibt wie alle. Es gibt nichts zu lernen. Wir bringen euch was bei. – Schließlich das ›Zentrum‹ (Slonimski, Sostschenko): – die Prosa von heute ist nichts wert. Man muß lernen, aber bei der alten russischen Tradition: Puschkin, Gogol, Lermontow. – Die Westler sagen: alles gut und schön, die Psychologie, die Sprache, das Milieu, aber wo ist die Fabel, wo das organisierende Prinzip der neuen Prosa. Das wichtigste, was man lernen muß, ist die Intrige, dann kann man sich um das andere kümmern. – Die Ostler: Fabel ist Quatsch. Entscheidend sind Sprache, Psychologie. Die Werke besonders bauen ist überflüssig. Wie es sich schreibt, so schreibt es sich, wir kriegen das schon hin. – Zentrum: von hier und von da. Sprache und Fabel. Alles auf einmal.« Zwischen 1919 und 1923 erscheinen in schneller Folge seine Deklarationen (»Warum wir Serapionsbrüder sind«, »Nach Westen!«), Erzählungen (»In der Wüste«, »Heimat«, »Postausgang No 37«, »Eine unnormale Erscheinung«, »Der Ver-

373

führer«, »Im Waggon«, »Die treue Ehefrau«) und Stücke (»Vogelfrei«, »Die Affen kommen«, »Bertrand de Born«, »Die Stadt der Gerechtigkeit«). Kurz vor seinem Tode arbeitet Lunz an dem Roman »Der Aufstand der Dinge«, wovon allerdings nur eine Filmvariante überliefert ist. 1922 Übersetzung von Stücken von Alfieri und Calderon für das Wachtangow-Theater. Vom Moskauer Habima-Theater, das ihn als Konsultanten und Übersetzer gewinnen will, wird er angeregt, sich wieder mit dem Hebräischen zu beschäftigen. Mitte 1923 begibt sich Lunz mit einem Studienauftrag der Universität für Spanien ins Ausland; er geht über Riga und Berlin nach Hamburg zu seinen Eltern, wo er sich längerer ärztlicher Behandlung unterziehen muß. Er stirbt in der Hamburger Universitätsklinik Eppendorf an einer Herzklappenentzündung.

Jewgeni Iwanowitsch Samjatin
20. Januar (1. Februar) 1884–10. März 1937

Geboren in der Familie eines Lehrers im mittelrussischen Lebedjan, Gouvernement Tambow. Ab 1896 Besuch des Gymnasiums in Woronesh. 1902 Studium des Schiffbaus am Polytechnischen Institut in St. Petersburg. 1908 Abschluß mit Diplom und Tätigkeit am Lehrstuhl. 1905 ausgedehnte Reise durch Nahost. Nach der Rückkehr im Herbst illegale Arbeit als Mitglied der Bolschewiki. 1906 Gefängnis, danach Ausweisung aus der Hauptstadt nach Lebedjan, die er nicht lange befolgt. Wohnt an wechselnden Orten in der Nähe von Petersburg. 1908 erste literarische Veröffentlichungen. 1911 in Nikolajew am Schwarzen Meer Niederschrift des ersten Romans, der 1913 erscheint. 1916–1917 als Ingenieur in England, beteiligt am Bau von sechs Eisbrechern für Rußland. 1917 erscheint der Roman »Die Insulaner«, in dem er seine Englanderlebnisse verarbeitet. Nach der Revolution Mitarbeit in Gorkis Verlag für Weltliteratur, Herausgabe und Redaktion der Werke von H. G. Wells (12 Bände), Jack London, Bernard Shaw und Upton Sinclair. 1919–1922 im Literaturstudio des Petrograder »Hauses der Künste« Vorträge über die Technik der künstlerischen Prosa, an denen auch die »Serapionsbrüder« teilnehmen. 1920 Niederschrift des Romans »Wir«, der vor der Gefahr einer Übermacht der Maschinenzivilisation warnt, aber als antisowjetisch verkannt wird und nur in englischer, tschechischer und französischer Übersetzung erscheint. Seit 1918 Stücke: »Feuer des Heiligen Dominikus« (1918), »Der Floh« (1924), »Gesellschaft der Ehrenglöckner« (1924), »Atilla« (1925–1928), »Die Höhle« (1927), »Geschichte einer Stadt« (1927), »Die Sensation« (1929), »Der Gast aus Afrika« (1930). 1925/26 Aufführungen von »Gesellschaft der Ehrenglöckner« und »Floh« in Moskau und Leningrad. Verträge über die Aufführung von »Atilla« am Staatlichen Dramatischen Theater Leningrad, von »Geschichte einer Stadt« (nach Saltykow-Stschedrin) mit dem Meyerholdtheater und von »Die Sensation« mit dem Wachtangow-Theater werden nicht realisiert. 1929 vierbändige Ausgabe der Romane, Erzählungen und Stücke. August 1929 scharfe Angriffe der orthodoxen RAPP-Kritiker gegen Samjatin als Vorsitzenden des Leningrader Schriftstellerverbandes wegen der Veröffentlichung von »Wir« im Ausland. Im Spätherbst Beratung mit Gorki, der in einem späteren Gespräch mit Stalin die Ausreisegenehmigung durchsetzt. November 1931 über Riga, Berlin und Prag nach Paris. Plant in die USA zu gehen, um dort in den Filmstudios Cecil B. de Milles zu arbeiten, bleibt jedoch in Paris, wo er mehrere Drehbücher, so nach Gogols »Taras Bulba«, Tolstois »Krieg und Frieden« und »Anna Karenina«, Gorkis »Nachtasyl« (für Jean Renoirs Film von 1936), und Filmentwürfe schreibt, vor allem zu Themen aus der russischen Geschichte (Stenka Rasin, Mazeppa, Iwan Grosny, »Die Liebe des Imperators«). 1937 Abschluß des Atilla-Romans »Die Geißel Gottes«, der postum 1939 in Paris erscheint.

Daniil Iwanowitsch Charms
(Pseudonym für Juwatschew)
17. (30.) Dezember 1905–2. Februar 1942

Geboren als Sohn eines Matrosen, der der revolutionären Kampforganisation der »Narodnaja wolja« (»Volkswille«) in Petersburg angehörte. Seine Mutter Nadeshda Iwanowna, eine Adlige aus Saratow, arbeitete in einem Obdachlosenasyl für haftentlassene Frauen. Sein Vater, der sich mit Meteorologie und Geodäsie befaßte und phantastische Geschichten schrieb, die Leo Tolstoi gefielen, war im Prozeß gegen Vera Figner zu lebenslänglicher Haft verurteilt worden, die er in der Peter-Paul-Festung, in Schlüsselburg (Einzelhaft) und dann auf Sachalin absaß, wurde aber 1900 begnadigt. 1922 Besuch der Peterschule, 1922–1924 des Mariengymnasiums in Detskoe Selo. 1924 Studium am Leningrader Elektrotechnikum. 1926 Filmstudien am Staatlichen Institut für Kunstgeschichte. Ende 1925 erste Estradenauftritte als Rezitator (Blok, Majakowski, Chlebnikow, Sewerjanin) zusammen mit Alexander Wwedenski. Seit Frühjahr 1926 Bekanntschaft mit Nikolai Sabolozki, Igor Bachterew und Boris Lewin, den späteren Mitgliedern der OBERIU, der Vereinigung für reale Kunst. 1926 arbeitet Charms an der ersten Variante seiner »Komödie der Stadt Petersburg«. Herbst 1926 Vorbereitung einer szenischen Lesung von Gedichten Charms' und Wwedenskis in dem vom Suprematisten Kasimir Malewitsch geleiteten Institut für künstlerische Kultur; die Montage hieß »Meine Mutter voller Uhren«, kam aber wegen technischer Schwierigkeiten wohl nicht zustande, Bühnenbild Igor Bachterew, Musik Iwan Druskin (Montage aus zeitgenössischer Musik: Milhaud, Poulenc, Satie). November 1926 und Januar 1928 gelingen dann ähnliche Performances im Leningrader Dichterverband bzw. im Haus der Presse: das Sprechen der Texte wird begleitet von Körperbewegung, Sprüngen usw. Es war geplant, mit den Malern Malewitsch und Pawel Filonow, mit dem futuristischen Dichter und Regisseur Igor Terentjew, der das Theater im Haus der Presse leitete, sowie mit den Dichtern Alexander Tufanow und Konstantin Waginow und den Kritikern Viktor Schklowski und Zimbal zusammenzuarbeiten und das Theater »Radix« aufzubauen. Im Dezember 1927 entsteht »Jelisaweta Bam«. Charms schickt den Text an Majakowski in die Zeitschrift »Nowy Lef«. Am 24. Januar 1928 ist Premiere im Haus der Presse im Rahmen des Theaterspektakels »Drei linke Stunden«. Gleichzeitig erscheint die programmatische Erklärung der Vereinigung, in der es von Daniil Charms heißt: »Dichter und Dramatiker, dessen Augenmerk nicht auf der statischen Figur liegt, sondern auf dem Zusammenprall einer Reihe von Gegenständen, auf ihren wechselnden Beziehungen.« Anfang April 1930 letzter OBERIU-Abend im Studentenheim der Leningrader Universität. Ein gemeinsamer Band »Die Wanne des Archimedes« kommt nicht zustande. Samuil Marschak interessiert die OBERIU-Dichter für die Kinderzeitschriften »Igel« und »Zeisig«. Auch Charms veröffentlicht Kindergedichte und Prosa in Zeitschriften und Büchern des Kinderbuchverlags, seine Hauptarbeiten, insgesamt wohl 320 Gedichte und 250 Prosastücke, bleiben ungedruckt. 1931 verhaftet und nach Kursk verbannt, von wo ihn sein Vater 1932 nach Leningrad zurückholen kann. In den dreißiger Jahren verkehrt er bei Anna Achmatowa. 1935 liest Charms auf der Beerdigung von Malewitsch sein Gedicht »Sendschreiben an Kasimir«. 1933–1939 Arbeit an einer Sammlung kleiner Prosa »Zufälle«. Übersetzung von Wilhelm Buschs »Plisch und Plum« (1936) und Lewis Carolls »Alice im Wunderland«. Am 23. August 1941 erneut verhaftet, stirbt er bald darauf im Gefängnis.

Michail Afanasiewitsch Bulgakow
2. (14.) Mai 1891–10. März 1940

Geboren in der Familie eines Professors an der Kiewer
Geistlichen Akademie. 1909–1916 Studium der Medizin an
der Universität Kiew. Landarzt im Gouvernement Smolensk
und in Kiew. 1919 beginnt er zu schreiben. 1920–1921 lebt
er, von den Weißen als Arzt mobilisiert, in Wladikawkas.
1921 Übersiedlung nach Moskau. 1922–1924 Mitarbeit an
der in Berlin erscheinenden Zeitung »Nakanune«, wo u. a.
seine »Aufzeichnungen auf Manschetten« erscheinen. Mitte
der zwanziger Jahre regelmäßige Mitarbeit (z. T. unter
Pseudonym) am Feuilleton der Eisenbahnerzeitung »Gudok«,
wo auch Babel, Katajew, Olescha, Ilf, Petrow und Pau-
stowski tätig waren. 1924 Teilabdruck des Romans »Die
weiße Garde« in der Zeitschrift »Rossija«. 1924–1925 Arbeit
an den phantastischen Erzählungen »Die verhängnisvollen
Eier« und »Hundeherz«, 1926 erscheinen mehrere davon in
der Sammlung »Eine Teufeliade«. 1925–1927 Arbeit an den
»Aufzeichnungen eines jungen Arztes«. 1926 »Die Tage der
Turbins«, eine szenische Fassung der »Weißen Garde«, am
Moskauer Künstlertheater uraufgeführt, 1929–1932 nach
scharfer Kritik der RAPP abgesetzt, war es erneut 1932 bis
1941 auf dem Spielplan. 1926–1928 spielt das Wachtangow-
Theater das satirische Zeitstück »Sojas Wohnung«. 1928
bringt Tairows Kammer-Theater »Die Purpurinsel« heraus,
muß aber kurz nach der Premiere die Aufführung absetzen.
Auch die »Flucht«, an der Bulgakow 1926–1928 gearbeitet
hatte, wird 1928 kurz vor der Premiere abgesetzt. 1928 Beginn der Arbeit an »Meister und Margarita«, dessen erste
Fassung, »Der Konsultant mit dem Pferdefuß«, Bulgakow
verbrennt. 1930 nach Briefen an Gorki und Stalin Anstel-
lung zunächst als Konsultant beim Moskauer TRAM (Theater der Arbeiterjugend), dann als Regieassistent am Künstlertheater. 1929 Beginn der Arbeit am Stück »Glückselig-

keit«. 1931 Arbeit an »Adam und Eva«. 1931–1932 Dra-
matisierung von Gogols »Toten Seelen«, an deren Inszenie-
rung er auch als Regieassistent beteiligt ist. 1932 Beginn der
Proben zum Molière-Stück am Künstlertheater, Abschluß
der Molière-Biographie, die jedoch 1933 abgelehnt wird.
1932 Wiederaufnahme der Arbeit an »Meister und Margarita«. 1933 neue Fassung von »Glückseligkeit«. 1934 Pläne
für Filmszenarien zu Gogols »Toten Seelen« und »Revisor«.
Beginn der Arbeit am »Theaterroman«. Bulgakows Antrag
auf eine Auslandsreise wird abgelehnt. Beginn der Arbeit am
Puschkin-Stück »Die letzten Tage«, das das Wachtangow-
Theater aufführen will. Anfang 1936 Absetzung des Molière-
Stücks am Moskauer Künstlertheater. Auch »Iwan Wassil-
jewitsch« wird nach der Generalprobe am Theater der Satire
abgesetzt. Im Herbst 1936 geht Bulgakow vom Künstler-
theater zum Bolschoitheater. Herbst 1937 bis Herbst 1938
Abschluß von »Meister und Margarita«. 1938 Arbeit an »Don
Quijote«. 1939 Arbeit am Stalin-Stück »Batum«.

Andrej Platonowitsch Platonow
(Pseudonym für Klimentow)
20. August (1. September) 1899–5. Januar 1951

Geboren in der Familie eines Eisenbahnschlossers in Woronesh. Besuch der Kirchenschule, dann der vierklassigen
städtischen Grundschule (1906–1913). 1913–1918 wech-
selnde Arbeiten als Bote einer Versicherungsgesellschaft,
Schlosser, Gießer. 1918 Beginn des Studiums der Elektro-
technik am Polytechnikum Woronesh, Arbeit in einer Zeit-
schriftenredaktion. 1919–1921 Teilnahme am Bürgerkrieg
als Mitglied einer Sonderabteilung und Zeitungskorrespon-
dent. Eintritt in die Russische Kommunistische Partei (Bolschewiki), absolviert die Parteischule des Gouvernements.
Gehört zur provisorischen Leitung des Verbandes der prole-
tarischen Schriftsteller Woronesh. 1921 Fortsetzung des Studiums und Veröffentlichung der Broschüre »Die Elektrifizie-
rung«. 1922 erscheint die Sammlung seiner Gedichte »Blaue
Tiefe«. Platonow wird Vorsitzender der Gouvernements-
kommission für Hydrofizierung. 1924 Abschluß der Ausbil-
dung, arbeitet als Ingenieur für Meliorisation und Elektri-
fizierung der Landwirtschaft. 1927 wird er von der Gewerkschaft der Land- und Forstarbeiter nach Moskau gerufen,
quittiert aber den Dienst und widmet sich der Literatur. In
Moskau erscheinen »Die Epifaner Schleusen«, »Der verbor-
gene Mensch«. Seit 1926 Arbeit an dem großen Revolutionsroman »Tschewengur«, aus dem die ersten Kapitel als »Die
Geburt eines Meisters« 1929 erscheinen. 1929–1931 kritisiert
Platonow in mehreren Satiren bürokratische Projektemache-
rei, so in »Der Staatsbürger«, »Makar beginnt zu zweifeln«
und »Zu Nutz und Frommen«, wofür er von der orthodoxen
RAPP-Kritik heftig angegriffen wird und mehrere Jahre
nichts veröffentlichen kann. In dieser Zeit Niederschrift
wesentlicher neuer Arbeiten, so des Kollektivierungsromans
»Die Baugrube« und der antifaschistischen Erzählung »Müllwind«. Anfang der dreißiger Jahre entstehen, möglicher-

weise auch angeregt durch Gorkis Rat, den Roman »Tschewengur« auf die Bühne des Moskauer Künstlertheaters zu
bringen, Platonows frühe Stücke: »Hochspannung«, »Leierkasten« und »14 rote Hütten oder Ein Held unserer Zeit«.
1933 Reise nach Mittelasien. 1934 erscheint die erste seiner
Mittelasienerzählungen, »Der Takyr«. 1937–1941 veröffentlicht Platonow auf starkes Betreiben von Georg Lukács seine
Aufsätze zur russischen und ausländischen Literatur in den
Zeitschriften »Der Literaturkritiker« und »Literarische Um-
schau« (Gorki, Puschkin, Hemingway, Čapek, Grin, Majakowski, Achmatowa) und zwei Erzählungen »Unsterblich-
keit« und »Fro«. 1937 erscheint ein neuer Erzählungsband,
»Der Fluß Potudan«. Von Oktober 1942 an Sonderkorre-
spondent der Zeitung »Krasnaja swesda«. 1942–1945 erscheinen drei Bände Kriegserzählungen. 1946 wird Platonows
Erzählung »Familie Iwanow« von dem ehemaligen RAPP-
Kritiker Jermilow scharf kritisiert. In seinen letzten Jahren
schwer krank, schreibt Platonow weiter Prosa und veröffentlicht seine Märchenbearbeitungen. Auch neue Stücke entstehen: die Einakter »Die Stimme des Vaters«, »Der Verschol-
lene oder Eine Hütte an der Front«, das Puschkin-Stück »Der
Lyzeumsschüler« und kurz vor dem Tode das philosophische
Stück »Die Arche Noah oder Kains Brut«.

Bibliographie

Wladimir Majakowski Ausgewählte Werke. Herausgegeben von Leonhard Kossuth. Stücke. Bühnenwerke und Filmszenarien. Nachgedichtet von Hugo Huppert. Berlin 1967
Wladimir Majakowski Schwitzbad. Mit Dokumenten und Aufsätzen im Anhang. Übersetzung und Nachdichtung von Rainer Kirsch. Herausgegeben von Fritz Mierau. 2., erw. Aufl., Leipzig 1982

Sergej Jessenin Gedichte. Russisch und deutsch. Nachdichtung von Paul Celan u. a. 5., veränderte und erw. Aufl., Leipzig 1985

Anatoli Marienhof Roman ohne Lüge. Aus dem Russischen von Ilse Tschörtner. Berlin 1984

Jewgeni Samjatin Wir. Aus dem Russischen von Gisela Drohla. Wien, Frankfurt usw. 1968
Jewgeni Samjatin Rußland ist groß. Erzählungen und Satiren. Aus dem Russischen von Gabriele Leech-Anspach. Wiesbaden 1976

Daniil Charms Fälle. Szenen Gedichte Prosa. Herausgegeben und übersetzt von Peter Urban. Zürich 1985
Fallen. Prosa Szenen Kindergeschichten Briefe. Herausgegeben und übersetzt von Peter Urban. Zürich 1985
Daniil Charms Paradoxes. Aus dem Russischen von Ilse Tschörtner. Herausgegeben von Lola Debüser. Berlin 1983

Michail Bulgakow Stücke 1. Aus dem Russischen von Thomas Reschke und Ingrid Göhringer. Mit einem Nachwort von Ralf Schröder. Berlin 1982

Andrej Platonow Die Epiphaner Schleusen. Frühe Novellen. Berlin 1986. Müllwind. Berlin 1987

Inhalt

Wladimir Majakowski
Wladimir Majakowski Tragödie 5
(*Wladimir Majakowski Tragedija*, 1913)

Sergej Jessenin
Pugatschow 25
(*Pugatschow*, 1921)

Anatoli Marienhof
Die Verschwörung der Narren 63
(*Sagowor durakow*, 1921)

Lew Lunz
Die Stadt der Gerechtigkeit 93
(*Gorod prawdy*, 1924)

Jewgeni Samjatin
Der Floh 131
(*Blocha*, 1924)

Daniil Charms
Jelisaweta Bam 197
(*Jelisaweta Bam*, 1927)

Michail Bulgakow
Adam und Eva 233
(*Adam i Jeva*, 1931)

Andrej Platonow
Leierkasten 299
(*Scharmanka*, 1933)

Fritz Mierau
»Ich schlucke den heißen Stein der Gedanken« 365
(*Nachwort*)

Zu den Autoren 368

Bibliographie 383